Rebecca McLaughlin

Jesus im Kreuzverhör

Stimmen zum Buch

»Wer ist Jesus wirklich, und warum ist er wichtig? Das ist die Frage, die Rebecca in dieser aufschlussreichen Erkundung des Lebens Jesu anhand seiner vier authentischen Biografien – den Evangelien – in Angriff nimmt. In den letzten zweitausend Jahren haben diejenigen, die Jesus studiert haben, festgestellt, dass er so ›einfach‹ ist, dass ihn ein Kind verstehen kann, und doch so tiefgründig, um die Philosophen zu verblüffen. Ob Sie nun zum ersten Mal erforschen, wer Jesus wirklich ist, oder ob Sie einfach mehr über die Schönheit unseres Erlösers erfahren wollen, *Jesus im Kreuzverhör* ist ein absolutes Muss.«
J. D. GREEAR, Pastor und Autor von *Hör auf, dich zu bekehren, glaube!*

»In einer Zeit, in der das öffentliche Zeugnis der Kirche in Amerika durch Skandale, Spaltungen und Kulturkriege stark beschädigt wurde, habe ich so viele meiner Freunde – von nichtchristlichen Nachbarn bis hin zu Gemeindegründern – dazu ermutigt, zur Einfachheit und Kraft Jesu zurückzukehren. Albert Einstein gab einmal zu, dass er zwar nicht an Jesus glaubte, aber dennoch ›von der leuchtenden Gestalt des Nazareners fasziniert‹ war. Es könnte für uns alle keinen besseren Zeitpunkt geben als jetzt, um wieder von ihm begeistert zu sein, und ich kann mir keine bessere Person als Rebecca vorstellen, um uns die leuchtende Gestalt des Nazareners (wieder) näher zu bringen. Ein schönes und bewegendes Buch!«
ABRAHAM CHO, Senior Director of Training, *City to City* NYC und Nordamerika

»Unter den vielen Büchern, die über Jesus verfasst wurden, ist *Jesus im Kreuzverhör* eines der am sorgfältigsten geschriebenen, fesselndsten und überzeugendsten Bücher, die ich kenne. Was es besonders macht, ist, wie durchdacht und zugänglich es ist, nicht nur für Christen, sondern auch für diejenigen, die Fragen oder sogar Zweifel am Glauben haben. Wenn Sie auf der Suche nach einer Lektüre sind, die Ihnen oder einem Freund hilft, Jesus Christus so zu begegnen und zu betrachten, wie er wirklich ist, dann suchen Sie nicht weiter. *Dies* ist diese Ressource.«
SCOTT SAULS, Pastor und Autor von *A Gentle Answer* und *Beautiful People Don't Just Happen*

»McLaughlin bietet jedem, der neugierig ist und sich für das Christentum interessiert, den besten Einstieg, indem sie ihren Lesern einen präzisen Blick auf Jesus gibt: wer er ist, was an ihm einzigartig und bedeutend ist und vor allem, warum es sich lohnt, an ihn zu glauben. Die Darstellungen von Jesus, die Sie in diesem Buch finden, ergeben zusammen ein attraktives und überzeugendes Argument dafür, warum so viele von uns ihn lieben und ihm folgen.«
VERMON PIERRE, Pastor der Roosevelt Community Church, Phoenix, Arizona

»Niemand ist von dem Phänomen der ›Fake News‹ stärker betroffen als Jesus Christus. Die Menge an Fehlinformationen, die über diesen jüdischen Mann aus dem ersten Jahrhundert kursieren, ist schwindelerregend. In *Jesus im Kreuzverhör* stellt Rebecca meisterhaft dar, was die Evangelien über Jesus offenbaren. Sie werden über die gute Nachricht, die er verkündete, erstaunt sein, das Leben, das er lebte, bewundern und von der Einladung, die er aussprach, ergriffen sein.«
CHRISTINE CAIN, Gründerin von A21 und *Propel Women*

Rebecca McLaughlin
Jesus im Kreuzverhör
9 Begegnungen mit dem Helden der Evangelien

1. Auflage 2024

cvmd | Christlicher Veranstaltungs- und Mediendienst
ISBN 978-3-9825009-0-4 (cvmd)

Christliche Verlagsgesellschaft Dillenburg
Bestell-Nr.: 271949 (CV)
ISBN 978-3-86353-949-8 (CV)

Originaltitel: Confronting Jesus: 9 Encounters with the Hero of the Gospels

Original erschienen bei: Crossway
1300 Crescent Street
Wheaton, Illinois 60187 (USA)

Übersetzung: Jotham Booker
Lektorat: Robert Booker
Gesamtgestaltung: Velimir Milenković, cvmd
Gesetzt aus: FF Tisa Pro und Covik Sans Mono
Druck: ARKA, Cieszyn (Polen)
Printed in the EU 2024

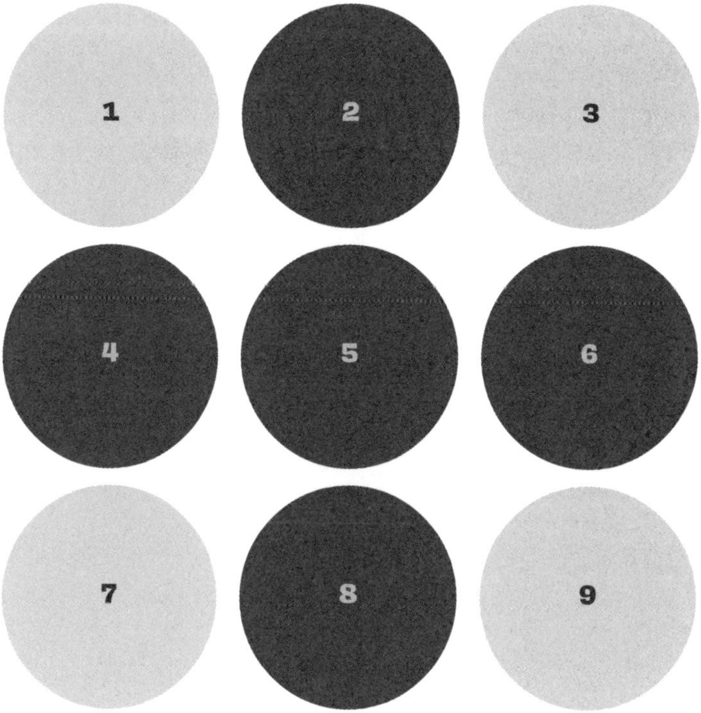

1 2 3

4 5 6

7 8 9

REBECCA MCLAUGHLIN

Jesus im Kreuzverhör

9 BEGEGNUNGEN MIT DEM HELDEN DER EVANGELIEN

cvmd

Inhalt

*Für Julia,
die dankenswerterweise zwei
Entwürfe dieses Manuskripts gelesen hat,
und für alle anderen, die nicht glauben,
dass Jesus der Sohn Gottes ist, sich
aber trotzdem die Zeit nehmen
werden, dieses Buch zu lesen*

Vorwort

Ich habe mein erstes Buch geschrieben, als ich gerade mit meinem dritten Kind schwanger war. Mit jenem Buch war ich allerdings schon viel länger schwanger gegangen. Ich hatte fast ein Jahrzehnt lang mit christlichen Professoren an führenden Universitäten in den Vereinigten Staaten und in Europa gearbeitet. Ich kannte ihre Geschichten und sah, dass ihre Forschung und ihr Glaube nicht miteinander in Konflikt standen, sondern vielmehr zusammenwirkten – vor allem in jenen Bereichen, die angeblich das historische Christentum diskreditiert haben.

Ich hatte noch mehr Zeit im Dialog mit nicht-christlichen Freunden verbracht, die grundsätzlich Einwände gegen meinen Glauben hatten. Sie fanden ihn nicht nur unplausibel, sondern in wichtigen Fragen auch unmoralisch: Nicht nur habe z. B. die Naturwissenschaft Gott widerlegt, sondern die Bilanz der Kirche in Bezug auf Rassismus, Frauenrechte und den Umgang mit Menschen, die sich als LGBT bezeichnen, würde ihnen jegliches Interesse daran rauben, sich überhaupt mit Jesus zu beschäftigen. Ich habe *Kreuzverhör – 12 harte Fragen an den christlichen Glauben* als Liebesbrief an diese Freunde geschrieben. Ich hatte ihre Fragen und Bedenken verstanden, wollte aber so gut wie möglich erklären, dass jedes scheinbare Hindernis auf dem Weg zum Jesus-Glauben bei näherer Betrachtung zu einem Wegweiser auf ihn hin wird.

Das Buch, das du jetzt in Händen hältst, habe ich als eine Art Fortsetzung geschrieben. Es konzentriert sich nicht so sehr auf die Fragen, die Menschen davon abhalten, Jesus überhaupt in Erwägung zu ziehen. Vielmehr nimmt es Jesus selbst direkt in den Fokus. Wenn du neugierig auf Jesus bist, ist dieses Buch für dich. Wenn du aber das Gefühl hast, du brauchst zuerst viele Antworten auf deine rationalen Fragen, bevor du dich mit dem Jesus der Evangelien befassen willst, würde es mich sehr freuen, wenn du zuerst *Kreuzverhör – 12 harte Fragen an den christlichen Glauben* lesen würdest.

Mein drittes Kind ist jetzt drei und befasst sich nun selbst mit Jesus. Er und seine großen Schwestern haben vor kurzem einen Vers aus dem Johannesevangelium gelernt, in dem Jesus sagt: »Ich bin das Licht der Welt! Wer mir folgt, wird nicht mehr in der Finsternis umherirren, sondern wird das Licht haben, das zum Leben führt« (Johannes 8,12). Solche Dinge behauptet Jesus von sich selbst. Wenn diese Behauptungen nicht stimmen, ist dieses Buch wertlos, und ich stolpere noch in der Dunkelheit herum. Doch wenn sie wahr sind, dann hoffe ich, dass du dich zu diesem Licht hingezogen fühlst.

Einleitung

Als ich nach der Geburt meines dritten Kindes zum ersten Mal abends wieder etwas unternehmen konnte, habe ich mir mit Freunden *Hamilton* angesehen. Ich war die einzige Person aus Großbritannien in der Gruppe. Die Amerikaner, mit denen ich unterwegs war, wussten die Auflehnung gegen die britische Herrschaft ganz anders wertzuschätzen als ich. Doch auch ich konnte die spannende, mitreißende Hip-Hop-Geschichte eines Mannes genießen, von dem ich bis dato noch nie gehört hatte. Hamilton war bisher einer der am wenigsten bekannten Gründungsväter der Vereinigten Staaten. Doch jetzt ist dieser unermüdliche, wackere, umstürzlerische Immigrant eine der bekanntesten Figuren der amerikanischen Geschichte.

In den vier Berichten über Jesu Leben in der Bibel finden wir die Geschichte eines anderen Mannes, der in arme und bescheidene Verhältnisse hineingeboren wurde, dann aber die Geschichte verändert hat. Er hat aber nicht nur Amerika geprägt; sein Einfluss ist auf der ganzen Welt zu spüren. Wie Lin-Manuel Miranda, der Autor von *Hamilton* schrieben auch die Evangelisten über eine reale, historische Person, und ihr Ziel war es, seine Geschichte so zu erzählen, dass es ihre Leserschaft faszinieren würde. Doch im Gegensatz zu Lin-Manuel Miranda beanspruchen die Evangelisten, tatsächlich die Worte und Taten Jesu genau wiederzugeben und nicht nur den Geist ihres Helden darzustellen. Die neutestamentlichen Evangelien – Matthäus, Markus, Lukas und Johannes – sind vier der am meisten verkauften Bücher aller Zeiten. Doch viele von uns haben noch nicht eines davon durchgelesen.

Vielleicht weißt du über Jesus so viel wie ich über Alexander Hamilton wusste, bevor ich mir Mirandas Musical angeschaut habe, d. h., du kennst die Grundzüge: Ein Jude aus dem 1. Jahrhundert, bekannt als Jesus Christus, wurde von einer Jungfrau namens Maria geboren, und man glaubte, dass er Gottes Sohn ist. Er galt als Wunderheiler und großer Morallehrer, und obwohl er letztendlich von den Römern gekreuzigt wurde, glauben Christen, dass er von den Toten auferweckt wurde. Vielleicht kennst du ein paar seiner bekanntesten Zitate: etwa »Richtet nicht« oder »Liebe deinen Nächsten wie dich selbst«. Aber das war's auch schon; diesen Film hast du nicht gesehen. Oder vielleicht weißt du doch schon mehr. Vielleicht bist du als Kind in eine Kirche gegangen und hast Jesu Worte gehört und sie in der Bibel gelesen, dich seitdem aber anderweitig orientiert. Du kannst bei seinen größten Hits mitsummen, aber so manche Einzelheiten aus seinem Leben sind dir mit der Zeit entglitten, und um ehrlich zu sein, fragst du dich jetzt, ob die Evangelien nicht doch größtenteils Mythen über eine märchenhafte Figur sind, die vor zweitausend Jahren gelebt haben soll.

In diesem Buch werden wir uns ansehen, was die Evangelien uns über Jesus sagen, und uns fragen, ob sie für unser Leben relevant sind. In Kapitel 1 (»Jesus der Jude«) beschäftigen wir uns mit der Geschichte des jüdischen Volkes vor Jesu Geburt und untersuchen die Belege für seine Existenz als Mensch hier auf der Erde. Darüber hinaus wird es auch um den politischen Kontext gehen, in den er hineingeboren wurde, und um die Beweise dafür, dass die Evangelien zuverlässige Quellen für sein Leben und seine Lehren sind. In Kapitel 2 (»Jesus der Sohn«) werden wir die Aussagen der Evangelien über Jesu göttliche Identität untersuchen. In Kapitel 3 (»Jesus der König) befassen wir uns dann mit Jesu Anspruch, Gottes lang versprochener, ewiger König zu sein. In Kapitel 4 (»Jesus der Heilende«) sehen wir, inwiefern Jesu Heilungswunder Aufschluss über seine Identität gegeben können. In Kapitel 5 (»Jesus der Lehrer«) werden wir feststellen, dass Jesu Lehren unsere modernen, ethischen Paradigmen sowohl begründen als auch stören. In Kapitel 6 (»Jesus der Liebende«) bringen wir Jesu Behauptung ans Licht, der wahre Bräutigam des Volkes Gottes und der vollkommene Freund zu sein. In Kapitel 7 (»Jesus der Diener«) werden wir sehen, wie Jesus eine Dienerrolle einnimmt und seine Nachfolger auffordert, dasselbe zu tun. In Kapitel 8 (»Jesus das Opfer«) befassen wir uns mit dem Paradoxon, dass Jesus sowohl das Opferlamm Gottes als auch der Tempel ist, in dem das Opfer gebracht wird. Schließlich werden wir uns in Kapitel 9 (»Jesus der Herr«) mit Jesu Behauptung auseinandersetzen, dass er der rechtmäßige Herr über alles ist und dass wir wahre Freiheit im Dienst für ihn finden. Wenn du am Ende angekommen bist, hoffe ich, dass du selbst ein Evangelium lesen und mehr über diesen jüdischen Mann aus dem 1. Jahrhundert herausfinden willst, der behauptet hat, der Schöpfer aller Dinge, der König der Juden, der mächtige Heilende, der größte Lehrer, der ultimativ Liebende, der leidende Diener, das vollkommene Opfer und der Universalherrscher zu sein.

In den meisten Broadway-Shows wird die Beleuchtung von der Bühnenkonstruktion verdeckt. In *Hamilton* wird die Beleuchtung aber absichtlich ganz offen gezeigt. Dieses Buch unternimmt etwas Ähnliches. Jedes Kapitel nimmt Bezug auf alle vier Evangelien, aber nicht einfach nur um ein ausgewogenes Gesamtbild darzustellen, sondern – so meine Hoffnung – um deine Neugier über die verschiedenen Aspekte zu wecken, die jedes Evangelium beleuchtet.

Beginnen wir mit dem Bühnenbild.

Das Markusevangelium wurde wahrscheinlich zuerst geschrieben: rund 35 bis 45 Jahre nach Jesu Tod. Man nimmt an, dass es auf die Erinnerungen von Simon Petrus zurückgeht – einem der engsten Freunde Jesu – und von einem Mann namens Johannes Markus verfasst wurde.[1] (Wie wir auf unserer Tour durch die Evangelien sehen werden, hatten damals viele Leute zwei Namen!) Markus ist das kürzeste

Evangelium, und es platzt förmlich vor *Hamilton*-ähnlicher Eile, die zum impulsiven Charakter von Petrus passt. Ja, das griechische Wort für »sogleich« fungiert als Schrittmacher des Markusevangeliums – als ob dem Autor die Zeit davonliefe!

Das Matthäusevangelium wird traditionell mit einem von Jesu Jüngern in Verbindung gebracht: einem Zolleinnehmer namens Levi oder auch Matthäus. Matthäus hat die bekannte »Bergpredigt« aufgezeichnet – eine konzentrierte Dosis der Lehren Jesu, von denen du manche wahrscheinlich kennst, auch wenn du das Matthäusevangelium nicht gelesen hast. Es ist eindeutig der jüdischste Bericht über das Leben Jesu, der Jesus immer wieder mit alttestamentlichen Texten in Verbindung bringt. Doch Matthäus erwähnt auch immer wieder nichtjüdische Figuren und endet damit, dass Jesus seine ersten Jünger auffordert, hinzugehen und alle Völker zu Jüngern zu machen (Matthäus 28,19–20).

Das Lukasevangelium beginnt damit, dass Lukas seinen Schreibprozess erläutert. Wie ein sorgfältiger Historiker hat Lukas diejenigen konsultiert, »die von Anfang an als Augenzeugen dabei waren«, und er hat ihre Aussagen »in guter Ordnung« aufgeschrieben (Lukas 1,2–3). Bei Lukas finden wir einen besonderen Fokus auf Frauen, auf die Armen, Schwachen, Kranken und die, die am Rande der Gesellschaft stehen. Lukas war Arzt und der einzige nichtjüdische Autor eines Evangeliums. Als Fortsetzung seines Evangeliums hat Lukas dann die Apostelgeschichte geschrieben, die von der Frühphase der christlichen Bewegung handelt.

Das zuletzt entstandene Evangelium ist das Johannesevangelium, das etwa 60 Jahre nach Jesu Tod geschrieben wurde. Es ist eher philosophisch im Ton und gleicht damit mehr einer großen Oper als einem Musical. Johannes lässt viele Begebenheiten aus, von denen die anderen Evangelien berichten, und nimmt stattdessen solche auf, die dort nicht erwähnt werden. Doch wie wir in Kapitel 1 noch sehen werden, können wir das Johannesevangelium nicht einfach als unhistorisch abtun, nur weil es später geschrieben wurde. Einige der angesehensten Experten glauben, dass dieses Evangelium von einem der ersten Nachfolger Jesu geschrieben wurde, der als junger Mann vieles von dem selbst miterlebt hat, von dem er berichtet.[2]

Wenn man das längste Evangelium (Lukas) selbst einmal liest, braucht man etwa so viel Zeit, wie um *Hamilton* anzuschauen, und genauso wie ich Mirandas Musical in der Gesellschaft von Freunden genossen habe, findest du es vielleicht auch hilfreich, ein Evangelium mit einem oder zwei Freunden zu lesen – vielleicht sogar mit einem Freund, der eine andere Sicht auf Jesus hat als du selbst. Vielleicht findet ihr zusammen eine Erklärung dafür, warum er so einflussreich wurde: Wie ein Mann, der in Armut lebte und früh gestorben ist, zu einem Menschen wurde, der wie niemand sonst vor oder nach ihm Menschenleben verändert hat. Er hat die Welt nachhaltig geprägt und Geschichte geschrieben, obwohl er nie ein Buch geschrieben, eine Armee befehligt oder auf einem Thron gesessen hat.

1

Jesus der Jude

Der Film *Die Frau des Zoodirektors* aus dem Jahr 2017 beginnt mit einer Mutter, die ihren kleinen Jungen beim Schlafen beobachtet. Zwei Tiere liegen neben ihm. Zuerst dachte ich, dass es Hausferkel sind. Aber mit zunehmender Schärfe des Bildes wird klar, dass es Löwenjunge sind – ein beinahe paradiesisches Leben im wahrsten Sinn des Wortes. Die Frau, Antonina, betritt ohne Zögern das Elefantengehege, um ein neugeborenes Kalb wiederzubeleben. Mit einer Hand befreit sie die Atemwege des Jungtieres, mit der anderen beruhigt sie seine ängstliche Mutter, die sie jederzeit niedertrampeln könnte. Die Liebe, die sie mit ihrem Ehemann Jan verbindet, erstreckt sich auch auf ihre Liebe zu ihren Geschöpfen. Doch von Beginn an wissen wir, dass sich diese Szene in Warschau abspielt, und zwar im Jahr 1939. Als Jan gezwungen wird, kleinen jüdischen Kindern in einen Zug zu helfen, wissen wir bereits, wohin sie fahren werden. Als er Juden aus dem Ghetto holt und sie in den Kellern ihres Zoos versteckt, wissen wir, welches Schicksal sie erwarten wird, falls sie gefunden werden.[3] Es ist ein atemberaubend schöner Film, aber der Schrecken des Holocausts wird immer präsenter. Ich habe den Film mehrere Male angehalten, weil ich weinen musste.

So ähnlich verhält es sich mit den Evangeliumsberichten über Jesu Leben, denn die sind von der Geschichte des jüdischen Volkes durchdrungen. Aber viele von uns kennen diese Geschichte nicht einmal skizzenhaft. Wir wissen, was nach Jesu Leben auf dieser Erde geschehen ist, aber kaum, was davor war. Wir haben uns so an Jesu einzigartige Wirkung auf die Welt gewöhnt, dass wir uns kaum vorstellen können, wie er war, als er zum ersten Mal die Bühne der Menschheitsgeschichte betrat. Wir sind so sehr an die Vorherrschaft des Christentums gewöhnt, das heute die größte und vielfältigste Weltanschauung überhaupt ist, dass es uns schwerfällt, uns Jesus als einzelnen Vertreter einer unterdrückten ethnischen Minderheit vorzustellen. Wir haben uns so sehr an Jesu Einfluss auf die westliche Kultur gewöhnt, dass wir seine zutiefst nahöstlichen Wurzeln kaum noch beachten. Kurz: Wir haben uns so sehr an das Christentum gewöhnt, dass wir übersehen, wie durch und durch jüdisch Jesus ist.

In diesem Kapitel werden wir einen Blick auf Jesu literarischen, politischen und theologischen Hintergrund werfen. Wir werden der Frage nachgehen, ob Jesus ein realer Mensch war, der vor 2000 Jahren wirkte, wanderte und weinte, und ob wir die Evangelien als historische Berichte ansehen können, die uns einen zuverlässigen Zugang zu Jesus dem Juden bieten. Doch zunächst wollen wir uns die antike Geschichte des jüdischen Volkes anschauen. Denn als Jesus die Bühne betrat, war das nicht der erste Akt, sondern die erste Szene nach der Pause. Wir beginnen mit einem Schnelldurchgang durch die biblische Geschichte bis zu Jesu erstem Auftreten, um uns dann darüber klar zu werden, wie das Leben Jesu im Lichte der jüdischen Geschichte am besten zu verstehen ist.

Am Anfang

Heute erscheint es vielen Menschen in der westlichen Welt unplausibel, dass es einen einzigen wahren Schöpfergott gibt, der das Universum gemacht hat. An gar keinen Gott zu glauben, ist für viele der Standard. Man bräuchte ja echte Beweise, bevor man an einen Schöpfer glauben könnte. Im antiken Nahen

Osten stand der jüdische Glaube an *einen* Schöpfergott in starkem Gegensatz zum damaligen kulturellen Umfeld. Die Alternative war aber nicht der Atheismus oder der Agnostizismus, sondern der Polytheismus: Die meisten Menschen glaubten an viele Götter. Entgegen dieser Mehrheitsauffassung verkündet das erste Kapitel der Bibel mutig, dass es nur einen Schöpfergott gibt, der alle Dinge geschaffen und den Menschen in seinem Bild erschaffen hat (1. Mose 1,26–27).

Die Erfolgsgeschichte des Christentums auf der ganzen Welt hat dazu geführt, dass der Glaube an *einen* Schöpfergott heute die gängigste Sichtweise ist. (Der Anteil derjenigen, die nicht an einen Schöpfer glauben, ist in Wahrheit viel geringer als viele im Westen meinen, und global gesehen steigt er nicht einmal, sondern sinkt!). Doch sowohl zu der Zeit, als das Erste Buch Mose geschrieben wurde, als auch zu der Zeit, als Jesus geboren wurde, ist der Monotheismus unplausibel erschienen. Und als ob das nicht absurd genug wäre, pochen die Evangelien darauf, dass Jesus selbst dieser eine Schöpfergott *ist*: Kein Halbgott, nicht ein weiterer Gott, sondern der eine wahre, fleischgewordene Gott. Nur, warum sollte dieser Schöpfergott Mensch werden? Die ersten drei Kapitel des ersten Buchs der Bibel setzen eine Geschichte in Szene, die nach einer Lösung verlangt.

1. Mose 2 zeichnet ein Bild, das dem Anfang des Films *Die Frau des Zoodirektors* ähnlich ist: Die Menschen leben in liebevoller Beziehung miteinander und haben den Auftrag, sich um Gottes übrige Schöpfung zu kümmern. Doch während für Jan und Antonina Sünde, Hass und Tod von *außen* eindringen, kommt das Verderben in 1. Mose 3 von *innen*. Gottes Urmenschen brechen Gottes Urgesetz. Das zerstört ihre Beziehung zu Gott und zueinander. Wie ein Asteroideneinschlag verheerende Auswirkungen auf die ganze Atmosphäre hat, ruiniert ihre Abwendung von Gott alles andere. Aber ähnlich wie uns *Die Frau des Zoodirektors* vom Paradies mit auf

eine Reise durch Leid und Tod und Schmerz hin zur Erlösung nimmt, so war Gott auch im Verborgenen aktiv dabei, seinen Plan der Lebenswiederherstellung zu entfalten – einen Plan, durch den Menschen wieder in eine innige Beziehung zu Gott und zueinander gebracht werden sollen – einen Plan, der ganz von Jesus abhing.

Gottes Plan begann mit einem Versprechen an einen ziemlich unscheinbaren Mann, der aus einer Stadt im heutigen Irak kam. Abraham war alt und kinderlos. Aber Gott versprach, ihn zu einem großen Volk zu machen und alle Familien der Erde durch seine Familie zu segnen (1. Mose 12,1–3). Und Abraham glaubte Gott, zumindest letzten Endes. Und wie viele Figuren der Bibel leistet er sich einige spektakuläre Schnitzer. Aber am Ende glaubte er. Seine Frau Sarah wurde schwanger, und ihr Sohn Isaak war der Same, aus dem das jüdische Volk hervorging. Sowohl Matthäus als auch Lukas listen in ihren Evangelien Stammbäume auf, aus denen hervorgeht, dass Jesus von Abraham abstammt (Matthäus 1,1–17; Lukas 3,23–38). Jesu jüdische Identität ist für seine Mission in der Welt entscheidend.

Isaak heiratete Rebekka (ein wunderschöner Name!), und sie bekamen zwei Söhne: Jakob und Esau. Jakob wurde später Israel genannt, und seine zwölf Söhne sind die Stammväter der zwölf Stämme Israels. In einem weiteren spektakulären Fehltritt wurde einer seiner zwölf Söhne, Joseph, von seinen Brüdern in die Sklaverei verkauft. Doch wie Joseph ihnen später erklärte: Das Böse, das sie geplant hatten, hat Gott zum Guten wirken lassen (1. Mose 50,20). Joseph wurde unter dem Pharao Aufseher über ganz Ägypten und rettete sowohl das Land Ägypten als auch seine ganze Familie vor einer Hungersnot. Er heiratete eine ägyptische Frau, und ihre beiden halbägyptischen Söhne wurden die Gründer der beiden Halbstämme Ephraim und Manasse. Vom Anfang der zwölf Stämme Israels an wurden also Menschen aus unterschiedlichen

Ethnien in Gottes Bundesvolk eingefügt. Das sind die ersten Anzeichen dafür, dass Gottes Versprechen, alle Familien der Erde durch Abrahams Familie zu segnen, in Erfüllung ging. Aber nach 400 Jahren in Ägypten waren die Israeliten keine respektierten Einwanderer mehr, sondern unterdrückte Sklaven.

Die Geburt einer Nation

Nachdem sie hunderten Afroamerikanern geholfen hatte, aus der Sklaverei zu entkommen, bekam Harriet Tubman den Spitznamen »Mose«. Und der passte gut. Tubman hatte selbst Erfahrungen als Sklavin gemacht, bevor sie andere herausführte – so wie Mose bereits als Baby Unterdrückung erlebt hatte (der Pharao hatte die Tötung aller neugeborenen israelitischen Jungen angeordnet), dann aber die Israeliten aus Ägypten herausführte. Mose entkam nur, weil er in einem Korb versteckt wurde, der ans Ufer des Nils gelegt wurde, wo er von der Tochter des Pharaos entdeckt wurde, die Mose dann großzog. Doch als Gott Mose aus einem übernatürlich brennenden Busch heraus berief, hatte Mose schon viele Jahre außerhalb Ägyptens gelebt. Und Mose führte alle Ausreden an, die ihm einfielen, um *nicht* zurückzugehen und den Pharao aufzufordern, Gottes Volk ziehen zu lassen. Aber der Gott des Universums akzeptierte kein Nein.

Als Mose dann Gott nach seinem Namen fragte, antwortete er: »Ich bin, der ich bin.« ... So sollst du zu den Söhnen Israel sagen: Der »Ich bin« hat mich zu euch gesandt.« (2. Mose 3,14 Elb). Der Gott der Bibel ist einfach der Seiende. Aber er identifiziert sich auch mit seinem Volk: »Ich bin der Gott deines Vaters, der Gott Abrahams, der Gott Isaaks und der Gott Jakobs.« (3,6 Elb). Derjenige der *ist*, der ist Israels verheißungsvoller Gott (im wahrsten Sinne des Wortes). Der unergründliche göttliche Name *Jahweh*, der im Alten Testament verwendet wird, ist im Hebräischen eine Form des Verbes »sein«, wie man sie auch im Ausdruck »Ich bin« verwendet. Für Juden war der Name *Jahweh* so heilig, dass er nie laut ausgesprochen wurde. Stattdessen haben sie »Adonai« gesagt, was »mein Herr« bedeutet. Das wurde später in die griechische Übersetzung des Alten Testaments übernommen, die *Jahweh* mit dem griechischen Wort *kyrios* wiedergab – was dementsprechend auch »Herr« bedeutet. Die meisten deutschen Übersetzungen der Bibel folgen dieser Praxis und verwenden ebenso »der HERR«, in Kapitälchen, für *Jahweh*. Aber wie wir in Kapitel 2 sehen werden, wagt Jesus etwas schlichtweg Unerhörtes: Er gebraucht diesen göttlichen Namen – »Ich bin« – für sich selbst.

Als Mose den Pharao dazu aufrief, Gottes Volk ziehen zu lassen, weigerte dieser sich. Da sandte Gott zehn schlimme Plagen. Der Pharao willigte immer wieder ein, die Israeliten ziehen zu lassen, nur um sich dann doch wieder umzuentscheiden. Die letzte Plage ist ein Echo der Ermordung der israelitischen Jungen, der Mose selbst entkommen war. Mose warnte den Pharao, dass das erstgeborene Kind in jedem Haushalt sterben würde, sollte er sich weiter weigern, das Volk ziehen zu lassen. Den Israeliten wurde aufgetragen, das Blut eines Lammes auf ihre Türpfosten zu streichen, sodass der Tod an ihren Häusern vorübergehen möge. Hier, wie an vielen Stellen im Alten Testament, haben wir eine Vorschattung auf Jesus, der (wie wir in Kapitel 8 sehen werden) in den Evangelien als Lamm Gottes gepriesen wird – d. h. als derjenige, der wie ein Passahlamm geopfert wird, sodass jeder, der auf ihn vertraut, leben kann.

Endlich willigte der Pharao ein, Gottes Volk ziehen zu lassen. Aber dann entschied er sich wieder um und sandte seine Armee den Israeliten hinterher, die dann eingeschlossen waren zwischen ihren Feinden und dem Roten Meer. In einem letzten Rettungsakt sandte Gott einen mächtigen Ostwind, um das Meer zu teilen. Sein Volk schritt hindurch, bevor die Wasser wieder zurückströmten und die Verfolger trafen. Dieser Moment der Befreiung – der Exodus – wurde zur Geburtsstunde einer Nation. In gewisser Weise war dies in Israels Erinnerung das, was der Unabhängigkeitskrieg für meine amerikanischen Freunde ist. »Wir laufen wie Mose«, singt Hamilton, »und holen uns unser verheißenes Land«.[4] Doch statt dass Israel selber kämpfen musste, hatte Gott für sein Volk gekämpft. Und im Gegensatz zu Amerika hatte das alte Israel eine einzigartige Beziehung zu Gott. Die Juden zur Zeit Jesu klammerten sich an diese Hoffnung. Der Unterdrücker-Herrschaft der Römer zum Trotz glaubten sie immer noch, dass sie Gottes eigenes Volk waren: Abstammend von Abraham, gerettet aus der Sklaverei und – genauso wichtig – Empfänger des Gesetzes.

Die Beziehungsregeln

Wenn sich mein Mann beschwert, dass ich seinen Lieblings-Hoodie oder sein Ladegerät oder seinen Schlüssel geklaut habe (ich bestehle meinen Mann für mein Leben gern), dann trage ich ihm wie ein Papagei unser Trauversprechen vor: »Alles, was ich bin, gebe ich dir; und alles, was ich habe, teile ich mit dir.« Unsere Ehe gibt mir die Freiheit, mich bei meinem Mann zu bedienen. Aber sie nimmt mir andere Freiheiten: Ich habe jeden anderen möglichen Ehepartner abgelehnt, um mich an ihn zu binden. Er hat das auch getan. Dieses Exklusivitätsversprechen soll die Beziehung nicht beschneiden, sondern beschützen.

Nachdem Jahweh die Israeliten aus Ägypten herausgerettet hatte, gab er ihnen das Gesetz, um ihnen zu zeigen, wie sie mit ihm leben sollten. Das erste seiner bekannten Zehn Gebote lautet: »Ich bin Jahwe, dein Gott! Ich habe dich aus dem

Sklavenhaus Ägyptens befreit. Du darfst keine anderen Götter haben neben mir« (2. Mose 20,2–3). So ähnlich wie ein Trauversprechen hat Gottes Gesetz die Normen für die Beziehung zu ihm aufgestellt. Gott allein anzubeten, stand an erster Stelle, und daraus ergaben sich viele weitere moralische Handlungsweisen: Andere wie sich selbst zu lieben, für die Armen zu sorgen, die Unterdrückten zu verteidigen, sexuell treu zu sein und die Wahrheit zu sagen. Doch gerade als Mose diese Gebote von Gott empfing, war das Volk Gottes schon dabei, sie zu brechen, indem es ein goldenes Kalb anbetete.

Im Verlauf der Geschichte Israels sehen wir dieses Muster immer wieder: Gottes Volk wendet sich von ihm ab. Sie beten Götzen an und unterdrücken die Armen. Deswegen richtet sie Gott. Dann tun sie Buße. Er rettet sie. Und der Zyklus beginnt von vorne. Wie ein notorisch untreuer Ehepartner hat Gottes Volk immer wieder gegen die Beziehungsregeln verstoßen. Wir werden in Kapitel 5 sehen, dass Jesus Gottes Gesetz auf radikale und lebensbejahende Weise ausgelebt und gelehrt hat, und in Kapitel 6 sehen wir wie Jesus Jahwehs Stelle einnahm – die des treuen Ehemanns seines allzu oft untreuen Volkes. Außerdem werden wir sehen, wie sein Kommen endlich mit dem hartnäckigen Problem ihrer Sünde aufräumte – ein Problem, das häufig von ihren Anführern noch weiter verstärkt wurde.

Könige und Katastrophen

Einer meiner Lieblingslieder von *Hamilton* ist »You'll Be Back«. Es ist ein lustiges Pseudo-Liebeslied des geistig verwirrten britischen Königs mit der zeitlosen Lyrik: »Da da da dat da dat da da da da ja da«.[5] Es ist keine schmeichelnde Darstellung des Königshauses. Aus amerikanischer Perspektive ist König George einfach ein unterdrückender, Steuern einfordernder Quälgeist. Nachdem die Israeliten das von Gott verheißene

Land eingenommen hatten, hatten sie für hunderte von Jahren lediglich Anführer und Richter, aber keinen König. Als sie um einen baten, sagte Gott ihnen, dass ein menschlicher König wohl nicht all ihre Hoffnungen erfüllen würde. Gott schildert ihnen, wie ein König sie behandeln würde, und diese Beschreibung ähnelt der Darstellung von König George in *Hamilton* (siehe 1. Samuel 8,10–18). Doch Gott erhörte ihre Bitte, und so wurde Saul zum ersten König Israels gesalbt.

Saul hat gut angefangen aber schwach geendet. Er war Gott ungehorsam, und Gott hat ihn dann als König verworfen. Sauls Nachfolger, König David, begann als Hirtenjunge, der den riesigen Philister Goliath famos bezwang. Gott nannte David »einen Mann, der ihm gefällt« (1. Samuel 13,14), und David war es auch, der viele der eindrucksvollen Psalmen im Alten Testament schrieb. Er war der Inbegriff eines Königs von Israel, und Jesus (der von ihm abstammte) wird in den Evangelien oft als »Sohn Davids« bezeichnet. Doch wie so viele der vermeintlichen Helden in der Bibel hatte auch David einige spektakuläre Ausfälle. Eines Tages sah er eine schöne Frau auf einem Dach ein Bad nehmen und lud sie vor, um mit ihr zu schlafen. Als sie dann schwanger wurde, sorgte er dafür, dass ihr Mann an vorderster Front in die Schlacht geschickt wurde, damit er starb. Gott sandte einen Propheten, um Davids Sünde aufzudecken, und er bereute es zutiefst. Doch sein moralisches Versagen und seine Rolle in Israels Kriegen hatte zur Folge, dass er nicht derjenige sein konnte, der Gottes Tempel bauen sollte. Das fiel seinem Sohn Salomo zu.

Salomo war zwar für seine von Gott gegebene Weisheit bekannt, aber selbst er konnte dem Sündenkreislauf nicht entfliehen. Wie die heidnischen Könige um ihn herum schaffte er sich einen Harem an und verehrte dann letztendlich viele Götter. Wir werden in Kapitel 3 sehen, dass Jesus der seit Langem verheißene wahre König der Juden ist, der allein gerecht herrschen konnte. In Kapitel 8 werden wir aber auch sehen, dass Jesus der wahre Tempel ist – der Ort, wo Gott selbst wohnen würde und wo das wahre Opfer gebracht wurde.

Nach Salomos Tod wurde das Land in ein Nordreich (Israel) und ein Südreich (Juda) geteilt, und der Zyklus setzte sich fort. Wie ein liebender Vater sandte Gott einen Propheten nach dem anderen, um sein Volk zurückzurufen und sie vor dem drohenden Gericht zu warnen. Und letztlich lief das Fass über. Im Jahr 725 v. Chr. fiel das Nordreich Israel unter die Herrschaft Assyriens. Der König von Israel und ein Großteil seines Volkes wurden ins Exil deportiert. Dann, im Jahr 597 v. Chr., wurde Jerusalem (im südlichen Königreich Juda) von den Babyloniern erobert. Die Anführer Judas wurden ins Exil deportiert. Zehn Jahre später wurden Jerusalem und der Tempel zerstört und viele der Einwohner verschleppt. »An den Strömen Babylons,« heißt es in einem Klagepsalm, »da saßen wir und weinten, und wir dachten an Zion« (Psalm 137,1).[6]

Als Jesus geboren wurde, war es dem Gottesvolk schon vor langer Zeit gestattet worden, in ihr Land zurückzukehren und ihren Tempel wieder aufzubauen. Doch hatten sie selbst nicht die Herrschaft dort, sondern lebten als unterworfenes Volk. Und dennoch hielten sich gläubige Juden an ihre Schriftrollen und hofften, dass Gott den Retter-König senden würde, den er durch seine Propheten versprochen hatte. Doch bisher war jede Hoffnung zerschlagen worden.

Und dann betritt Jesus die Bühne.

Jesus von Nazaret

Wenn man zweitausend Jahre in der Geschichte zurückgehen könnte, dann würde man kaum auf Nazaret als Heimatort des einflussreichsten Menschen aller Zeiten kommen. Im ersten Jahrhundert war Israel ein Provinznest im Römischen Reich, und Nazaret war ein Provinznest in Israel. Als einer von Jesu

Nachfolgern, Philippus, zu einem anderen Juden, Nathanael, sagte, »Wir haben den gefunden, von dem Mose im Gesetz schreibt und den auch die Propheten angekündigt haben: Es ist Jesus aus Nazaret, ein Sohn von Josef«, antwortete Nathanael: »Nazaret? Kann von da etwas Gutes kommen?« (Johannes 1,45–46). Das war eine gute Frage.

Nazaret war eine unbedeutende Kleinstadt in einer unruhigen Region. Im Jahr 4 v. Chr. hatte sich eine Gruppe Juden in jenem Gebiet gegen Rom aufgelehnt und das römische Waffenlager in Sepphoris erobert, einer Stadt, die nur sechs Kilometer von Nazaret entfernt war.[7] Die Römer schlugen zurück: Sie brannten Sepphoris bis auf die Grundmauern nieder, verkauften deren Einwohner in die Sklaverei und kreuzigten ungefähr 2000 Juden.[8] Das ist die Welt, in der Jesus aufgewachsen ist. Sich gegen die römische Herrschaft aufzulehnen, brachte einen direkt ans Kreuz.

Es hätte aber auch schlimmer sein können, denn normalerweise tolerierten die Römer die religiösen Praktiken der Juden. König Herodes, der nicht jüdischer Abstammung war, wurde im Jahr 37 v. Chr. von Rom als »König der Juden« eingesetzt und genoss nicht wenig Autonomie als Herrscher. Er durfte sogar den Tempel in Jerusalem umbauen lassen, der dann mit zu den beeindruckendsten Gebäuden seiner Zeit zählte. Aber Herodes gewann nie wirklich die Herzen seiner Untergebenen. Er war ein brutaler Mann – er ließ sogar einige seiner eigenen Söhne hinrichten – und bleibt im Matthäusevangelium vor allem dafür in Erinnerung, dass er die Ermordung der männlichen Neugeborenen und Kleinkinder in Bethlehem angeordnet hatte (Matthäus 2,16). In den Jahrzehnten nach Herodes' Tod, zettelten mehrere jüdische Freiheitskämpfer Aufstände gegen Rom an.

Als Jesus seinen öffentlichen Dienst begann – wahrscheinlich in den späten 20er Jahren des ersten Jahrhunderts – betrat er eine politische Landschaft, die bereits sehr angespannt war.

Hamilton sagte: »Ich gebe mein Leben, wenn uns das die Freiheit bringt«,[9] und wie viele andere vermeintliche Messiasse starb Jesus an einem römischen Kreuz. Doch im Gegensatz zu jedem anderen Anführer von damals veränderte er durch sein Leben und seine Lehren die Welt. So sagt man zumindest. Aber wie können wir wissen, ob Jesus wirklich existiert hat, geschweige denn, dass die Geschichten über ihn in den Evangelien wahr sind?

In seinem 2012 erschienenen Buch *Did Jesus Exist? The Historical Argument for Jesus of Nazareth* (Deutsch: »Gab es Jesus wirklich? Die historischen Argumente für Jesus von Nazareth«) beantwortet uns der Neutestamentler Bart Ehrman die erste Frage folgendermaßen: »Fest steht: Was auch immer Sie sonst von Jesus halten – er hat auf jeden Fall existiert.«[10] Ehrman ist Skeptiker in Bezug auf die Göttlichkeit Jesu. Jedoch sagt er, dass die Meinung, dass Jesus eine reale, historische Figur ist, »von praktisch jedem Experten auf dem Planeten« vertreten wird.[11] Das wissen wir nicht nur aus der Bibel selbst, sondern auch aus mehreren frühen Erwähnungen Jesu bei Leuten, die die Christen überhaupt nicht mochten. Sie bestätigen, dass Jesus ein jüdischer Rabbi im ersten Jahrhundert war, von dem behauptet wurde, dass er »der Christus« (Gottes verheißener König) ist, der unter Pontius Pilatus (dem römischen Gouverneur von Judäa) gekreuzigt und in der Folge von seinen Nachfolgern verehrt wurde.

Dass es Jesus den Juden wirklich gab – als Menschen, der in unsere Geschichte hineingeboren wurde – ist entscheidend wichtig für alle weiteren Behauptungen, die in den Evangelien gemacht oder in diesem Buch wiedergegeben werden. All die anderen Dinge, die die Evangelien von ihm behaupten, können nicht wahr sein, wenn er keine reale, historische Person war – aus Fleisch und Blut, so wie du und ich. Und dennoch reicht es nicht aus, *nur* zu glauben, dass Jesus von Nazareth eine historische jüdische Person war, um darauf vertrauen zu können, dass die Aussagen der Evangelien über Jesus wahr sind. Deshalb werden wir uns im restlichen Teil dieses Kapitels mit einigen der berechtigten Fragen beschäftigen, die Leser im 21. Jahrhundert zur historischen Zuverlässigkeit der Evangelienberichte möglicherweise haben. Denn wenn die Evangelien eher Mythen als Geschichte sind, dann ist das Christentum bloß eine raffinierte Lüge – dann wären sie wie eine angeblich antike Handschrift, die sich dann aber als Fälschung herausstellt.

Wurden die Evangelien nicht zu lange nach Jesu Tod geschrieben?

Im Jahr 2020 interviewte der Bürgerrechtler Rev. John Perkins den Bürgerrechtsanwalt Bryan Stevenson. Perkins wurde als Sohn eines Farmpächters in eine arme Familie in Mississippi geboren. Als Siebzehnjähriger floh er nach Kalifornien, nachdem sein Bruder von einem leitenden Polizeibeamten ermordet worden war. Im Jahr 1957 wurde er Christ und entschied sich, in seine Heimatstadt zurückzukehren, um die gute Nachricht über Jesus zu verbreiten. Aufgrund der Rolle, die er dann in der Bürgerrechtsbewegung spielte, wurde er immer wieder schikaniert, eingesperrt und geschlagen. Bryan Stevenson wurde zwei Jahre nach Perkins' Bekehrung in einer armen, ländlichen, afro-amerikanischen Gegend in Delaware geboren. Die Bürgerrechtsbewegung ermöglichte es ihm, an der Harvard-Universität Jura zu studieren. Arme, schwarze Amerikaner wurden allerdings immer noch zutiefst ungerecht behandelt, und so gründete Stevenson in Alabama die *Equal Justice Initiative* (Deutsch: »Initiative für rechtliche Gleichbehandlung«), um Menschen zu vertreten, die trotz dürftiger Beweislage oder ohne richtigen Rechtsbeistand zum Tode verurteilt worden waren. Als Perkins seinen Gast bat, zu erzählen, wie Gott ihn zu dieser Aufgabe berufen hatte, erzählte Stevenson von seinem ersten Besuch im Todestrakt. Als Rechtsreferendar war er zu einem Insassen geschickt worden, um ihm zu sagen, dass er im kommenden Jahr keine Hinrichtung zu erwarten hatte. Stevenson fühlte sich unzureichend vorbereitet. Der Gefangene wurde in Ketten an Füßen und Händen und um den Bauch hereingeführt. Stevenson überbrachte ihm die Nachricht, und der Mann war zutiefst erleichtert darüber. Sie sprachen mehrere Stunden miteinander. Aber dann platzten zwei Wächter hinein.

Verärgert darüber, dass der Besuch so lange andauerte, legten sie ihrem Insassen mit Gewalt die Ketten wieder an, um ihn zu bestrafen. Stevenson bat die Wächter flehentlich, aufzuhören. Er sagte ihnen, dass er schuld daran war, dass sie die Besuchszeit überzogen hatten. Aber der Insasse sagte zu Stevenson, er solle sich keine Sorgen machen. Dann stellte er sich aufrecht hin, warf seinen Kopf zurück und sang:

Zum Himmel schaue ich empor,
wo man dich preist im höhern Chor;
da wird in mir die Sehnsucht kund:
»Herr, stelle mich auf höhern Grund!«[12]

»Alle hielten inne«, erinnerte sich Stevenson. »Dann fanden die Wächter ihre Fassung wieder und schoben den Mann den Gang herunter. Durch das Rasseln der Ketten hindurch konnte man diesen Mann über einen ›höhern Grund‹ singen hören. Und in diesem Moment berief mich Gott. In dem Moment wusste ich, dass ich verurteilten Menschen helfen wollte, zum ›höhern Grund‹ zu gelangen.« Als Stevenson Perkins diese Geschichte erzählte, waren bereits 37 Jahre nach dieser Begebenheit mit dem singenden Gefangenen vergangen. Nach den Schätzungen der meisten Historiker entspricht das der

Zeitspanne zwischen dem Sterben Jesu und der Abfassung des Markusevangeliums.

Für Jesu Leben und Dienst gab es viele Zeugen – angefangen bei den Menschenmengen, die sich versammelten, um ihn zu hören, bis hin zur kleinen Gruppe der Jünger, die ihre Heimat verlassen hatten, um ihm nachzufolgen. So wie Schauspieler Drehbücher auswendig lernen, nahmen die Jünger des ersten Jahrhunderts die Lehren ihres Rabbis auf. Nach Jesu Tod reisten sie herum und gaben die Botschaft und Lehren Jesu an jeden weiter, der ihnen zuhören wollte. Neben seinen zwölf offiziellen Jüngern hatte Jesus viele andere Nachfolger, einschließlich vieler Frauen, die ihn begleiteten (siehe Lukas 8,2–3). Manche dieser Nachfolger Jesu werden in den Evangelien mit Namen genannt, und einer der weltweit führenden Neutestamentler, Richard Bauckham, hat sehr überzeugend dargelegt, dass die genannten Zeugen als Quelle für Augenzeugenberichte angeführt werden. Damit sagte man quasi: »Ich weiß das von Maria Magdalena; sie hat es mit eigenen Augen gesehen.«[13]

Niemand von uns erinnert sich an *alles*, was vor Jahren passiert ist. Aber wir alle erinnern uns an die Dinge, die unser Leben völlig verändert haben. Stevenson erinnert sich ganz genau an seinen ersten Besuch im Todestrakt: Was er gesagt hat, wie er sich gefühlt hat, wie der Insasse aussah, was die Wärter getan haben. Jener Tag gab seinem Leben eine ganz neue Richtung. Genauso wurden die Augenzeugen, die Jesus erlebt haben, für immer verändert. Sie widmeten den Rest ihres Lebens der Weitergabe seiner Geschichte. 30, 45 oder gar 60 Jahre konnten ihre Erinnerungen nicht auslöschen, genauso wenig wie John Perkins seine Erfahrungen in der Bürgerrechtsbewegung vor gut 60 Jahren vergessen konnte. Warum wurden die Evangelien also nicht früher aufgeschrieben? Bauckhams Argument lautet: Sie wurden erst Jahrzehnte nach Jesu Tod aufgeschrieben, weil da immer mehr der ersten Augenzeugen starben.[14] So, wie es Biografen heute auch tun, wollten die

Evangelisten sicherstellen, dass die Augenzeugenberichte genau festgehalten wurden, bevor es zu spät war.

Woher wissen wir, dass wir die richtigen Evangelien haben?

Dan Browns Roman *Das Sakrileg* ist eines der meistverkauften Bücher aller Zeiten.[15] Eine verfilmte Pseudo-Fortsetzung, *Das Verlorene Symbol*, wird jetzt auf der Plattform Peacock angeboten.[16] Beide Bücher verbreiten Verschwörungstheorien über die Bibel. Vor allem *Das Sakrileg* hat die Behauptung popularisiert, dass die vier neutestamentlichen Evangelien lediglich aus politischen Gründen ausgewählt wurden, um eine feministischere Version von Jesus zu unterdrücken, die man in anderen »Evangelien« findet – etwa im sogenannten Thomasevangelium, dem Konkurrenten der biblischen Evangelien, der am häufigsten angeführt wird. Doch wenn wir uns das Beweismaterial genau ansehen, dann stellen wir fest, dass die Auswahl der Evangelien, die wir in der Bibel haben, weder willkürlich erfolgte noch politisch motiviert war. Im Gegensatz zu den biblischen Evangelien wurde das Thomasevangelium erst Mitte oder Ende des zweiten Jahrhunderts geschrieben – also lange nachdem der Jesus Jünger Thomas und auch alle anderen Augenzeugen tot waren. Anders als die Evangelien in unseren Bibeln ist das Thomasevangelium keine Biografie, sondern eine Sammlung von angeblichen Aussagen Jesu. Und wenn man es liest, findet man gar keine feministische Perspektive vor, sondern sogar einige sehr frauenfeindliche Zeilen, die sich überhaupt nicht nach dem Jesus der Evangelien anhören.

Manche Menschen behaupten, dass die vier Evangelien erst auf dem Konzil von Nizäa im Jahr 325 n. Chr. ausgewählt wurden. Aber das stimmt schlichtweg nicht. Über ein paar neutestamentliche Briefe wurde zwar so spät noch diskutiert,[17] aber die Evangelien wurden schon sehr früh als zuverlässig und autoritativ anerkannt.[18] Ja, trotz seiner eigenen Skepsis versichert uns Bart Ehrman: Die vier neutestamentlichen Evangelien sind die »ältesten und besten Quellen, die wir über das Leben Jesu haben«. Dies sei »die Ansicht aller seriösen Althistoriker jeglicher Couleur, von engagierten evangelikalen Christen bis hin zu hartgesottenen Atheisten«.[19] Jedoch haben wir die Original-Handschriften von Matthäus, Markus, Lukas und Johannes nicht – wie können wir dann also wissen, dass die Texte, die wir heute haben, fehlerfrei überliefert sind?

Woher wissen wir, dass wir die richtigen Texte haben?

Der erste Vers des Markusevangeliums lautet: »Anfang des Evangeliums von Jesus Christus, dem Sohn Gottes« (Markus 1,1). Oder doch nicht? Die Wendung »dem Sohn Gottes« steht nicht in den frühesten uns erhaltenen Handschriften – und selbst unsere frühesten Handschriften sind wahrscheinlich Abschriften der Originale, oder sogar Abschriften von Abschriften. Darüber hinaus gibt es rund 400 000 Textvarianten innerhalb der uns bekannten Handschriften des griechischen Neuen Testaments. Ist es also naiv, zu glauben, dass die Evangelientexte in unseren Bibeln das enthalten, was die Evangelisten geschrieben haben? Nein.

Zunächst einmal: Die 400 000 Textvarianten beinhalten alle Varianten in *allen* knapp 5600 Handschriften neutestamentlicher Texte, die uns aus den ersten 1000 Jahren nach Jesu Tod erhalten geblieben sind – unabhängig davon, wann die Handschrift erstellt wurde, wie bedeutsam die Textvariante ist und in wie vielen Handschriften sie steht. In seinem aufschlussreichen Buch *Why I Trust the Bible* gibt uns der Neutestamentler William Mounce ein Beispiel. Im Griechischen kann ein Eigenname wie Jesus alleine stehen oder mit bestimmtem Artikel. Wenn ein Schreiber »der Jesus« an einer Stelle seiner Handschrift geschrieben hat, während all die anderen nur »Jesus« geschrieben haben, dann wäre das eine Textvariante – obwohl dies keinen inhaltlichen Unterschied für den Text macht. Die große Anzahl an Textvarianten in verbliebenen Handschriften der Evangelien ist nicht darauf zurückzuführen, dass die Texte so unzuverlässig überliefert sind, sondern darauf, dass wir *so viele* Handschriften haben. Weil die Handschriften außerdem aus so vielen unterschiedlichen Orten kommen und unabhängig voneinander kopiert wurden, können wir sie miteinander vergleichen und sehen, wo sie übereinstimmen und wo nicht.[20]

Klar ist aber auch: Es gibt *einige* Stellen in den Texten der Evangelien, die nicht eindeutig sind. Aber keine davon ändert etwas an unserem Verständnis von Jesus. So kann es zwar sein, dass der ursprüngliche erste Satz des Markusevangeliums nicht die Worte »der Sohn Gottes« enthalten hat, doch wird dieser Titel an anderen Stellen im Markusevangelium und in den anderen Evangelien angewandt. Die wenigen problematischen Stellen sind in unseren modernen Ausgaben entsprechend gekennzeichnet. Die letzten zwölf Verse des Markusevangeliums werden beispielsweise in unsere Bibeln aufgenommen und mit einer Anmerkung versehen wie: »Die Verse 9–20 fehlen in einigen der ältesten Handschriften«.[21] Hier wird nichts vertuscht. Wie professionell ausgegrabene archäologische Fundstätten spiegeln uns die vier Evangelien in unseren Bibeln jene frühen Schriften über Jesus ganz treu wider.

Leider war das nicht immer der Fall. So wurden in der Zeit des Nationalsozialismus in vielen deutschen Bibeln alle Hinweise auf Jesu Jüdischsein entfernt und seine Lehren so angepasst, dass sie scheinbar die aggressive Haltung der Nazis unterstützten. Die echten Evangelien waren nämlich mit Hitlers Ideologie völlig inkompatibel und mussten daher geändert werden.[22] So wie weiße amerikanische Christen sich heute damit auseinandersetzen müssen, wie unsere Vorgänger im Glauben mit daran beteiligt waren, dass Menschen afrikanischer Herkunft unterdrückt wurden, so müssen sich nichtjüdische Christen der Geschichte des Antisemitismus stellen, der die westliche Kirche befallen hat. Doch genauso wie rassistisches Denken durch die authentischen neutestamentlichen Texte in Stücke gerissen wird, genauso unvereinbar ist auch der Antisemitismus mit dem Jesus der Evangelien, der zweifellos Jude ist und dessen erste Nachfolger zum größten Teil ebenfalls Juden waren.

Was ist mit den Unterschieden zwischen den Evangelien?

Sechs Jahre bevor Bryan Stevenson von John Perkins interviewt wurde, veröffentlichte er seine Bestseller-Autobiografie *Ohne Gnade – Polizeigewalt und Justizwillkür in den USA*. In der Einleitung erzählt Stevenson die Geschichte von seinem ersten Besuch im Todestrakt, und zwar im Wesentlichen so wie in dem oben angeführten Interview. Und doch gibt es auch Unterschiede. Im Buch nennt Stevenson den Namen des Gefangenen: Henry. Im Interview tut er das nie. Im Buch erwähnt er außerdem viele Details über jenen Tag und über die Unterhaltung, die er und Henry hatten, von denen er in dem Interview gar nichts sagt. Im Buch lässt er jedoch auch Sachen weg, die er John Perkins gesagt hat. Besonders auffällig ist, dass Stevenson im Interview sagt, er habe sich von Gott berufen gefühlt, als Henry anfing zu singen. Im Buch schreibt er: »In jenem Moment veränderte Henry etwas in meinem Verständnis vom Menschenmöglichen, von Erlösung und von Zuversicht.«[23] Im Buch erwähnt er Gott an dieser Stelle mit keinem Wort. Warum hat Stevenson diese Geschichte anders als

Perkins- erzählt? Hatte er den Namen des Insassen vergessen? Hatte er gelogen – hatte Gott ihn gar nicht zu dieser Arbeit berufen? Nein. Er hatte einfach ein anderes Publikum im Blick.

Wenn du die Evangelien zügig hintereinander liest, wirst du viele Überschneidungen finden, aber genauso auch Unterschiede. Johannes lässt viele Geschichten aus Matthäus, Markus und Lukas weg und erzählt Geschichten, die wir sonst nirgends finden. Manchmal erzählen die verschiedenen Evangelien ihre Geschichten in unterschiedlicher Reihenfolge oder geben Jesu Lehren mit anderen Worten oder an anderen Stellen wieder. Manche dieser Diskrepanzen lassen sich leicht erklären: Ein herumreisender Rabbi würde natürlich ähnliche Geschichten an unterschiedlichen Orten wieder erzählen. Wenn zwei Evangelien also Aussagen Jesu so festhalten, dass sie in ihrer Essenz ähnlich, aber unterschiedlich formuliert sind, dann bedeutet das nicht, dass eines von ihnen ihn falsch wiedergibt. Andere Abweichungen entstehen aus den unterschiedlichen Perspektiven der befragten Augenzeugen. Wenn Henry über sein erstes Treffen mit Stevenson interviewt worden wäre, dann hätte er vielleicht die Grobheit der Wachen, seine Ketten oder sogar sein Lied weggelassen. Die Dinge, die dem Referendar bei seinem ersten Besuch im Todestrakt aufgefallen sind, hat der Insasse vielleicht gar nicht mehr registriert. Es ist außerdem davon auszugehen, dass Jesus auf Aramäisch gepredigt hat – der Muttersprache der meisten Juden in seiner Region – während die Evangelien fast vollständig auf Griechisch verfasst sind, der Umgangssprache, die im kulturellen Umfeld allgemein geläufiger war. Verschiedene Evangelien übersetzen eine auf Aramäisch gehaltene Lehrpredigt vielleicht unterschiedlich.

Andere Unterschiede zwischen den einzelnen Evangelien sind auf Vereinfachungen und kulturell bedingte Auslassungen zurückzuführen. Ich habe selbst schon in einem meiner Vorträge vor verschiedenen Zuhörern die Geschichte eines nigerianischen Straßenpredigers, Oluwole Illisanmi, erzählt, der 2019 vor einer U-Bahn-Station in London verhaftet wurde. Bei amerikanischen Zuhörern sage ich aber »train station« für »U-Bahn-Station« und nicht »tube station«, was der britische Begriff wäre. Manchmal erwähne ich auch, dass die Polizeibeamten Weiße waren, aber manchmal lasse ich dieses Detail weg. Ich sage außerdem, dass ihn die beiden Beamten vor die Wahl stellten: weitergehen oder verhaftet werden. Dabei hat das eigentlich nur *ein* Beamter gesagt. Ja, ich könnte den anderen Beamten komplett weglassen, ohne etwas an der Geschichte an sich zu ändern. Genauso finden wir in derselben Geschichte manchmal zwei Personen oder zwei Engel in dem einen Evangelium und nur eine Person oder einen Engel in einem anderen. Das bedeutet nicht, dass ein Autor falsch liegt; es bedeutet, dass einer von ihnen die Geschichte vereinfacht hat.

Wenn wir die Evangelien lesen, begeben wir uns außerdem in eine Kultur des Geschichtenerzählens, die ganz anders ist als unsere. Ich habe mich letztens mit einer Freundin aus Nigeria getroffen, die mir von einem älteren Pastor erzählt hat, den sie bewunderte. Sie hat dabei immer das Pronomen »sie« im Plural verwendet, sodass ich davon ausging, dass sie den Pastor und seine Frau meinte. Später dann erklärte sie mir aber, dass Nigerianer Pronomen im Plural verwenden, wenn sie über ältere Menschen sprechen, die sie respektieren. Davon wusste ich gar nichts. Ähnlich gestalten die Evangelisten ihre Erzählungen manchmal so, dass sie im damaligen kulturellen Kontext funktionieren, in unserem aber vielleicht Verwirrung stiften: Beispielsweise ordnen sie ihr Material etwa nach theologischen Gesichtspunkten und nicht chronologisch und erzählen ihre Geschichten damit in einer gewissen Reihenfolge, um einen bestimmten theologischen Punkt hervorzuheben.

So wie Bühnenlichter aus verschiedenen Winkeln leuchten,

so gebrauchen die Evangelisten auch unterschiedliche Augenzeugenberichte und schreiben für unterschiedliche Leserschaften. Mein Großvater fängt manchmal an, eine Geschichte zu erzählen, wird dann aber von meiner Großmutter unterbrochen. Er erzählt vielleicht zu detailliert (»Das musst du ihnen nicht *alles* erzählen«) oder nicht detailliert genug (»Nein, Julie hat es zuerst gesehen, *dann* erst Chris!«). Mein Großvater hält dann kurz inne, spitzt den Mund und erklärt, dass er ja *weiß*, dass meine Tante Julie es zuerst gesehen hat; er konzentriere sich aber auf Chris' Perspektive, weil Chris *meine* Mutter ist und er ja gerade *mir* die Geschichte erzählt.

Ich kann mir vorstellen, wie eine Unterhaltung zwischen Matthäus, Markus, Lukas und Johannes abgelaufen wäre, wenn sie zu einem Autorentreffen zusammengekommen wären. Markus' Feedback an die anderen wäre: »Das muss schneller gehen, Leute!« Matthäus würde sagen: »Tut mir echt leid, aber ihr habt das meiste davon ausgelassen, wie unser Herr die Schriften erfüllt hat!« Lukas würde sich auch einschalten: »Ich glaube, ihr habt nicht stark genug betont, wie sehr Jesus sich um die Armen kümmert.« Und Johannes würde sagen: »Gott sei Dank, dass ich da bin und all die erstaunlichen Geschichten erzählen kann, die ihr ausgelassen habt!« Wenn Stevenson die Geschichte seiner eigenen Berufung auf zwei ganz unterschiedliche Weisen für unterschiedliche Hörerschaften erzählen konnte, dann sollte es uns nicht überraschen, wenn wir feststellen, dass die unterschiedlichen Evangelisten das Leben von Jesus von Nazareth unterschiedlich beleuchten – das Leben jenes jüdischen Mannes, der in der Geschichte gelebt hat und gestorben ist und dessen kurzes Leben und unbequeme Lehren die Welt erschütterten.

Na und?

Gegen Ende des Films *Die Frau des Zoodirektors* begibt sich ein Nazi-Offizier in den Keller des Zoos. Die Juden, die da versteckt waren, sind weg. Aber er sieht kleine Davidssterne, die ein junges Mädchen auf die Wände gemalt hat, dazu auch Abbildungen ihrer Mitflüchtlinge. Die Bilder erzählen die Geschichte vom Leben der Flüchtlinge, von ihrem Versteck und von ihrer Flucht, vor allem aber von ihres Jüdischseins.

Wenn wir jetzt in diesem Buch die Evangelien erkunden, werden wir Spuren vom Jüdischsein Jesu auf jeder Seite finden. Wie kleine Davidssterne auf der Kellerwand werden wir überall Verbindungen zur Geschichte Israels sehen, und wir werden Spuren des jüdischen Kontexts des ersten Jahrhunderts bemerken, in dem Jesus gelebt hat. Um die Evangelien zu verstehen, müssen wir anerkennen, dass Jesus ein jüdischer Mann war, dessen reales Leben sich auf einer sehr jüdischen Bühne abgespielt hat: einer Bühne, auf der die Schauspieler sich als das Volk des einen Schöpfergottes verstanden, das Gottes Messias erwartete, der wiederum Gottes uralte Verheißung zur Erfüllung bringen würde.

Und damit geht der Vorhang auf.

2

Jesus der Sohn

In der Episode »A Good Man Goes to War« (Deutsch: »Ein guter Mann zieht in den Krieg«) rüstet sich der britische Sci-Fi-Held »Doctor Who« für den Kampf. Seine beste Freundin Amy, hochschwanger, ist von seinen Feinden entführt worden, und so ruft der Doctor alle seine Freunde auf, ihn zu unterstützen. Und alle kommen. Außer einem. Die mysteriöse River Song (die wie der Doctor auch durch Raum und Zeit reist) erscheint nicht. Zunächst geht der Doctor davon aus, dass er Amy und ihre Tochter gerettet hat, aber dann löst sich das Kind in Amys Armen auf. Es war nur ein Avatar des echten Babys, das entführt worden war. Dann, mitten in ihrer Erschütterung über ihren schrecklichen Fehler, erscheint River.

> *River: »Nun dann, mein Guter, wie geht es heute?«*
> *Doctor: »Wo zur Hölle bist du gewesen? Immer wenn du um Hilfe gebeten hast, war ich zur Stelle. Wo zur Hölle warst du heute?«*
> *River: »Ich hätte das nicht verhindern können.«*
> *Doctor: »Du hättest es versuchen können.«*

Der Doctor sieht River in die Augen und fragt: »Wer *bist* du?« River sieht das Kinderbett, in dem Amys Baby geschlafen hatte: »Oh, schau, euer Bettchen! Habe ich schon *sehr* lange nicht mehr gesehen.« Aber der Doctor packt sie am Handgelenk: »Nein, nein, du sagst es mir jetzt. Sag mir, wer du bist.« Sie führt seine Hand zum Kinderbett und sagt: »Ich *sage* es dir doch.« Da begreift der Doctor endlich, wer River ist: Sie ist die Zukunft des Babys, das sie gerade verloren haben.[24]

Die Frage nach der Identität Jesu ist für die Handlung der Evangelien genauso wichtig wie Rivers Identität für die Handlung dieser Episode. Die Antwort ist noch unglaublicher. In diesem Kapitel werden wir sehen, dass alle vier Evangelien behaupten, dass Jesus der fleischgewordene Sohn Gottes ist: der wahre Schöpfer des Universums in menschlicher Gestalt. Manchmal stellen sie diese Behauptung explizit auf. Häufig aber, wenn jemand Jesus auffordert, zu sagen, wer er ist, dann antwortet er oft wie die rätselhafte River Song: »Ich *sage* es euch doch.«

Außergewöhnliche Herkunft

Rivers Eltern, Amy und Rory, waren normale Menschen. Zunächst fragten sie sich, wie sie es geschafft hatten, eine übermenschliche, zeitreisende Tochter in die Welt zu setzen, doch dann wurde es ihnen klar: Sie war bei einem Flug in der Raum-und-Zeit-Maschine des Doctor gezeugt worden. Der Doctor ist ein Zeit-Lord, der nicht nur in Raum und Zeit herumspringt, sondern sich auch dann »regenerieren« kann, wo du oder ich einfach gestorben wäre. River hat genau dieselben Fähigkeiten. Deswegen haben die Feinde des Doctor sie gekidnappt. Sie wissen darum, wie mächtig River selbst als Kind ist.

Sowohl Matthäus als auch Lukas berichten uns über Jesu Zeugung und Geburt in der realen Geschichte und erzielen dabei eine ähnliche Wirkung: Sie helfen uns zu verstehen, wer Jesus ist und warum er außergewöhnliche, übernatürliche Macht hat.

Lukas' Bericht ist der ausführlichere und schließt sogar eine Begegnung zwischen Jesu Mutter, Maria, und einem Engel mit ein. Der Engel sagte ihr, dass sie ein Kind zur Welt bringen würde, dass sie ihm den Namen Jesus geben solle und dass er »Sohn des Höchsten« genannt würde (Lukas 1,31–32). Maria fragte, wie das geschehen soll, da sie Jungfrau war. Der Engel erklärte: »Der Heilige Geist wird über dich kommen [und] die Kraft des Höchsten wird dich überschatten. Deshalb wird das Kind, das du zur Welt bringst, heilig sein und Sohn Gottes genannt werden« (1,35).

Das ist eine sensationelle Nachricht. Im Alten Testament gibt es zwar mehrere Fälle, in denen Gott unfruchtbare Frauen empfängnisfähig macht. Aber eine Jungfrau, die durch Gott selbst schwanger gemacht wird, steht ohne Beispiel da. Im Gegensatz zu den griechischen und römischen Göttern, die nicht selten herabkamen, um mit Menschen zu schlafen – und Halbgötter oder Helden zeugten –, ist der Gott der Bibel absolut transzendent. Er hatte seine Liebe für sein Volk immer wieder zum Ausdruck gebracht, doch der Schöpfer-Gott – der einfach *ist* – war so ganz anders als die heidnischen Götter, die sich mit den Menschen vermischten. Und doch behauptet Lukas, dass dieser ewige Gott des ganzen Universums durch seinen Heiligen Geist irgendwie ein kleines menschliches Wesen gezeugt hatte, der ja bekannterweise dann in eine Krippe gelegt wurde (einen Futtertrog für Tiere), weil es im Gasthof keinen Platz gab.

Matthäus erzählt uns die Geschichte aus der Perspektive von Joseph. Maria und Joseph waren einander »angetraut« (eine verbindlichere Entsprechung dessen, was wir heute als Verlobung bezeichnen). Aber dann stellte sich heraus, »dass Maria ein Kind erwartete... Sie war durch den Heiligen Geist schwanger geworden« (Matthäus 1,18). Joseph war kurz davor, sich scheiden zu lassen (angetraut zu sein war eine so ernste Bindung, dass ihre Auflösung eine Form der Scheidung war), aber dann begegnete ihm ein Engel im Traum. Der Engel erklärte ihm, dass Marias Baby nicht von einem anderen Mann stammte, sondern von Gottes Heiligem Geist. Er sagte Joseph, er solle das Baby Jesus nennen – was »Jahweh rettet« bedeutet –, und fügte als Erklärung an: »denn er wird sein Volk von seinen Sünden befreien« (1,21). Dann macht Matthäus diese interessante Anmerkung:

> *Das alles ist geschehen, damit in Erfüllung geht, was der Herr durch den Propheten angekündigt hat: »Seht, das unberührte Mädchen wird schwanger sein und einen Sohn zur Welt bringen, den man Immanuël nennen wird«, denn das bedeutet: Gott ist mit uns.* (1,22–23)

Das ist einer meiner Lieblingsfälle vermeintlicher biblischer Unlogik. Das Baby wird ja *Jesus* genannt, nicht *Immanuel*. Aber genau darum geht es Matthäus. Jesus (»Jahweh rettet«) und Immanuel (»Gott ist mit uns«) laufen auf dasselbe hinaus. Unsere Sünde hat uns von Gott abgeschnitten, aber Jesus, der vollkommen Gott und vollkommen Mensch ist – der in sich selbst »Gott ist mit uns« ist –, ist gekommen, um uns von unserer Sünde zu retten und uns zurück in Beziehung mit Gott zu bringen. So wie River die Hand des Doctor zum Kinderbett hinführte, *sagt* uns Matthäus sehr wohl, dass es hier um die göttliche Identität Jesu geht.

Wenn du (wie ich) in der Schule etwas über den Urknall gelernt hast, dann versetzt dich die Vorstellung, dass das gesamte Universum einst in einem winzigen Punkt mit unvorstellbarer Dichte komprimiert war, wahrscheinlich nicht mehr ins Staunen. Genauso wenig fasziniert dich dann wohl, wenn du mit dem Weihnachtsfest aufgewachsen bist, die ungeheuerliche Behauptung, dass der Gott des ganzen Universums einmal als Embryo Mensch wurde. Aber wenn es tatsächlich einen Gott gibt, der alle Dinge geschaffen hat, dann ist die Vorstellung, dass er *einen* Menschen auf andere Weise machen könnte, gar nicht so abwegig. Ja, es wäre unlogisch, zu glauben, dass er das *nicht* könnte. Das wäre so, wie wenn wir zu einem

Weltklasse-Turner sagen würden: »Ich wette, du kannst keinen Salto.«

Gezeugt vom Heiligen Geist, ist Jesus nicht *nur* Mensch. Und doch ist er *auch* ein Mensch. Er ist kein fleischgewordener Avatar, dessen Körper sich einfach »auflösen« könnte wie das Fake-Baby in *Doctor Who*. Er ist genauso Mensch wie du und ich. Die Bibel besteht darauf, dass es nur *einen* Schöpfer-Gott gibt. Und doch behaupten die Evangelien, dass dieser Schöpfer-Gott ein Mensch wurde, dessen staubige Sandalen ebenso gebunden werden mussten wie unsere und der, wie du und ich, als Embryo begann. Ja, die Geschichten, die Lukas und Matthäus über Jesu Empfängnis erzählen, verdeutlichen die merkwürdige christliche Behauptung, dass der eine Schöpfer-Gott als drei Personen in einer existiert: Vater, Sohn und Geist. Und genau diese Vater-Sohn-Geist-Beziehung wird im ersten Kapitel des Markusevangeliums aus einem anderen Blickwinkel beleuchtet.

Auf die Plätze

In der Eröffnungsszene von *Hamilton* beschreiben mehrere Charaktere mit kurzen Sätzen den Helden der Show, bis Aaron Burr am Ende fragt: »Wie ist dein Name, Mann?« In diesem Moment richtet sich der Scheinwerfer auf Hamilton selbst, der dann singt: »Alexander Hamilton.«[25] Die erste Szene im Markusevangelium entfaltet sich auf ähnliche Weise. Markus verbindet Passagen aus dem Propheten Jesaja, dem Zweiten Buch Mose und dem Propheten Maleachi, wenn er schreibt:

> *Es begann, wie es beim Propheten Jesaja geschrieben steht: »Siehe, ich sende meinen Boten vor dir her. Er wird dein Wegbereiter sein. Hört, in der Wüste ruft eine Stimme: Bereitet dem Herrn den Weg! Ebnet seine Pfade!«* (Markus 1,2–3)

Markus bezeichnet dann diesen Boten als Johannes den Täufer (1,4). Weiter schreibt er: »Damals kam auch Jesus aus Nazaret in Galiläa« zu Johannes (1,9). Markus hat uns einen Boten vorgestellt, der Jahweh selbst (»dem Herrn«) den Weg bereitet, und führt dann Jesus in die Geschichte ein. Auf etwas subtilere Art und Weise als Matthäus und Lukas klärt uns Markus so über Jesu göttliche Identität auf.

Johannes der Täufer stellt dann klar, dass er sozusagen wie eine Vorband ist, die die Leute auf den eigentlichen Star vorbereitet. »Nach mir kommt einer, der mächtiger ist als ich. Ich bin nicht einmal gut genug, mich zu bücken und ihm die Riemen seiner Sandalen zu lösen. Ich habe euch mit Wasser getauft, er wird euch mit dem Heiligen Geist taufen« (Markus 1,7–8). Johannes der Täufer ist umso viel weniger wichtig als der kommende Herr, dass er nicht einmal würdig ist, dessen Schuhe aufzubinden. Dabei hat dieser kommende Herr doch menschliche Füße. Johannes taufte die Menschen im Wasser als Zeichen für eine geistliche Reinigung, aber Jesus wird sie im Heiligen Geist taufen. Als Jesus getauft wird, öffnen sich die Himmel, Gottes Geist fährt auf Jesus wie eine Taube herab und eine Stimme aus dem Himmel sagt: »Du bist mein lieber Sohn. An dir habe ich meine Freude!« (1,10–11). Das ist wie ein Scheinwerfer, der Jesu Kommen von oben beleuchtet.

Markus erwähnt Jesu wundersame Empfängnis gar nicht. Deutet das an, wie manche behaupten, dass die Jungfrauengeburt erst später erfunden wurde? Ich denke nicht. Markus ist mit Abstand das kürzeste Evangelium und überspringt viele Ereignisse in Jesu Leben. Aber statt uns geradeaus zu sagen, dass Jesus Gottes Sohn ist, drückt Markus es nur auf andere Weise aus: Eine Stimme vom Himmel sagt: »Du bist mein lieber Sohn« (1,11). Wie bei Markus erwähnt auch das letzte Evangelium, das niedergeschrieben wurde, Jesu göttliche Empfängnis nicht. Und doch wird im Johannesevangelium am allerdeutlichsten behauptet, dass Jesus Gott ist.

Beginnen wir ganz am Anfang

Im Musical *The Sound of Music* (Deutsch: *Meine Lieder – meine Träume*) erklärt Maria, dass man am besten am Anfang beginnen sollte. Und Johannes, als Schreiber des Johannesevangeliums, würde das auch so sehen. Anstatt bei Jesu Empfängnis zu beginnen, setzt er bei der Entstehung des Universums an. Die Bibel fängt so an: »Im Anfang schuf Gott Himmel und Erde« (1. Mose 1,1). Johannes greift nun zurück auf diese weltbegründenden Worte:

> *Im Anfang war das Wort. Das Wort war bei Gott, ja das Wort war Gott. Von Anfang an war es bei Gott. Alles ist dadurch entstanden. Ohne das Wort entstand nichts von dem, was besteht. In ihm war Leben, und dieses Leben war Licht für die Menschen. Das Licht scheint in der Finsternis, und die Finsternis hat es nicht erfasst.* (Johannes 1,1–5)

Mit der einen Hand fasst Johannes das heiße Eisen an, dass Juden behaupten, dass ihr Gott aus Nichts Etwas, aus Dunkelheit Licht, ja, alle Dinge ins Sein gerufen hat. Mit der anderen Hand greift er den Gedanken griechischer Philosophen auf, dass es eine universelle Vernunft oder einen *logos* gibt – hier mit »Wort« wiedergegeben –, der ewig und gleichbleibend seit Beginn der Schöpfung dagewesen ist. Johannes bringt diese beiden Gedanken zusammen, um Jesus vorzustellen als das Wort, das nicht nur bei Gott war, sondern auch von Anfang an *Gott selbst* war. Der Ewige, durch den alle Dinge gemacht wurden, hat jetzt seine eigene Schöpfung betreten. »Er, das Wort, wurde Mensch und lebte unter uns«, schreibt Johannes, und »wir haben seine Herrlichkeit gesehen, eine Herrlichkeit wie sie nur der Eine und Einzige vom Vater hat, erfüllt mit Gnade und Wahrheit« (1,14).

Ebenso wie Matthäus, Markus und Lukas erzählt uns

das Johannesevangelium auf seine ihm eigene Weise, dass Jesus der eine wahre Gott in Menschengestalt ist. Johannes teilt uns mit, dass kein Stern am Himmel noch irgendein Geschöpf auf der Erde ohne das Wort gemacht wurde, das in Jesus Christus Fleisch wurde. Das bedeutet, dass auch du und ich von Jesus geschaffen wurden. Wenn das stimmt, dann bedeutet es, dass Jesus dich kennt – vom Embryo bis zum Grab, von vorne bis hinten, von Kopf bis Fuß, jeden einzelnen deiner Gedanken. Es bedeutet, dass er dich besser kennt als du dich selbst kennst, weil er jeden Zentimeter von dir geschaffen hat. Im Alten Testament wird Gottes Herrlichkeit als so intensiv beschrieben, dass Menschen Gott nicht sehen konnten, ohne zu sterben. Doch Johannes behauptet, diese Herrlichkeit in der Person Jesu gesehen zu haben, der kam, um unter uns zu leben. Johannes fasst das beziehungsorientierte Wesen Gottes so zusammen, indem er erklärt, dass dieses ewige Wort sowohl *bei* Gott als auch *Gott selbst* war. Im Laufe unserer Reise durch die Evangelien werden wir eine noch klarere Vorstellung davon bekommen, was es bedeutet, dass Jesus »Gott der Sohn« ist – der mit dem Vater und dem Geist zusammen der eine wahre Gott ist. Aber zunächst müssen wir die Frage klären, ob es stimmt, dass Jesus selbst – wie manche behaupten – nie für sich in Anspruch genommen hat, Gott zu sein?

Blasphemie!

In der Klassiker-Komödie *Die Braut des Prinzen* wurde die schöne Buttercup von einem maskierten Mann gerettet, der behauptet, er sei der Grausame Pirat Roberts. Buttercup ist mit einem jungen Hausdiener namens Westley aufgewachsen, der seine Liebe ihr gegenüber mit drei Wörtern zum Ausdruck brachte, die er ständig wiederholte: »Wie Sie wünschen.« Roberts sagt zu Buttercup, dass er ihren Westley umgebracht habe. »Ich kann es mir nicht leisten, Ausnahmen zu machen«, erklärt er. »Sobald sich herumspricht, dass ein Pirat nachsichtig geworden ist, gehorchen die Leute dir immer weniger, und dann hast du die ganze Zeit nur noch Arbeit, Arbeit und noch mehr Arbeit.« So schubst Buttercup ihn eine Schlucht hinunter mit den Worten: »Du kannst meinetwegen auch sterben!« Doch als der Mann den Abhang hinunterstürzt, ruft er »Wie ... Sie ... wünschen!« Buttercup ruft verzweifelt, »Oh, mein süßer Westley, was habe ich nur getan?«, und springt ihm hinterher.[26]

In Markus 2,1–2 predigt Jesus in einem überfüllten Haus. Vier Freunde schleppen einen gelähmten Mann auf das Dach, öffnen dies und lassen ihn dann in den Raum hinab. Als Jesus ihren Glauben sieht, sagt er zu dem Mann: »Mein Sohn, deine Sünden sind dir vergeben« (Markus 2,5). Wie verwirrt dieser Mann gewesen sein muss! Er war gekommen, um geheilt zu werden, nicht damit ihm vergeben wird. Die religiösen Führer – die Schriftgelehrten – waren zutiefst entsetzt: »Was bildet der sich ein? Das ist ja Gotteslästerung! Niemand kann Sünden vergeben außer Gott!« (2,7). Die Schriftgelehrten hatten nicht Unrecht: Der Einzige, der das Recht hat, diese Worte zu sagen, ist Gott selbst. Jesu Worte »deine Sünden sind dir vergeben« behaupteten diese Identität mit ihm. Ähnlich wie Westleys Worte »Wie Sie wünschen.«

Dann fragt Jesus die Schriftgelehrten: »Ist es leichter, zu einem Gelähmten zu sagen: ›Deine Sünden sind dir vergeben‹ oder: ›Steh auf, nimm deine Matte und geh umher!‹? (2,9) Einerseits ist die Antwort darauf offensichtlich. Vergebung kann man nicht sehen, also könnte Jesus sein Gesicht wahren, indem er einfach behauptet, dass sie stattgefunden habe. Doch anstatt A oder B zu wählen, tut Jesus beides: »›Doch ihr sollt wissen, dass der Menschensohn die Vollmacht hat, hier auf der Erde Sünden zu vergeben.‹ Damit wandte er sich dem

Gelähmten zu: ›Ich befehle dir: Steh auf, nimm deine Matte und geh nach Hause!‹« (2,10–11).

Sofort stand der Mann auf, nahm seine Matte und ging. Für Jesus war es einfach, jemanden körperlich zu heilen. Im weiteren Verlauf des Evangeliums stellen wir dann fest: Sünden zu vergeben ist ein hartes Geschäft: Es hat Jesus sein Leben gekostet. Aber in dieser frühen Begebenheit beweist Jesus, dass er das Recht hat, zu tun, was nur Gott selbst tun kann.

Er *sagt* es uns doch.

Wer ist das?

Letzte Woche habe ich mir *Shang-Chi and the Legend of the 10 Rings* im Kino angeschaut. Ich mag schnelle Action-Filme, und dieser war wirklich fantastisch. In einer der stärksten Szenen fahren Shaun und seine beste Freundin Katy mit dem Bus zur Arbeit (sie sind Parkservice-Mitarbeiter). Aber dann kommt irgendein Gangster auf Shaun zu und verlangt auf Chinesisch, dass er ihm seine coole, grüne Halskette geben soll. Shaun weigert sich. Weitere Gangster kommen dazu. Katy stellt sich dazwischen: »Ihr habt den Falschen! Sieht er so aus, als könne er kämpfen?« Aber dann greifen sie ihn an, und Shaun wehrt sich. Der erste Gangster fliegt durch die Luft, und Katys Kinnlade fällt. Sie sieht ehrfürchtig zu, wie Shaun auch die anderen abwehrt. Als dann ein noch größerer Typ mit einem Schwert-Unterarm aufsteht, denken die Leute im Bus gleich, dass Shaun bereits verloren hat. Aber Shaun besiegt auch diesen Typ. Katy hat nur noch eine Frage: Wer, um alles in der Welt, ist das? »Ich weiß, du redest nicht gerne über dein Leben«, sagt sie, »aber ein Typ mit einem Macheten-Arm hat gerade unsren Bus in zwei Teile gehackt!«[27]

Matthäus, Markus und Lukas erzählen von einem Ereignis, das für Jesu Freunde verstörend war. Jesus und seine

Jünger sind in einem Boot. Es ist Abend. Nach einem Tag voller Predigten schläft Jesus vor Müdigkeit ein. Aber dann kommt ein riesiger Sturm auf. Wellen brechen ins Boot, es läuft voll Wasser. Dabei waren einige von Jesu Jüngern selbst Fischer, und sogar sie bekommen große Angst. Aber Jesus schläft ruhig weiter. Sie wecken ihn auf: »Rabbi, macht es dir nichts aus, dass wir umkommen?« (Markus 4,38). Was haben sie von Jesus erwartet? Vielleicht einfach, dass er mithilft beim Wasser schöpfen? Oder vielleicht, dass er zu Gott betet, dass der Sturm sich legt? Doch Jesus, gerade erst aufgewacht, spricht zum Wind und zum See: »Schweig! Sei still!« (4,39). Der Wind legt sich schlagartig, und eine große Ruhe entsteht. Und dann fragt Jesus: »Warum habt ihr solche Angst? ...Habt ihr immer noch keinen Glauben?« (4,40). Man könnte erwarten, dass die Jünger erstmal erleichtert sind. »Puh! Der Sturm ist vorbei. Jesus hat die Lage gerettet!« Aber das ist nicht der Fall. Markus berichtet uns, dass sie »erst recht von Furcht gepackt« wurden und einander zuraunen: »Wer ist das nur, dass ihm sogar Wind und Wellen gehorchen?« (4,41).

Im Ersten Buch Mose rief Gott die Meere ins Dasein. Im Zweiten Buch Mose teilte er das Rote Meer durch einen starken Ostwind, sodass ein Pfad entstand, auf dem sein Volk trockenen Fußes zur anderen Seite laufen konnte. Hier spricht Jesus zum Wind und zum See, und sie gehorchen. Und der Sturm wird nicht allmählich still: vielmehr wird sozusagen die Notbremse gezogen, und seine Jünger werden von einer Angst in die nächste katapultiert. Ähnlich wie Katy, die herausfindet, dass ihr Freund Shaun eigentlich Shang-Chi ist – der Sohn des mächtigsten Mannes der Welt –, erkennen auch die Jünger langsam, wer Jesus ist. Und sie bekommen riesige Angst.

Auch hier gilt also: Markus *sagt* es uns doch.

Was nennst du mich gut?

Im Jahr 1956 heiratete C. S. Lewis, der Autor der *Chroniken von Narnia*, still und heimlich eine amerikanische Dichterin namens Joy Davidman. Joy war jüdisch erzogen worden, wurde dann im frühen Erwachsenenalter Atheistin und Kommunistin. Als sie Lewis traf, hatte sie sich mittlerweile dem Christentum zugewandt. Nachdem ihr chronisch untreuer Ehemann Bill sich von ihr hatte scheiden lassen, bat sie Lewis, sie standesamtlich zu heiraten, damit sie in England bleiben könnte. Er willigte ein. Doch ein Jahr später wurde bei Joy Krebs diagnostiziert. Lewis (der privat »Jack« genannt wurde), war am Boden zerstört. In dem biografischen Film *Shadowlands – ein Geschenk des Augenblicks* hat Lewis eine Unterhaltung mit einem Professorenkollegen in Oxford:

> Harry: *Nun, sie ist natürlich deine Freundin, aber ... sie gehört nicht zur Familie.*
> Jack: *Sie ist nicht meine Frau? Natürlich nicht. Das ist ja unmöglich. Undenkbar. Wie könnte Joy denn meine Frau sein? Ich müsste sie lieben, oder nicht? Sie müsste mir wichtiger sein, als jeder andere Mensch auf dieser Welt. Ich müsste Höllenqualen leiden beim Gedanken, sie zu verlieren.*
> Harry: *Das tut mir leid, Jack. Das wusste ich nicht.*
> Jack: *Ich auch nicht.*

Jack sagt seinem Freund die Wahrheit über seine Liebe zu Joy, indem er diese als eigentlich unmöglich beschreibt.[28]

Eines Tages kam ein reicher junger Mann zu Jesus gelaufen und fiel vor ihm auf die Knie, um die wichtigste Frage auf der Welt zu stellen: »Guter Rabbi, was muss ich tun, um das ewige Leben zu bekommen?« (Markus 10,17). Vielleicht treibt auch dich diese Frage um, wenn auch nicht unbedingt mit demselben Wortlaut. Aber wenn es einen Gott gibt, dann wüsstest du wohl gerne, wie man sich das ewige Leben sichern kann. Jesu erste Erwiderung beantwortet die Frage nicht; sie ist eine Rückfrage: »Was nennst du mich gut? Gut ist nur Gott, sonst niemand« (10,18). Im jüdischen Denken war es unmöglich, ja unvorstellbar, dass Jesus Gott selbst sein könnte – das eine ewige Wesen, das wirklich, zutiefst und unfassbar gut ist. Er müsste ja die Dinge tun können, die nur Gott tun kann.

Jesus listet dann sechs der Zehn Gebote auf, die uns sagen, wie wir miteinander umgehen sollen: »Du kennst doch die Gebote: Du sollst nicht morden, nicht die Ehe brechen, nicht stehlen, du sollst keine Falschaussagen machen und niemand um das Seine bringen; ehre deinen Vater und deine Mutter« (10,19). Doch er lässt die ersten vier aus, in denen es darum geht, wie wir uns Gott gegenüber verhalten sollen. Der junge Mann behauptet, diese sechs Gebote seit Kindheitstagen gehalten zu haben. Jesus sieht ihn liebevoll an. »Eins fehlt dir«, sagte er, »geh und verkaufe alles, was du hast, und gib den Erlös den Armen – du wirst dann einen Schatz im Himmel haben –, und komm, folge mir nach!« (10,21). Um wirklich ewiges Leben zu bekommen, muss dieser Mann *alles* aufgeben und Jesus nachfolgen. Eben darum geht es bei den ersten vier auf Gott bezogenen Geboten. Doch dem jungen Mann sind die Kosten zu hoch: »Der Mann war entsetzt, als er das hörte, und ging traurig weg, denn er hatte ein großes Vermögen« (10,22).

Dieser junge Mann wird mit etwas konfrontiert, was uns allen beim Lesen der Evangelien auffallen wird. Jesus will nicht unsere freie Zeit, unser überschüssiges Geld, unsere gelegentlichen Gebete. Er will alles von uns. Und nur Gott steht es zu, das zu verlangen. Wenn Jesus nicht Gott selbst ist, dann wäre er kein guter Rabbi. Er wäre entweder größenwahnsinnig oder ein kaltherziger Betrüger, der eine Identität für sich beansprucht, die ihm nicht zusteht. Aber wenn du nur eins der Evangelien liest, wirst Du feststellen, dass er ohne jeden Zweifel diesen Anspruch erhoben hat.

Ich bin …

Katy und Shaun sitzen im Flugzeug, als sie ihn fragt, wer er sei. Shaun erklärt, dass er nicht wirklich Shaun heißt, sondern Shang-Chi. Katy spricht den Namen ein paar Mal falsch aus und fragt dann sarkastisch: »Du hast deinen Namen von Shang in Shaun geändert? Wie dein Vater dich wohl aufgespürt hat …«. Es ist wahrlich nicht der beste Alias, um geheim zu bleiben. Shang-Chi hatte tatsächlich versucht, seine Identität zu verschleiern, wenn auch nicht auf die glücklichste Weise. Aber wenn Jesus aber den Namen des einen wahren Gottes Israels in den Mund nimmt, dann will er genau das Gegenteil tun. Er nimmt den Namen des einen wahren Gottes Israels und macht ihn sich zu eigen.

Als Mose Gott begegnete, der aus einem wundersam brennenden Busch zu ihm redete, nannte Gott sich »Ich bin, der ich bin« (2. Mose 3,14 Elb). Im Johannesevangelium spielt Jesus so mit diesen Worten, wie ein Meisterkomponist sein Leitmotiv entfaltet:

- »Ich bin das Brot des Lebens.« (Johannes 6,35,48; vgl. 6,41.51)
- »Ich bin das Licht der Welt.« (8,12)
- »Ich bin das Tor zu den Schafen.« (10,7; vgl. 10,9)
- »Ich bin die Auferstehung und das Leben.« (11,25)
- »Ich bin der gute Hirte.« (10,11.14 Elb)
- »Ich bin der Weg, und die Wahrheit, und das Leben.« (14,6 Elb)
- »Ich bin der wahre Weinstock.« (15,1; vgl. 15,5)

Immer und immer wieder verwendet Jesus Worte und Metaphern aus dem Alten Testament, um sich selbst als das wahre Israel und als Israels wahrer Gott zu präsentieren. Wir werden zwei Beispiele dafür in einem explosiven Gespräch erleben.

Gottes erste Worte in der Bibel lauten: »Es werde Licht« (1. Mose 1,3). Einmal erklärt Jesus im Tempel: »Ich bin das Licht der Welt! Wer mir folgt, wird nicht mehr in der Finsternis umherirren, sondern wird das Licht haben, das zum Leben führt« (Johannes 8,12). So kühn ist diese Behauptung, dass einem beim Lesen der Atem stockt. Es haben schon viele religiöse Führer für sich beansprucht, erleuchtet zu sein. Aber Jesus behauptet, er *ist* das Licht. Außerdem taucht das Thema des Lichts, das die Finsternis besiegt, auch bei den Propheten Israels auf. »Das Volk, das im Dunkeln lebt«, verkündete Jesaja,

sieht ein großes Licht.
Licht strahlt auf über denen,
die im Land der Todesschatten wohnen.« (Jesaja 9,1)

Jesaja bezieht diese Worte auf Galiläa, wo Jesus wohnte (Jesaja 8,23). Matthäus weist auf ihre Erfüllung hin, als Jesus dort hinzog (Matthäus 4,12–16), und fügt Anklänge an Psalm 23,4 hinzu:

»Das Volk, das im Finstern lebte, hat ein großes Licht gesehen.
Über denen, die im Land der Todesschatten wohnten,
ist Licht aufgegangen.« (Matthäus 4,16)

Jesus ist das Licht und Leben, das in die Finsternis und den Tod hineinbricht. Jesajas Prophetie spricht nachfolgend von einem von Gott gegebenen, ewigen König, der geboren werden solle. Da muss es in allen jüdischen Ohren geklingelt haben, als Jesus behauptete, das Licht der Welt zu sein.

Den Pharisäern gefällt das überhaupt nicht. Aber Jesus setzt noch einen drauf. Er sagt ihnen, dass sie in ihren Sünden sterben werden, wenn sie nicht an ihn glauben, aber wenn sie in seinem Wort bleiben, dann werden sie die Wahrheit kennen, und die Wahrheit werde sie frei machen (Johannes 8,24.31–32). Seine Zuhörer entgegnen, dass sie niemandes Sklaven seien. Doch Jesus erwidert, dass sie Sklaven der Sünde sind und dass nur er sie frei machen kann (8,31–38). Schließlich fragen sie dann: »Bist du etwa größer als unser Vater Abraham und die Propheten, die alle gestorben sind? Für wen hältst du dich eigentlich?« (8,53). Jesus antwortet: »Euer Vater Abraham sah dem Tag meines Kommens mit Jubel entgegen. Er sah ihn dann auch und freute sich« (8,56). Jetzt wissen sie, dass Jesus verrückt ist. »Du bist noch keine fünfzig Jahre alt«, wenden sie ein, »und willst Abraham gesehen haben?« (8,57). Dann führt Jesus seinen letzten Schlag aus: »Wahrlich, wahrlich, ich sage euch: Ehe Abraham war, bin ich« (8,58 Elb). Den jüdischen Führern war völlig klar, was er meinte. Seine Behauptung, der große »Ich bin« zu sein, war Blasphemie. »Da hoben sie Steine auf, um ihn damit zu töten« (8,59).

Was ist mit dem *einen* Gott?

In gewisser Weise war die Reaktion der jüdischen Führer verständlich. Dass Gott *einer* ist, war der Herzschlag ihres Glaubens. »Höre, Israel, der HERR ist unser Gott, der HERR ist einer«, hatte Mose verkündet. »Und du sollst den HERRN, deinen Gott, lieb haben von ganzem Herzen, von ganzer Seele und mit all deiner Kraft« (5. Mose 6,4–5, LÜ). In einer Welt, die viele Götter verehrte, glaubten die Juden an *einen* Schöpfergott, der über alles erhaben und der allein würdig war, von ihnen angebetet zu werden. Jesus bezeichnet das als das größte Gebot von allen (Matthäus 22,37–38). Aber in einer anderen Konfrontation im Tempel erklärt Jesus: »Ich und der Vater sind untrennbar eins« (Johannes 10,30). Ja, es gibt *einen* Gott, sagt auch Jesus. Es gibt nur den einen wahren Schöpfer aller Dinge. Doch Jesus behauptet, dass er dieser Gott *ist*.

Wir haben so unsere Mühe damit, das ganz zu begreifen. Als die Olympischen Spiele in Tokyo liefen, waren meine Kinder fasziniert vom Synchronspringen. Zwei Menschen trainieren jahrelang, bis sie vollkommen synchron durch die Luft fliegen können. Die besten Springer der Welt vollführen fast hundertprozentig identische Drehbewegungen, um dann zusammen ins Wasser einzutauchen. Aber es sind trotzdem zwei Körper, die sich in die Tiefe stürzen. Sie versuchen, als *ein* Körper zu agieren. Aber sie sind nicht eins. Die Juden waren gelehrt worden: »Der HERR ist unser Gott, der HERR ist einer«, und Jesus behauptet, er ist eins mit eben jenem Herrn. Und wieder nehmen seine Zuhörer Steine, um sie auf ihn zu werfen (Johannes 10,31). Und wieder entkommt er ihnen. Doch es war nur eine Frage der Zeit, bis ihn seine Lehren das Leben kosteten. Und das war kein tragischer Unfall. Das war der Plan.

Der Weg, die Wahrheit, das Leben

Doctor Who traf Amy Pond zum ersten Mal, als sie sieben Jahre alt war. Er war mit seinem Zeit-und-Raum-Schiff, der TARDIS, vor ihrem Haus bruchgelandet und aß dann etwas mit ihr. Dann meinte er, er müsse mit seiner TARDIS eine Probefahrt unternehmen, sei aber in fünf Minuten wieder zurück, um sie mitzunehmen. Amy packte ihre Sachen und wartete. Aber er kam nicht. Ja, sie trafen sich erst wieder, als sie 19 war. Aber als er dann zurückkam, zeigte er ihr das ganze Universum und veränderte ihr Leben völlig.

In der Nacht, in der Jesus festgenommen wurde, sagte er zu seinen Jüngern, dass er sie bald verlassen würde, um ihnen eine Wohnung im Haus seines Vaters vorzubereiten. Er sagte, er würde wiederkommen und sie dann mitnehmen: »Den Weg dorthin kennt ihr ja«, fügte er hinzu (Johannes 14,4). Einer seiner Jünger, Thomas, fragte: »Herr, wir wissen nicht einmal, wo du hingehst. Wie sollen wir da den Weg kennen?« (14,5). Jesus antwortete mit diesen atemberaubenden Worten: »Ich bin der Weg! ... Ich bin die Wahrheit und das Leben! Zum Vater kommt man nur durch mich. Wenn ihr erkannt habt, wer ich bin, dann habt ihr auch meinen Vater erkannt. Schon jetzt erkennt ihr ihn und habt ihn bereits gesehen« (14,6–7).

Diese berühmte »Ich bin«-Aussage baut sich selbst auf. Jesus ist der Weg, der zu Gott führt. Aber er ist nicht nur der Weg. Er ist gleichzeitig auch das Ziel. Viele religiöse Führer haben behauptet, die Wahrheit zu lehren. Aber Jesus sagt, er *ist die* Wahrheit. Viele haben behauptet, Orientierung fürs Leben zu geben. Aber Jesus behauptet, er *ist* das Leben. Ohne ihn gibt es nur den Tod. Ihn zu kennen, bedeutet gleichzeitig auch den Vater zu kennen.

Ein weiterer Jünger, Philippus, entgegnet: »Herr, zeige uns den Vater ..., das genügt uns«. Doch Jesus fragt ihn daraufhin: »So lange bin ich schon bei euch, Philippus, und du kennst mich immer noch nicht?« (14,8–9). Jesus zu begegnen ist noch aufregender als jemandem zu begegnen, der durch Raum und Zeit reisen kann. Denn es bedeutet, Gott selbst zu begegnen: Demjenigen, der das Universum, der Raum und Zeit gemacht hat und alles, was wir je geliebt oder erträumt haben. Es bedeutet die Welt, und auch den Himmel. Aber ist das bloß ein Märchen oder Science-Fiction, wie *Doctor Who*?

Der zweifelnde Thomas

Wenn es dir schwerfällt, zu glauben, dass Jesus tatsächlich der Sohn Gottes ist, dann bist du in guter Gesellschaft. Jesu jüdische Jünger glaubten daran, dass es einen wahren Schöpfergott gibt. Doch erst nach Jahren des Unterwegsseins mit Jesus fingen sie so langsam an zu begreifen, wer er ist. Und dann passierte das Undenkbare: Jesus starb an einem römischen Kreuz. Die Kreuzigung hätte der letzte Beweis dafür sein sollen, dass Jesus *nicht* Gott war – dafür, dass er der Macht Roms nichts entgegenzusetzen hatte, dafür, dass er nicht der große »Ich bin« war. Und wenn Jesus tot geblieben wäre, dann wäre dieser Beweis nicht zu leugnen gewesen. Doch alle vier Evangelien behaupten, dass Jesus aus dem Tod ausbrach wie aus einem Gefängnis. Der Sohn Gottes, so behaupten sie, hat den Tod besiegt. Doch einer der Jünger Jesu weigerte sich, das zu glauben.

Als Jesus nach seiner Auferstehung zum ersten Mal seinen Jüngern erschien, war Thomas nicht dabei. Die anderen sagten zu ihm: »Wir haben den Herrn gesehen!« Doch Thomas erwiderte: »Erst muss ich die Wundmale der Nägel in seinen Händen sehen und mit meinen Fingern berühren und meine Hand in seine durchbohrte Seite legen. Vorher glaube ich das keinesfalls.« (Johannes 20,25). Alle Hoffnungen von Thomas waren mit dem Tod Jesu gestorben, und er war nicht so naiv, sie wieder zu beleben. Vielleicht geht es dir auch so. Vielleicht dachtest du als Kind, es gibt einen Gott. Vielleicht hast du auch gebetet. Vielleicht hast du gehofft, es gebe hier irgendwo Wahrheit, aber jetzt hast du schmerzhafte Erfahrungen gemacht, und es kommt dir so unglaublich vor. Vielleicht denkst du, so wie Thomas, dass du es glauben würdest, wenn du es sähest. Wenn das so ist, dann ist das Ende der Geschichte von Thomas genau für dich. Acht Tage später kam Jesus wieder, und Thomas war diesmal dabei. Seine Kreuzigungswunden zeigend, sagte Jesus zu Thomas: »Gib mir deinen Finger und sieh meine Hände an! Gib deine Hand her und lege sie in meine Seite! Und sei nicht mehr ungläubig, sondern glaube!« Thomas reagierte mit der einzigen Schlussfolgerung, die er aus den Beweisen vor seinen Augen ziehen konnte: »Mein Herr und mein Gott!« (20,27–28).

Und nun?

Was bedeutet es für uns, dass der Schöpfergott in Jesus Christus Mensch wurde? Es bedeutet, dass du und ich durch und durch gekannt und wahrgenommen sind. Es bedeutet, dass wir noch umfassender gekannt sind als eine Mutter ihr Baby kennt, als ein Künstler seine Gemälde kennt, als eine Romanautorin ihre imaginäre Welt kennt. Es bedeutet, dass derjenige, der uns gemacht hat, aus Liebe zu uns lebte und starb, Hunger und Durst litt und für uns blutete. Es bedeutet, dass derjenige, der die Sterne gemacht hat, für uns geweint hat. Es bedeutet, dass derjenige, der das Weltall ausgebreitet hat, für uns seine Arme ausgebreitet hat und gestorben ist. River sagt *Doctor Who* nicht, dass sie Amys Baby ist. Sie *zeigt* es ihm. Sie verwandelte so eine Niederlage in einen Sieg, indem sie kommt und zeigt, wer sie ist. Wenn Jesus der ewige Sohn Gottes ist, dann bedeutet das, dass aus einer Niederlage ein Sieg für alle wurde, die ihm folgen. Es bedeutet, dass der Gott, der das Universum gemacht hat, nun für dich und mich da ist. Es bedeutet, dass die Welt auf den Kopf gestellt wurde – für uns.

3

Jesus der König

Der Film-Klassiker *Gladiator* spielt im Jahr 180 nach Christus. In der Anfangsszene führt ein römischer General, Maximus, seine Legionäre zum Sieg über germanische Stämme. Als er zurückkehrt, bittet ihn der Kaiser, Marcus Aurelius, nach dessen Tod die Macht zu übernehmen und Rom wieder zu einer Republik zu machen. Doch als der Sohn des Kaisers, Commodus, von diesem Plan hört, ermordet er seinen Vater, ernennt sich selbst zum Kaiser und fordert Maximus' Loyalität ein. Maximus weigert sich, entkommt Commodus' Männern und flieht nach Hause. Er hat schon die Tage gezählt, bis er seine Frau und seinen Sohn wieder sehen kann. Doch als er endlich nach Hause kommt, findet er sie tot vor, von Commodus' Männern gekreuzigt.

Erschöpft und verzweifelt bricht Maximus zusammen. Er wird von Sklavenhändlern mitgenommen, die ihn als Gladiator verkaufen. In einer Schlüsselszene sehen wir diesen Mann, der alles verloren hat, vor den Augen des Kaisers den Gladiatorenkampf gewinnen. Als Commodus in die Arena kommt und nach seinem Namen fragt, zieht Maximus seinen Helm ab und ruft aus: »Mein Name ist Maximus Decimus Meridius, Kommandeur der Truppen des Nordens, Tribun der Spanischen Legion. Treuer Diener des *wahren* Imperators, Marcus Aurelius. Vater eines ermordeten Sohnes. Ehemann einer ermordeten Frau. Und ich werde mich dafür rächen, in diesem Leben oder im nächsten.«[29]

Die Juden zur Zeit Jesu warteten auf einen Helden, der die Römer vertreiben und Israel als Staat wiederherstellen würde.

Zwar waren sie aus dem Exil in Babylon zurückgekehrt, doch lebten sie immer noch unter fremder Herrschaft – dabei hatte Gott ihnen durch die Propheten einen König verheißen, der andere Reiche erobern würde. In diesem Kapitel werden wir sehen, wie die Evangelien Jesus als diesen König beleuchten, dessen Sieg aber das Gegenteil von dem war, was seine Landsleute erwarteten. Und wir werden sehen, warum wir Menschen des 21. Jahrhunderts Gottes ewigen König ebenso herbeisehnen sollten.

Jesus Christus, der Sohn Gottes

Als Commodus Maximus das erste Mal fragt, »Aber warum zeigt sich der Held nicht und verrät uns nicht seinen *richtigen* Namen?«, erwidert Maximus: »Mein Name ist Gladiator«. Commodus gibt sich damit nicht zufrieden: Das ist nicht sein Name; das ist seine Rolle. So auch bei Jesus: Wenn er *Christus* genannt wird, ist das nicht sein Name. Das hebräische Wort *Messias* bedeutet »Gesalbter« und entstammt der uralten Praxis, die die Könige Israels auszeichnete, indem ihr Kopf mit Öl gesalbt wurde. Das Wort *Christus* ist die griechische Übersetzung von *Messias*. Jahrhundertelang hatten von Gott gesandte Propheten einen ewigen König verheißen, der Königreiche zerschmettern, Israel retten und dem Tod trotzen sollte. So wie Maximus nicht nur *ein* Gladiator war, sondern *der* Gladiator schlechthin, so behaupten die Evangelien auch, dass Jesus nicht nur *ein* König ist, sondern *der* König.

Das Markusevangelium beginnt mit dieser Aussage: »Anfang des Evangeliums von Jesus Christus, dem Sohn Gottes« (Markus 1,1). Für uns klingt »Sohn Gottes« vor allem so, als würde man für Jesus die Göttlichkeit beanspruchen. Wie wir in Kapitel 2 gesehen haben, hat Jesus ja auch behauptet, Gottes ewiger Sohn zu sein – der mit dem Vater und dem Geist der allein wahre Gott ist. Zur Zeit Jesu aber hätten die Juden *Sohn Gottes* vor allem als »Christus« gehört. So wie *Oberbefehlshaber* für Amerikaner »Präsident« bedeutet, so hat der Begriff *Sohn Gottes* »Christus« kommuniziert. Matthäus stellt diesen Anspruch ebenfalls voran: »Buch des Ursprungs von Jesus Christus, dem Sohn Davids, der ein Nachkomme Abrahams war« (Matthäus 1,1). David war Israels idealtypischer König, und Matthäus erzählt nun die Geschichte Israels mittels eines Stammbaumes, die von Abraham (dem Vater des Glaubens) über David (dem größten König) und dem babylonischen Exil (die totale Katastrophe) bis hin zum Kommen Jesu reicht, »der auch Christus genannt wird« (1,16).

Wie ein General, der seine Bogenschützen anweist, wartet Lukas den geeigneten Moment ab, um die Identität Jesu zu enthüllen. Aber wenn die Pfeile einmal fliegen, dann richtig. Ein Engel erscheint Maria, um ihr zu sagen, dass sie einen Sohn gebären wird. »Er wird große Autorität haben und Sohn des Höchsten genannt werden«, verkündet der Engel. »Gott wird ihn die Königsherrschaft seines Stammvaters David weiterführen lassen. Für immer wird er die Nachkommenschaft Jakobs regieren, und seine Herrschaft wird nie mehr zu Ende gehen« (Lukas 1,32–33).

Den Juden zur Zeit Jesu, die ja unter römischer Herrschaft lebten, bedeutete das Kommen von Gottes lang erwarteten Königs alles. Doch den meisten von uns heute erscheint die Vorstellung von Jesus als König vielleicht eher wie eine Lieferung, die wir gar nicht bestellt haben. Wir schauen vielleicht gerne *The Crown* auf Netflix, aber niemand von uns sehnt sich ernsthaft nach einer Rückkehr des Königtums. Wir haben die schmerzhafte Lektion der Geschichte gelernt, dass ein König oder ein anderer absoluter Herrscher auch schnell zu einem Tyrannen wird. Selbst Systeme wie der Kommunismus, die angeblich die Gleichheit der Menschen hochhalten, können schnell in eine Diktatur abgleiten. Und so haben wir

Demokratien geschaffen in dem Versuch, die Macht zu verteilen. Die Demokratie ist kein perfektes System, aber wir behalten sie bei und hoffen das Beste. Wie Churchill anmerkte: »Demokratie ist die schlechteste aller Regierungsformen – abgesehen von all den anderen Formen, die von Zeit zu Zeit ausprobiert worden sind.«[30] Wie können wir Jesu Königsanspruch heute also richtig verstehen?

Ironischerweise sollte uns heute genau das, was die Hoffnungen der Zeitgenossen Jesu zunichte gemacht hätte, Hoffnung auf Jesus als Gottes ewigen König machen. Gemessen an den Erwartungen seiner Landsleute, ist Jesu Versuch, die Königsherrschaft anzutreten, gescheitert. Anstatt sich auf einen Thron zu setzen, hatte Jesus ein Kreuz auf sich genommen. Anstatt die Macht zu übernehmen, hatte er alle Macht aufgegeben. Anstatt andere im Zuge seiner Eroberung zu unterdrücken, hatte er die Verachteten der Gesellschaft mit liebevoller Fürsorge erhoben. Das Kreuz ist nicht der Moment seiner Niederlage, sondern Symbol seines größten Siegs. Durch sein Ertragen der Ungerechtigkeit hat Jesus eine Gerechtigkeit gebracht, wie sie die Welt vorher nie gekannt hatte.

Frohe Botschaft

Als Maximus die germanischen Stämme besiegte, hätte der Kaiser, Marcus Aurelius, vielleicht ein *euangelion* erlassen können – eine Verkündigung einer guten Nachricht. Im Englischen wird dieses griechische Wort mit *gospel* wiedergegeben, einem Wort, das eine enorme geistige Bedeutung hat. Wenn wir dieses Wort hören, denken wir vielleicht an die vier Evangelien von Matthäus, Markus, Lukas und Johannes (*The gospel of* …), an die grundlegende Botschaft des christlichen Glaubens oder an die Gospelmusik, die von Künstlern wie Aretha Franklin gesungen wird. Aber für die Menschen, die dieses Wort *euangelion* zuerst aus dem Mund Jesu hörten, hatte es politisches Gewicht. Sicher, für Juden hatte es auch geistliches Gewicht: »Wie schön sind auf den Bergen die Füße dessen«, sagt Jesaja (52,7 Elb),

der frohe Botschaft bringt, der Frieden verkündet,
der gute Botschaft bringt, der Rettung verkündet,
der zu Zion spricht: Dein Gott herrscht als König!

Das Buch Jesaja wurde ursprünglich auf Hebräisch verfasst, aber in frühen griechischen Übersetzungen wurde das Verb für »frohe Botschaft bringen« mit *euangelizō* wiedergegeben. Das entsprechende Substantiv ist *euangelion*. Aber bereits hier handelt die frohe Botschaft oder das Evangelium von einem kommenden König. All das wird in Jesu erster Predigt im Markusevangelium zusammengefasst: »Es ist jetzt so weit, die Herrschaft Gottes ist nah. Ändert eure Einstellung und glaubt an das Evangelium« (Markus 1,15). Diese Worte sind gefährlich: Sie stellen die Macht Roms in Frage und sind ein Ruf zur Unterwerfung unter den kommenden, von Gott ernannten König. Aber was für ein König würde er sein?

Die erste Predigt Jesu im Lukasevangelium beantwortet diese Frage. Er hält sie in der Synagoge seiner Heimatstadt Nazareth. Ihm wird die Schriftrolle des Propheten Jesaja gereicht. Er findet den Abschnitt, den er vorlesen will, und tut das dann auch:

Der Geist des Herrn ruht auf mir, weil er mich gesalbt hat.
Er hat mich gesandt, Armen die gute Botschaft zu bringen und Gefangenen die Freiheit.
Ich soll Blinden sagen, dass sie sehen werden, und Zerbrochenen, dass sie frei werden von Schuld.
Ich soll verkünden ein Gnadenjahr des Herrn. (Lukas 4,18–19)

Dann rollt Jesus das Manuskript zusammen, gibt es dem Synagogendiener zurück und setzt sich wieder. Alle Augen sind auf ihn gerichtet. »Heute«, sagt er, »ist dieses Schriftwort, das ihr eben gehört habt, in Erfüllung gegangen« (4,21).

Ich gehe davon aus, dass die meisten von uns dieses Manifest des Königtums Jesu attraktiv finden. Wir würden gerne in einer Gesellschaft leben, die von Gerechtigkeit, Mitgefühl, Freiheit und Gesundheit gekennzeichnet ist. Jedoch spüren wir in unserem Inneren kein verzweifeltes Verlangen nach Rettung. Uns mag vielleicht etwas an Freiheit und Gerechtigkeit für alle liegen,[31] und doch kommen wir auch ganz gut ohne sie zurecht. Doch genauso wie der Sieg der Alliierten eine unglaublich frohe Botschaft für die überlebenden Juden in den Konzentrationslagern war und für Londoner, die vom Blitzkrieg arg bedrängt waren, so ist auch die Botschaft, dass Jesus Gottes gesalbter König ist, für alle Leidenden und Unterdrückten eine frohe Botschaft. Er ist gekommen, um die Bedürftigen aufzurichten. Er ist gekommen, die Gefangenen zu befreien. Er ist gekommen, die leiblich und geistlich Blinden sehend zu machen. Er ist für die gekommen, die spüren, wie dringend sie ihn brauchen. So ein König ist Jesus, und sein Gefängnis aufbrechendes Reich breitet sich auch heute noch aus – ob uns das bewusst ist oder nicht.

Das Zitat »Der Bogen des moralischen Universums ist lang, aber er neigt sich zur Gerechtigkeit« ist zu einem Mantra des säkularen Humanismus geworden. Viele, die nicht an Gott glauben, sind dennoch überzeugt, dass es eine richtige und eine falsche Seite der Geschichte gibt und dass die Geschichte – wenn auch langsam – naturgemäß in Richtung Gerechtigkeit fortschreitet. Einer jener großen Fortschritte, auf die Menschen oft verweisen, um diese Überzeugung zu belegen, ist der Erfolg der Bürgerrechtsbewegung. Ja, viele kennen das Zitat über die Länge des Bogens des moralischen Universums nur, weil Dr. Martin Luther King Jr. es verwendet hat. Aber die wenigsten wissen noch, *wie* King dieses Zitat eingesetzt hat. 1958 verkündete er in einer Rede mit dem Titel »Out of the Long Night of Segregation« (Deutsch: »Heraus aus der langen Nacht der Ausgrenzung«): »Das Böse mag Ereignisse so gestalten, dass Cäsar einen Palast bewohnt und Christus ein Kreuz, aber eben jener Christus würde auferstehen und die Geschichte in ›vor Christus‹ und ›nach Christus‹ teilen, sodass sogar das Leben Cäsars nach seinem Namen datiert wird. Ja, ›der Bogen des moralischen Universums ist lang, aber er neigt sich zur Gerechtigkeit‹.«[32] King zog seine Zuversicht nicht aus irgendeiner unpersönlichen Kraft. Sie erwuchs aus seinem Glauben an Jesu ewige, Imperien bezwingende Herrschaft.

Martin Luther King war offensichtlich religiös, aber können wir nicht einfach Gerechtigkeit ohne Jesus haben? Nein. Wenn wir diese zentrale Säule herausreißen, dann haben wir keinen Grund zu glauben, dass das Universum überhaupt einen moralischen Bogen hat – geschweige denn, dass er sich zur Gerechtigkeit neigt. Der israelische Historiker Yuval Noah Harari bietet uns eine klar atheistische Perspektive in seinem globalen Bestseller *Eine kurze Geschichte der Menschheit*, wenn er erklärt: »Es gibt im Universum keine Götter, keine Nationen, kein Geld, keine Menschenrechte, keine Gesetze und keine Gerechtigkeit außerhalb der gemeinsamen Vorstellungen der Menschen«.[33] In seinem Buch führt er auch Gedanken zur Unabhängigkeitserklärung der Vereinigten Staaten aus und sagt: »Die Amerikaner haben den Gedanken der Gleichheit aus dem Christentum«, und er nennt Menschenrechte »Produkte unserer ergiebigen Vorstellungskraft«.[34] Ein weiterer bekannter Atheist, Richard Dawkins, beobachtet, dass »moralische Werte ›in der Luft hängen‹ und sich von einem Jahrhundert zum nächsten ändern, sogar von einem Jahrzehnt zum nächsten«.[35] Und in der Tat , wie wir in Kapitel 5 in unserem Rückblick auf die Geschichte sehen werden, sind uns die Normen, nach denen wir das moralische Universum heute beurteilen, von Jesus Christus gegeben worden (ob uns das bewusst ist oder nicht) – dem König, der seine Krone am Kreuz trug. Doch Jesus kam nicht, um nur zwischen Menschen Gerechtigkeit und Heilung zu bringen. Er kam auch, um Gerechtigkeit und Heilung zwischen uns Menschen und dem heiligen, vollkommenen, gerechten Gott zu stiften, der uns geschaffen hat.

Als Jesus vor 2000 Jahren in der Synagoge die Schriftrolle zusammenrollte und sich hinsetzte, behauptete er, dass er von Gott gesalbt worden war, um alle Dinge wieder in Ordnung zu bringen. Doch was er in jener Situation *nicht* vorgelesen hat, muss den Zuhörern damals genauso aufgefallen sein, wie das, was er schon gelesen hatte. Im Buch Jesaja bilden die letzten Worte, die Jesus spricht, bevor er die Schriftrolle zumacht – »Ich soll verkünden ein Gnadenjahr des Herrn« – die erste Hälfte eines Gedankens, der dann folgendermaßen weitergeht: »und den Tag der Rache für unsern Gott« (Jesaja 61,2). Jesus hat mitten im Satz aufgehört. Die Gelegenheit bietet sich genau *jetzt*: das Jahr der Gnade des Herrn, wenn Rebellen sich ergeben und nach Hause kommen konnten. Der Tag des Gerichts kommt noch, wenn jeder von uns seinem Schöpfer Rechenschaft ablegen muss für seine Sünde, wenn niemand von uns sich mehr rechtfertigen kann vor dem Gericht. Aber noch ist es nicht zu spät, umzukehren und sich der Barmherzigkeit des Richters auszuliefern.

Letzten Sommer habe ich meinen Kindern *Harry Potter und die Heiligtümer des Todes* vorgelesen. An einer Stelle, wo Percy Weasley auftaucht, musste ich weinen.[36] Er hat sich unklugerweise dem Zaubereiministerium angeschlossen, das unter der Leitung von Lord Voldemort steht. Doch ganz unerwartet kommt er am Ende dann doch, um zusammen mit seiner Familie und seinen Freunden gegen Voldemorts Armee zu kämpfen. Noch hat er die Möglichkeit, sich umzuentscheiden. Und ähnlich sehen wir es auch überall in den Evangelien, dass es auch für uns noch nicht zu spät ist, umzukehren und unser Vertrauen auf Jesus zu setzen, der allein das Gewicht unserer Sünde tragen kann.

Man könnte erwarten, dass die Juden von Nazareth auf den Straßen vor Freude getanzt haben, über Jesu Botschaft. Nicht nur, dass sich das Reich Gottes anbahnte, sondern dass einer ihrer eigenen jungen Leute Gottes gesalbter König war! Als die amerikanische Gymnastin Sunisa Lee 2020 bei der Olympiade eine Goldmedaille gewann, gab es in ihrer Heimatstadt in Minnesota eine Parade. Wie viel mehr hätte Nazareth ihren Messias aus den eigenen Reihen feiern müssen! Zunächst sprechen sie noch wohlwollend über ihn und wundern sich über seine Worte (Lukas 4,22). Doch schon bald schlägt die Stimmung um. Entgegen ihren patriotischen Erwartungen betont Jesus Gottes Anliegen für die Menschen *außerhalb* Israels (4,25–27). Seine Zuhörer sind so wütend darüber, dass sie versuchen, ihn von einer Klippe zu stürzen. Man könnte natürlich meinen, dass Jesu Predigtdienst nicht gerade einen guten Anfang genommen hat. Aber das war der Weg, den er von Anfang an wählte. Der Bogen des Lebens Jesu neigte sich zum Kreuz hin. Doch selbst die Jünger, die ihm am nächsten standen, konnten das nicht verstehen.

Für wen haltet ihr mich?

Unsere von den sozialen Medien beeinflusste Kultur zwingt uns, kurz und knapp zu formulieren. Auf Instagram hat man 150 Zeichen, um sich zu beschreiben. Auf Twitter sind es großzügige 160. Die wirklich bekannten Menschen aber geben sich mit weniger zufrieden. Simone Biles schreibt: »Olympia-Gold-Gewinnerin. Hunde-Mama. Pizza-Feinschmeckerin.« Taylor Swift beschreibt sich als: »Gleichzeitig glücklich, frei, verwirrt und einsam.«[37] Wir wissen, wer sie ist. Als aber der bekannteste

Mensch der gesamten Geschichte seine Nachfolger fragte, für wen ihn die Leute hielten, bekam er eine widersprüchliche Antwort.

In einem Schlüsselmoment im Matthäusevangelium fragt Jesus seine Nachfolger: »Für wen halten die Menschen eigentlich den Menschensohn?« (Matthäus 16,13). Sie antworten: »Einige halten dich für Johannes den Täufer, andere für Elija und wieder andere für Jeremia oder einen der alten Propheten« (16,14). Dann fragt Jesus weiter: »Für wen haltet ihr mich?« (16,15). Simon Petrus antwortet: »Du bist der Messias, der Sohn des lebendigen Gottes« (16,16). Zunächst bekräftigt Jesus nachdrücklich, was Simon Petrus gesagt hat: »Wie glücklich bist du, Simon Bar-Jona; denn das hat dir mein Vater im Himmel offenbart. Von einem Menschen konntest du das nicht haben. Deshalb sage ich dir jetzt: Du bist Petrus, und auf diesen Felsen werde ich meine Gemeinde bauen, und keine Todesmacht wird sie jemals vernichten« (16,17–18). Der Name Petrus bedeutete »Fels«. Petrus' Herz muss bei diesen Worten förmlich geplatzt sein vor Stolz! Aber dann schärft Jesus seinen Jüngern zu ihrer Enttäuschung ein, »niemand zu sagen, dass er der Messias sei« (16,20).

Vielleicht denken die Jünger hier, dass Jesus sich so verhält, wie heute so viele Präsidentschaftskandidaten, die sich *»definitiv nicht zur Wahl stellen«*, bis sie es dann doch tun. Vielleicht wartet er einfach ab, bis er die richtigen Unterstützer zusammen hat. Aber damit noch nicht genug. »Von der Zeit an«, sagt uns Matthäus, »begann er ihnen klarzumachen, dass er nach Jerusalem gehen und dort von den Ratsältesten, den Hohen Priestern und Gesetzeslehrern vieles erleiden müsse. ›Ich muss getötet werden‹, sagte er, ›und am dritten Tag werde ich auferweckt‹« (16,21). Anstatt die richtigen Unterstützer zusammenzubekommen und so die Macht zu sichern, wird er *keine* Unterstützung von den damaligen Mächtigen bekommen, sagt Jesus. Ja, er wird zum Schluss vielmehr an ein Kreuz genagelt – wie all die anderen gescheiterten Messiasse.

Für Petrus kommt das überhaupt nicht in Frage. Als frisch bestellter Leiter der Truppe nimmt er Jesus zur Seite und sagt: »Niemals, Herr! Das darf auf keinen Fall mit dir geschehen!« (16,22). Aber Jesus dreht sich zu ihm und sagt: »Geh hinter mich! Satan! Du stellst mir eine Falle! Denn was du denkst, kommt nicht von Gott, sondern von Menschen.« (16,23). Wie diese Worte geschmerzt haben müssen. Petrus stand doch schon bereit, um Jesu rechte Hand zu sein. Vielleicht träumte er schon vom Vizepräsidentenamt. Aber jetzt nennt Jesus ihn Satan! Aber es wird noch schlimmer. Jesus wendet sich wieder seinen Jüngern zu und sagt: »Wenn jemand mein Jünger sein will, dann muss er sich selbst verleugnen, er muss sein Kreuz aufnehmen und mir folgen. Denn wer sein Leben unbedingt bewahren will, wird es verlieren. Wer sein Leben aber meinetwegen verliert, der wird es gewinnen. Denn was hat ein Mensch davon, wenn er die ganze Welt gewinnt, dabei aber das Leben einbüßt? Was könnte er schon als Gegenwert für sein Leben geben?« (16,24–26). Mit seiner Behauptung, der Christus zu sein, geht Jesus hier nicht nur das Risiko der Kreuzigung ein; das ist sogar Teil seines Plans. Und er sagt, dass auch alle seine Nachfolger bereit sein müssen, ihr Leben aufzugeben.

Vielleicht gab es bei dir mal eine Zeit, in der du bereit warst, alles für etwas aufzugeben, wonach du dich gesehnt hast. Eine Beziehung. Einen Job. Das gute Bild von dir selbst, das du unbedingt nach außen abgeben wolltest. In Oscar Wildes *Das Bildnis des Dorian Gray* sieht sich der Protagonist sein eigenes Porträt an und sagt:

> *Wie traurig das ist! Ich werde alt werden und hässlich und abscheulich. Aber dieses Bild wird immer jung bleiben. (…) Wenn es doch nur umgekehrt wäre! Wenn ich es wäre, der ewig jung bliebe, und das Bild dafür altern müsste. Dafür – dafür – würde*

ich alles geben! Ja, es gibt nichts auf der ganzen Welt, das ich nicht dafür gäbe! Ich gäbe meine Seele dafür![38]

Im weiteren Verlauf des Buchs stellen wir fest, dass sich Dorians Wünsch erfüllt hat. Er hat sich an Jugend und Schönheit geklammert, während dieses Bild auf seinem Dachboden gealtert ist und die Konturen seines Egoismus und seiner Grausamkeit angenommen hat. Einmal fragt ihn sein Mentor, Lord Henry, ganz nebenbei: »Was hülfe es dem Menschen, wenn er die ganze Welt gewönne und doch – wie lautet die Stelle noch? – seine eigene Seele verlöre?« Er hatte gehört, wie »irgendein ordinärer Straßenprediger« in London diese Worte Jesu zitierte, und leitete diese Frage jetzt an Dorian weiter. »Nein, Harry«, entgegnet Dorian. »Die Seele ist eine schreckliche Wirklichkeit. Man kann sie kaufen und verkaufen und eintauschen.«[39] Dorian bekam, was er zu wollen glaubte, und verlor das Einzige, was am Ende wichtig war. Doch Jesus ist bereit, jedes irdische Gut aufzugeben – und sogar einen frühen, qualvollen Tod an einem Kreuz zu sterben – um ein himmlisches Reich zu gewinnen. Es ging ihm nicht darum, hier Macht und Herrlichkeit zu erringen. Diese Dinge hatte er schon von Ewigkeit her. Es ging ihm um uns.

Wie beim Bild von Dorian nahm Jesus unsere Sünde auf sich. Doch anstatt dafür unsere Seelen zu ruinieren, schließt er uns in seine Arme. Wenn wir alles aufgeben, um ihm nachzufolgen, dann sind unsere Seelen und Körper sicher in seinen starken Armen. Er ist der König, der gekommen ist, um uns zu retten, und im Gegensatz zu jedem anderen König kennt er uns persönlich. Ja, er sucht uns sogar noch.

Die Frau am Brunnen

Im ersten Kapitel des Johannesevangeliums verweisen mehrere

Personen auf Jesu Identität als der Christus. Zunächst stellt Johannes der Täufer klar, dass er selbst nicht der Christus ist, sondern dass er gekommen ist, um diesem den Weg zu ebnen. Er sagt über Jesus: »Ich habe es gesehen und bezeuge: Dieser Mann ist der Sohn Gottes« (Johannes 1,34). Dann beginnt einer von Johannes' Jüngern, Andreas, Jesus nachzufolgen, und sagt zu seinem Bruder Simon Petrus: »›Wir haben den Messias gefunden!‹« – ›Messias‹ ist das hebräische Wort für ›Christus‹« (1,41). Dann trifft Nathanael auf Jesus – der ja wie bereits erwähnt gefragt hat, ob irgendetwas Gutes aus Nazareth kommen kann – und erklärt: »Rabbi, du bist der Sohn Gottes! Du bist der König Israels!« (1,49). Aber erst etwas später im Johannesevangelium gibt sich Jesus selbst ausdrücklich als Christus zu erkennen. Und als er das tut, teilt er diese umwerfende Nachricht einer Person mit, bei der man das am wenigsten vermutet hätte.

Jesu Jünger sind weggegangen, um etwas zu essen zu besorgen. Er sitzt bei einem Brunnen und bittet eine samaritanische Frau um etwas Wasser zum Trinken. Sie ist verblüfft: »Wie kannst du mich um etwas zu trinken bitten? Du bist doch ein Jude und ich eine Samaritanerin« (4,9). Die Juden zur Zeit Jesu verachteten die Samaritaner. Sie nahmen große Umwege in Kauf, um nicht durch Samaria reisen zu müssen. Allein schon mit einem Samaritaner etwas zu trinken, hätte Jesu Ruf gefährdet. Dazu ist dies ja auch noch eine Frau! Im Verlauf ihres Gesprächs stellt sich heraus, dass die Situation sogar noch schlimmer ist: Diese Frau hatte schon fünf Ehemänner, und der Mann, mit dem sie jetzt zusammenlebt, ist nicht ihr Ehemann. Im jüdischen Kontext ist sie buchstäblich der letzte Mensch, mit dem Jesus gesehen werden sollte. Aber Jesus bringt das keineswegs aus der Fassung. Er wusste genau, wer sie war, als er sie um Wasser bat.

Die samaritanische Frau erkennt, dass Jesus ein Prophet ist, und so beginnt sie, ihm theologische Fragen zu stellen.

Gegen Ende sagt sie: »Ich weiß, dass der Messias kommt, der auch Christus genannt wird! Und wenn er kommt, wird er uns all diese Dinge erklären.« Jesus antwortet ihr: »Du sprichst mit ihm. Ich bin's.« (4,25–26). Gerade in diesem Augenblick kommen Jesu Jünger zurück. Sie sind erstaunt darüber, dass er mit dieser Frau spricht. Doch sie setzt ihren Wasserkrug ab und läuft zurück in den Ort. Diese Frau ist so überwältigt von Jesus, dass sie alles stehen und liegen lässt und zu jedem, den sie trifft, sagt: »Da ist einer, der mir alles gesagt hat, was ich getan habe. Los, kommt mit und seht ihn euch an! Vielleicht ist er der Messias.« (4,28–29).

Jesus ist ein König, der seine Zeit mit Menschen verschwendet, die andere verachten würden. Dies ist sogar die längste persönliche Unterhaltung, die in den Evangelien festgehalten ist. Er weiß genau, wer diese Frau ist, und sie wird zur Missionarin in ihrer eigenen Stadt. Daraufhin kommen viele zu Jesus und glauben an ihn wegen des einfachen Zeugnisses der Frau: »Der Mann weiß alles, was ich getan habe« (4,39). Jesu intimes, übernatürliches Wissen über diese Frau bestätigt seine Behauptung, der Christus zu sein. Ich mache mir manchmal Sorgen darüber, dass die Leute merken könnten, dass ich nicht liebenswert bin, wenn sie mich näher kennen würden – wie ein schön eingepackter Schokoriegel, der sich dann aber als geschmacklos oder gar ungenießbar entpuppt. Vielleicht geht es dir manchmal auch so. Aber Jesus kennt uns in- und auswendig, und in seiner Liebe bemüht er sich trotzdem um uns. Jesu Königsein ist von persönlicher Art. Aber es ist auch universell. Nachdem die anderen Samaritaner Jesus selbst gehört haben, sagen sie zur Frau: »Nun glauben wir, weil wir ihn selbst gehört haben, und nicht nur aufgrund deiner Worte. Jetzt wissen wir, dass er wirklich der Retter der Welt ist« (4,42).

Hosianna dem Sohn Davids

Im Film *Gladiator* verschleiert Maximus zunächst seine Identität; Commodus soll noch nicht erkennen, wer er ist. In ähnlicher Weise hält auch Jesus in den Evangelien immer wieder die Leute an, seinen Anspruch, der Christus zu sein, nicht weiterzuerzählen. Aber dann kommt der Tag, an dem die Nachricht sich verbreiten soll. Jesus bereitet sich darauf vor, nach Jerusalem zu gehen, und er schickt seine Jünger los, um einen Esel auszuleihen. Das scheint ein merkwürdiges Transportmittel zu sein für Gottes lang ersehnten König – als würde ein König heute in einem Familien-Van in die Stadt einfahren statt in einer Mercedes-Limousine. Aber genau darum geht es. Matthäus bringt diesen Moment in Verbindung mit einer Prophetie aus Sacharja:

> *Sagt der Tochter Zion:*
> *»Dein König kommt zu dir.*
> *Er ist sanftmütig und reitet auf einem Esel,*
> *und zwar auf dem Fohlen, dem Jungen des Lasttiers.«*
> (Matthäus 21,4–5)

Selbst als Jesus als König nach Jerusalem hineinreitet, geschieht dies in Demut. Aber die Menschen dort verstehen trotzdem, was gerade passiert. Sie breiten Mäntel und Palmzweige auf der Straße aus – die altjüdische Entsprechung des Roten Teppichs. Es ist eine Szene, die nichts Gutes verheißt.

Im Film *Gladiator*, als Maximus endlich preisgibt, wer er ist, wollen die Wächter des Kaisers mit Schwertern auf ihn losgehen. Aber die Menge in der Arena zwingt Commodus, »Daumen hoch« zu zeigen, indem sie ruft »Leben! Leben! Leben! Leben!« So ähnlich bei Jesus: Als er öffentlich das Königtum beansprucht, ruft die Menge in Jerusalem die jüdische Version von »König! König! König! König!« »Hosianna dem

Sohn Davids«, schreien sie. »Gesegnet sei er, der kommt im Namen des Herrn!« (Matthäus 21,9). »Hosianna« bedeutet »Hilf doch, [Gott]!« und mit »Sohn Davids« erklären sie Jesus zum Christus: dem Erben des größten Königs Israels. Jesu Jünger rufen ebenso: »Gepriesen sei der König, der kommt im Namen des Herrn!« (Lukas 19,38). Die Pharisäer sind entsetzt: »Rabbi,« fordern sie, »bring deine Jünger doch zur Vernunft!« Doch Jesus entgegnet ihnen mit einer meiner Lieblingsstellen aus den Evangelien: »Ich sage euch: Würden sie schweigen, dann würden die Steine schreien« (19,39–40).

Jesus hat die Menge nicht nötig, um sein Königtum zu bestätigen: Die Steine am Boden sind mittlerweile so weit, das zu tun. Der, der das Universum geschaffen hat, ist gekommen, um sein Reich hier auf der Erde zu beanspruchen, und wenn die Menschen, die er gemacht hat, nicht sehen können, was hier gerade passiert, dann werden es die Steine herausschreien. Wie auch Maximus hat Jesus jenen Tag überlebt. Aber wie bei Maximus ist es nur eine Frage der Zeit: diese Mäntel und Rufe und Palmzweige führen ihn nicht bloß zur Krönung, sondern in den Tod.

Der König der Juden

Wenn jemand den Messias hätten willkommen heißen sollen, dann waren es die obersten Priester und Ältesten. Doch stattdessen lassen sie Jesus verhaften. Vor Gericht verlangt der Hohepriester: »Ich beschwöre dich bei dem lebendigen Gott, dass du uns sagst, ob du der Messias bist, der Sohn Gottes!« Jesus antwortet: »Es ist so wie du gesagt hast. Und außerdem sage ich euch: Von jetzt an werdet ihr sehen, wie der Menschensohn an der rechten Seite des Allmächtigen sitzt und wie er mit den Wolken des Himmels kommt.« (Matthäus 26,63–64). Sie wissen, was Jesus damit meint: »Menschensohn« war Jesu bevorzugte Selbstbezeichnung. Sie stellte den Bezug zu einer Vision im Buch Daniel her, wo Daniel sagt:

Immer noch sah ich die nächtlichen Bilder:
Da kam mit den Wolken des Himmels einer,
der aussah wie der Sohn eines Menschen.
Man führte ihn zu dem, der uralt war,
und verlieh ihm Macht und Ehre und übergab ihm die Herrschaft. Die Menschen aller Völker, Nationen und Sprachen dienten ihm.
Seine Herrschaft ist ewig, sie wird nicht vergehen,
sein Reich wird niemals zerstört. (Daniel 7,13–14)

Als Jesus zum Hohepriester sagt, dieser werde den Menschensohn auf den Wolken des Himmels kommen sehen, beansprucht er damit, Gottes ewiger König über das ganze Universum zu sein. Der Hohepriester zerreißt seine Kleider vor Entsetzen und ruft: »Er hat gelästert! Was brauchen wir noch Zeugen? Jetzt habt ihr die Gotteslästerung gehört! Was ist eure Meinung?« Die anderen Anführer antworten: »Schuldig! Er muss sterben!«. Dann spucken sie ihm ins Gesicht und schlagen und verhöhnen ihn: »Na, wer war es, Messias? Du bist doch ein Prophet!« (Matthäus 26,65–68).

Anstatt ihn selbst zu steinigen, bringen die obersten Priester Jesus zum römischen Statthalter Pilatus, der ihn fragt: »Bist du der König der Juden?« Jesus antwortet: »Es ist so, wie du es sagst«, und weigert sich, sich zu verteidigen (Matthäus 27,11–14). Pilatus ist beeindruckt. Es gab eine Tradition, nach der der Statthalter anlässlich des Passahfestes den Juden, die sich zur Feier in Jerusalem versammelt hatten, einen Gefangenen freigab. Und so fragt Pilatus die Menge, ob sie wollen, dass Jesus freikommt. Wie die Menge in der Arena, die mit ihren Rufen Maximus' Leben rettete, hätte die Menge in Jerusalem Jesu Freilassung fordern können. Aber die obersten

Priester und die Ältesten überreden sie, das Gegenteil zu tun. Sie verlangen stattdessen die Freilassung eines berüchtigten Gefangenen – Barabbas. Als Pilatus fragt: »Was soll ich dann mit Jesus tun, der Messias genannt wird?«, entgegnen sie: »Kreuzigen!« Pilatus erwidert: »Aber warum? Was hat er denn verbrochen?« Doch sie schreien nur noch lauter: »Kreuzige ihn!« (27,22–23). So ließ Pilatus Jesus auspeitschen und übergab ihn den Soldaten, die die Kreuzigung vollstrecken sollten.

Die machten sich einen Spaß daraus, zogen Jesus zunächst nackt aus, um ihm dann ein scharlachrotes Gewand anzuziehen und ihm eine Dornenkrone auf den Kopf zu drücken. Dann gaben sie ihm einen Stab in seine rechte Hand wie ein Zepter, knieten vor ihm nieder und sagten: »Sei gegrüßt, König der Juden!« Sie spuckten ihn an und schlugen ihn mit dem Zepter-Stock, bevor sie ihn zu seinem qualvollen Tod abführten (27,28–31). Über ihm am Kreuz brachten sie den gegen ihn gerichteten Vorwurf an: »Das hier ist Jesus, der König der Juden« (27,37). Die Beschuldigung war absolut zutreffend. Doch mit der Kreuzigung ist Jesus nicht als König gescheitert. Es war die Arena, in der er seinen Sieg errang.

Jesus, denk an mich, wenn deine Herrschaft beginnt

Als die Leute Jesus am Kreuz dann verhöhnten, wurde die Ironie noch offensichtlicher. Die jüdischen Anführer verspotteten ihn, indem sie sagten: »Anderen hat er geholfen, jetzt soll er sich selbst helfen, wenn er wirklich der Auserwählte ist, der von Gott gesandte Messias!« (Lukas 23,35). Auch die Römer verspotteten ihn: »Wenn du der König der Juden bist, dann hilf dir selbst!« (23,37). Sogar einer der beiden mit Jesus gekreuzigten Verbrecher beschimpfte ihn laut und schrie: »Bist du nicht der Messias? Dann hilf dir selbst und uns!« (23,39). *Hilf dir selbst.*

Hilf dir selbst. Hilf dir selbst. Wenn du so mächtig bist, Jesus, dann hilf dir selbst, sagten sie alle. Aber Jesus war nicht gekommen, sich selbst zu helfen. Er war gekommen, um uns zu helfen – um uns zu retten.

Der eine Verbrecher, der neben Jesus hing, entgegnete dem Verbrecher auf der anderen Seite: »Hast du denn gar keinen Respekt vor Gott? Du bist genauso zum Tod verurteilt wie er, und du bist es mit Recht! Wir beide bekommen, was wir verdient haben, aber der da hat nichts Unrechtes getan.« (23,40–41). Und dann wandte er sich Jesus zu und sagte diese unglaublichen Worte: »Jesus, denk an mich, wenn deine Herrschaft beginnt« (23,42). Der Tod am Kreuz war bisher immer das Zeichen eines gescheiterten Messias. Aber in den letzten schmerzverzerrten Momenten seines Lebens erkennt dieser Verbrecher, wer Jesus wirklich ist. Wie die Frau am Brunnen gehört er eigentlich zu der letzten Art von Menschen, die Jesus hätte aufnehmen sollen. Doch genau das tut er, und Jesus sagt: »Ich versichere dir: Heute noch wirst du mit mir im Paradies sein« (23,43).

Wie wir in Kapitel 1 gesehen haben, wurden die vier Evangelien Jahrzehnte nach Jesu Tod niedergeschrieben. Doch sagen sie von Anfang an aus, dass Jesus der König ist. Seine Kreuzigung war nicht der Punkt, an dem er scheiterte. Sie war der entscheidende Schritt auf seinen Thron. Er war nicht gekommen, um die Römer zu stürzen. Er war gekommen, um Sünde und Tod zu besiegen, indem er sie auf sich nahm. Das alles hat nicht im Entferntesten einen Sinn, wenn Jesus nicht wieder zum Leben auferstanden wäre. Darauf kommen wir dann in Kapitel 9 zu sprechen. Doch wenn er wirklich zu ewigem Leben zurückkehrt ist, dann bedeutet das, dass er der König ist, der den Tod selbst besiegt hat, und dass seine Siegesbotschaft – sein *euangelion* – bis heute noch zu hören ist.

Und nun?

Welchen Unterschied macht es für uns, wenn Jesus der Tod besiegende, immerwährende, Imperien zerstörende König ist, den Gott versprochen hatte? Welchen Unterschied macht es, wenn er eine frohe Botschaft ist für die Gefangenen, Blinden, Armen und Unterdrückten – für Prostituierte, für Ausgestoßene, für fünfmal Geschiedene, sogar für hartgesottene Verbrecher? Es bedeutet, dass eines Tages alles, was falsch ist, geradegerückt wird. Es bedeutet, dass jede Macht von heute eingerissen wird, wenn Jesus zurückkommt, um in Ewigkeit zu regieren. Es bedeutet, dass wir die Seiten wechseln und Jesus jetzt vertrauen müssen, bevor es zu spät ist. Doch wenn wir das tun, dann können wir jetzt schon zu Jesu Reich gehören, das Gerechtigkeit bringt, die Gefangenen befreit und die Armen schützt. Und wir können schon jetzt und für alle Ewigkeit das lebendige Wasser des ewigen Lebens mit ihm trinken. Als Maximus in der Arena zeigte, wer er war, schwor er Commodus, Rache zu üben, in diesem Leben oder im nächsten. Wenn wir jedoch zu Jesus und seinen Leuten gehören, müssen wir mit seiner Waffe kämpfen: der selbstaufopfernden, machtumkehrenden, immerwährenden Liebe. Weil *Jesus* Gerechtigkeit bringen wird – in diesem Leben und im nächsten.

4

Jesus der Heilende

Ich schreibe diese Zeilen, nachdem ich gerade von einer Biopsie zurückgekommen bin, bei der mir drei Knoten herausoperiert wurden. Die Ärztin meint, es besteht eine 50-prozentige Wahrscheinlichkeit, dass sie krebsartig sind. Für eine Krebserkrankung bin ich noch recht jung. Aber bei einer sechs Jahre jüngeren Freundin wurde vor kurzem Brustkrebs im fortgeschrittenen Stadium diagnostiziert. Alter ist keine Garantie. Ich schreibe diese Zeilen und weiß nicht, ob es mir gut geht oder ob ich doch sehr krank bin. Ich weiß nicht, ob mir Operationen oder eine Chemotherapie oder etwas Schlimmeres bevorsteht. Ich weiß nicht, ob ich meinen Kindern sagen muss, dass ihre Mama Krebs hat. Weil ich an die Evangelien glaube, bin ich zutiefst überzeugt, dass Jesus die Macht hat zu heilen. Aber ich weiß nicht, ob er es tun wird.

In diesem Kapitel verfolgen wir die therapeutische Linie im Leben Jesu – von seinen ersten Wundern wie der Heilung der fiebergeplagten Schwiegermutter des Petrus (Markus 1,30–31) bis hin zur Nacht seiner Festnahme, als er den Knecht des Hohepriesters heilt, dessen Ohr Petrus abgeschlagen hatte (Lukas 22,50–51; Johannes 18,10). Wir werden sehen, dass Jesus die Macht hat, sowohl körperliche als auch geistliche Wunden zu heilen. Doch seine letztendliche Verheißung gilt nicht der körperlichen Heilung im Hier und Jetzt, sondern dem Auferstehungsleben in Ewigkeit.

Nicht die Gesunden brauchen einen Arzt

Im Zuge meiner ersten Routine-Mammografie kamen die Knoten zum Vorschein, die herausoperiert wurden. Der Schrecken bei Krebs besteht darin, dass er sich so leise anschleicht, uns Nichtsahnende einholt, bis wir auf einmal sehr krank sind – eventuell sogar todkrank. Und so haben wir Wege entwickelt, um unter die Haut zu schauen und den Krebs zu erwischen, bevor er sein Netz so weit spinnt, dass wir dem nicht mehr entkommen. Um aber überhaupt Hoffnung auf Gesundung zu haben, müssen wir zunächst wissen, dass wir krank sind.

Direkt nach der Geschichte von der Heilung und Vergebung Jesu an dem querschnittsgelähmten Mann (die wir uns in Kapitel 2 angesehen haben) berichten uns Matthäus, Markus und Lukas, dass Jesus einen Zöllner berief. Das war so, als wenn man jemand vom gegnerischen Lager rekrutiert. Gläubige Juden sahen Zöllner als unpatriotische Sünder an. Anstatt gegen die römische Herrschaft Widerstand zu leisten, haben sich die Zöllner mit den Römern verbündet, um bei ihren eigenen Leuten unter Zwang die Steuern einzutreiben – und sich dabei noch selbst die Taschen zu füllen. Als aber Jesus zu diesem Zöllner sagt: »Komm, folge mir!«, steht dieser ohne zu zögern auf (Lukas 5,27–28). Ja, er schmeißt sogar eine Party für seinen neuen Herrn. Für die Pharisäer ist das ein Skandal. Sie fragen Jesu Jünger: »Wie könnt ihr nur mit Steuereintreibern und diesem Gesindel zusammen essen und trinken!« (5,30). Jesus antwortet: »Nicht die Gesunden brauchen den Arzt, sondern die Kranken. Ich bin nicht gekommen, um Gerechten zu sagen, dass sie ihre Einstellung ändern müssen, sondern Sündern« (5,31–32).

Es ist nicht so, dass Jesus der Diagnose der Pharisäer nicht zustimmen würde. Er sagt nicht, dass die Steuereintreiber eigentlich gute Leute sind, die nur ein bisschen vom

Weg abgekommen sind. Nein. Es steht wirklich schlecht um ihre geistliche Gesundheit. Doch Jesu Worte sind gefährlich. Die Pharisäer sehen nicht, wie krank sie selbst sind, deshalb kommen sie nicht weiter – und können bei der Party nur von draußen zusehen –, während die sündigen Steuereintreiber genau wissen, dass sie einen Arzt brauchen. Markus und Lukas nennen diesen Steuereintreiber Levi (Markus 2,14; Lukas 5,27). Doch Matthäus nennt ihn Matthäus (Matthäus 9,9). Eine frühe Überlieferung bringt das Matthäusevangelium mit diesem Steuereintreiber in Verbindung. Und wenn das zutrifft, dann enthält das herrlich-jüdischste aller Evangelien das Zeugnis eines Mannes, der von den religiösen Führern seiner Zeit abgelehnt wurde, der aber wusste, dass er einen geistlichen Arzt brauchte. »Ich versichere euch«, warnt Jesus später die Hohepriester und Ältesten, »dass die Zöllner und die Huren eher ins Reich Gottes kommen als ihr« (Matthäus 21,31).

Ich denke, dass die meisten von uns mehr Angst haben vor einer körperlichen Erkrankung als vor einer nebulösen geistlichen. In so einem Moment, wenn ich gerade auf meine Diagnose warte, ist es eine große Versuchung zu meinen, die wichtigste Frage laute: »Habe ich Krebs?« Aber wenn Jesus der Sohn Gottes ist, dann ist das nicht die wichtigste Frage. Unsere schlimmste Krankheit ist geistlicher Natur. Geistlich sind wir alle todkrank. Wenn Gott uns keinen Arzt schickt, gibt es keine Hoffnung. Aber andersherum gilt: Wenn unsere Körper auch dahinschwinden, wir aber von Jesu Armen gehalten werden, dann geht es uns grundsätzlich gut. Ich habe vor Kurzem mit einer älteren Freundin zu Abend gegessen. Sie hat Krebs im Endstadium. Sie hat gesagt, dass sie *kein einziges Mal* für Heilung gebetet hat. Sie hat keine Angst davor, zu sterben. Ja, sie betet sogar: »Herr, hol mich heim.« Sie ist bereit für seine endgültige Umarmung. Aber ist Jesus dann überhaupt etwas an unseren Körpern gelegen? Ja.

Ich will es

Im März 2021 war ich Corona-positiv. Ich musste sofort in Quarantäne. Ich konnte meine Freunde nicht treffen, meine Kinder nicht in den Arm nehmen und meinem Mann nicht die Hände halten. Jegliche menschliche Berührung wurde mir versagt– für ein paar Tage. Einer der ersten Menschen, die Jesus im Markusevangelium heilt, hat wahrscheinlich schon jahrelang so gelebt. Eines Tages kniet ein Aussätziger vor Jesus und sagt: »Wenn du willst, kannst du mich rein machen« (Markus 1,40). Aussatz wurde für höchst ansteckend gehalten. Aussätzige mussten von anderen Menschen isoliert leben, weil man Angst hatte, dass sie sonst ihre fleischzerstörende Krankheit verbreiteten. Es war ein soziales Todesurteil. Wir wissen aus anderen Berichten in den Evangelien, dass Jesus Menschen aus einiger Entfernung heilen konnte. Er musste nur ein entsprechendes Wort sagen. Aber als dieser Aussätzige vor ihm kniet, hat Jesus »Mitleid mit ihm«, streckt seine Hand aus und berührt ihn. »Ich will es«, sagt er. »Sei rein« (1,41).

Auf diese liebevolle Berührung von Jesu Hand hin erneuerte sich das entstellte Fleisch des Aussätzigen. Statt dass seine todbringende Krankheit sich auf Jesus überträgt, überträgt sich Jesu lebenspendende Gesundheit auf ihn. Heute behandelt man Aussatz sechs bis zwölf Monate lang medikamentös. Aber an jenem Tag behandelte Jesus den Aussatz einfach mit einer liebevollen Berührung. Danach trug er seinem Patienten auf, niemandem etwas über die Heilung zu sagen, aber der Ex-Aussätzige konnte sich nicht zurückhalten. Er ging hin und verbreitete die Nachricht schneller, als er seine Krankheit je hätte verbreiten können (Markus 1,45). Jesus heilte diesen Mann nicht, um sich zur Schau zu stellen. Er heilte ihn aus Mitgefühl. Aber Jesus heilt nicht *immer* diejenigen, die er liebt – zumindest noch nicht.

Letzten Monat bin ich eines Morgens nach unten in die

Küche gekommen und habe gesehen, dass die Milch, die ich für meinen morgendlichen Kaffee-Latte verwende, auf der Ablage stand. Ich war ziemlich verärgert, weil ich wusste, dass die Milch fast alle und kurz vor dem Verfallsdatum war. Am Abend davor hatte ich mich extra nochmal vergewissert, dass noch genug Milch da war. Mein Mann, so nahm ich an, hatte *meine* Milch für sein Müsli verwendet, und jetzt war kaum noch etwas übrig. Wie rücksichtlos! Es gab doch noch andere Milch, die er hätte nehmen können, aber er hatte stattdessen einfach meine Lieblingsmilch leergemacht. Ich stapfte zum Kühlschrank, um die andere Milch zu holen. Aber als ich die Kühlschranktür öffnete, fand ich dort eine volle, frische Packung meiner Lieblingsmilch. Da bemerkte ich, dass mein Mann meine Milch gar nicht aufgebraucht hatte. Er hatte auf seinem Rückweg von der Arbeit angehalten, um mehr Milch für mich zu kaufen, weil er gesehen hatte, dass fast nichts mehr da war. Manchmal sind wir so sauer auf Gott, weil er unsere Körper krank werden lässt. Wir wissen, dass er uns heilen könnte, wenn er wollte. Wir wissen, dass er die Gesundheit, die wir noch haben, für einen weiteren Tag aufrechterhalten könnte. Doch letztendlich geht es bei seinem Versprechen um ein Auferstehungsleben: ein ganz neuer, frischer Körper ohne Verfallsdatum, der darauf ausgelegt ist, dass wir ewig mit ihm leben. Aber wir müssen unser Vertrauen auf ihn setzen und uns vom alten, ›verfallenden‹ Körper lossagen. Bedeutet dieses Versprechen des Auferstehungsleibes also, dass wir jetzt nicht für Heilung beten sollten? Nein.

Der Aussätzige kniete nieder und flehte Jesus an. So oft habe ich allein heute gebetet, dass Gott mich vor dem Krebs verschont. Wie die Freunde des Gelähmten – die das Dach öffneten und ihn vor Jesus herabließen (Markus 2,2–4) – haben auch meine Freunde den Herrn meinetwegen angefleht. Doch wie Jesus vor der Heilung des Gelähmten zeigte: Vergebung meiner Sünden ist noch wichtiger als mein Körper im Hier und

Jetzt. Wenn Jesus mich geschaffen hat, muss ich darauf vertrauen, dass er es am besten weiß und dass, wenn ich Krebs habe, sein Auferstehungsleben eines Tages meine Wunden heilen und meine Narben zu etwas Schönem machen wird. Ich weiß das, weil Jesu eigener Auferstehungsleib – der Leib, den er für alle Ewigkeit haben wird –ebenfalls Narben hat. Als Jesus den zweifelnden Thomas traf, hat er nicht gesagt: »Schau her! Die Wunden meiner Kreuzigung sind weg!« Sondern: »Gib mir deinen Finger und sieh meine Hände an! Gib deine Hand her und lege sie in meine Seite!« (Johannes 20,27). Wenn wir Jesus vertrauen, wird er uns letztendlich immer heilen. Aber eventuell ist der Tod eine Station auf dem Weg dorthin.

Bluten und Sterben

Die Bitte des Aussätzigen an Jesus hört sich für unsere Ohren etwas merkwürdig an. Warum hat er darum gebeten, *rein* statt *heil* gemacht zu werden? Nach jüdischem Gesetz waren Aussätzige zeremoniell »unrein« – nicht nur ansteckend, sondern auch vom Gottesdienst im Tempel ausgeschlossen. Auch andere Dinge konnten vorübergehend unrein machen. Aus demselben Gefäß wie die Samaritanerin zu trinken, hätte Jesus unrein gemacht. Eine Leiche zu berühren, hat unrein gemacht. Der Austritt von Körperflüssigkeiten hat sowohl Männer als auch Frauen unrein gemacht, sodass Frauen während ihrer Periode unrein waren. Ja, die bloße Berührung einer menstruierenden Frau hätte dich unrein gemacht. Dieser Kontext erhellt das doppelte Heilungswunder, von dem Matthäus, Markus und Lukas berichten.

Zunächst fällt ein Mann namens Jairus vor Jesus auf die Knie und fleht: »Meine kleine Tochter liegt im Sterben. Komm und leg ihr die Hände auf, damit sie gesund wird und am Leben bleibt« (Markus 5,23). Jesus macht sich sofort mit ihm auf den Weg. Die Menschenmenge drängt sich dicht an dicht um ihn herum. Doch die Evangelisten stellen eine Frau aus diesem Gedränge in den Mittelpunkt: eine Frau, die seit zwölf Jahren Blutungen hat – genauso lange, wie Jairus' Tochter am Leben ist (5,42). Sie war »schon bei vielen Ärzten gewesen und dabei sehr geplagt worden. Ihr ganzes Vermögen hatte sie aufgewendet, und es hatte ihr nichts geholfen, im Gegenteil: Es war noch schlimmer geworden« (5,26). Mittlerweile ist sie verzweifelt und mittellos. Und so schleicht sie sich an Jesus heran und berührt seine Kleider, »denn sie dachte: ›Wenn ich nur an seine Kleidung komme, werde ich geheilt.‹« (5,28). Sofort spürte die Frau, dass ihre Blutung aufgehört hatte. Und wahrscheinlich hat sie gehofft, sie könne wieder unbemerkt in der Menge verschwinden. Seit zwölf Jahren ist sie unrein, und jetzt hat sie diesen bekannten Rabbi berührt. Gott schenke, dass es niemand herausfindet! Aber Jesus, der merkte, dass Kraft von ihm ausgegangen war, fragt: »Wer hat mein Gewand berührt?« (5,30).

Die Jünger antworten: »Du siehst doch, wie die Menge dich drängt, und da fragst du, wer dich berührt hat?« (5,31). Aber Jesus lässt nicht locker. Und die Frau erkennt, dass sie sich nicht verstecken kann: »Zitternd vor Angst trat die Frau vor ... Sie warf sich vor ihm nieder und erzählte ihm alles«. Was hat sie sich dabei gedacht, in ihrem Zustand Jesus anzufassen? Aber Jesus rügt sie nicht, sondern geht ganz sanft mit ihr um: »Meine Tochter, dein Glaube hat dich gerettet. Geh in Frieden! Du bist gesund!« (5,34). Und was ist mit Jairus? Er ist wegen seiner eigenen Tochter nun völlig verzweifelt. Doch Jesus erkennt in der Frau, die ihn berührt hat, eine Tochter, jemand, der Glauben an ihn hat: einen Glauben, der weiß, dass das einfache Berühren des Saums von Jesu Gewand dich verwandeln kann, egal wie unrein du bist. Zu oft denken die Menschen, dass sie zuerst rein werden müssen, bevor sie zu Jesus kommen können. Das Alkoholproblem abstellen. Die Pornografie-Sucht loswerden. Die schlechte Beziehung beenden und dann kommen. Aber Jesus kennt all unsere Scham – ob physischer oder moralischer Art – und er will uns genau so annehmen, wie wir sind. Zu versuchen, uns zu reinigen, bevor wir zu Jesus kommen, ist so als wenn wir versuchen, gesund zu werden, bevor wir zum Arzt gehen.

Die sanften Worte aus Jesu Mund an die blutende Frau sind kaum verhallt, als jemand aus Jairus' Haus erscheint. »Deine Tochter ist gestorben«, sagt er. »Du brauchst den Rabbi nicht weiter zu bemühen« (Markus 5,35). Doch Jesus sagt zu Jairus: »Fürchte dich nicht, glaube nur!« (5,36). Als sie zu seinem Haus kommen, trauern die Menschen um das kleine Mädchen, doch Jesus sagt: »Was soll der Lärm? Warum weint ihr? Das Kind ist nicht tot, es schläft nur« (5,39). Sie lachen ihn aus. Meint Jesus, er kann sie so leicht auf den Arm nehmen? Eine Leiche anzufassen, würde auch unrein machen. Doch Jesus ergreift die Hand dieses toten Mädchens und sagt in ihrer gemeinsamen Muttersprache zu ihr: »›Talita, kum!‹ – Das heißt übersetzt: ›Mädchen, steh auf.‹« (5,41). Das Mädchen steht sofort auf. Jesus trägt der Familie auf, das für sich zu behalten und ihr etwas zu essen zu geben (5,42–43). Diese blutende Frau und dieses tote Mädchen konnten Jesus genauso wenig verunreinigen wie ein Staubkorn die Sonne verdunkeln kann. Aber *er* konnte sie beide gesund machen.

Unwürdig

Der von L'Oreal im Jahr 1971 erfundene Slogan »Weil ich es mir wert bin« ist mittlerweile in vierzig Sprachen übersetzt worden. Auch nach fünfzig Jahren ist er noch so erfolgreich wie eh, weil er ein modernes Mantra wiedergibt: Glaub' an dich selbst. Geringe Selbstachtung ist der große Drache, den wir heute bekämpfen müssen mit Waffen, die uns von Firmen in die Hände gelegt werden, die behaupten zu wissen, dass wir ihrer Produkte würdig sind. Es fällt in den Evangelien jedoch regelrecht auf, dass die Menschen, die sich am meisten zu Jesus hingezogen fühlen, genau das Gegenteil glauben.

In Matthäus 8, gleich nachdem Jesus den Aussätzigen heilt, kommt ein römischer Hauptmann zu Jesus und sagt: »Herr, mein Diener liegt gelähmt zu Hause und hat furchtbare Schmerzen« (Matthäus 8,6). Der Hauptmann war ein Nichtjude mit hohem gesellschaftlichem Ansehen. Er hatte Befehlsgewalt über 100 Männer. Jesus sagt ihm zu, dass er kommen und seinen Diener heilen würde (8,7). Doch der Hauptmann antwortet: »Herr, ich bin es nicht wert, dass du unter mein Dach kommst. Sprich nur ein Wort, und mein Diener wird gesund« (8,8). Er weiß, dass Jesus der Krankheit seines Dieners Einhalt gebieten kann, genauso wie er selbst seinen Soldaten sagen kann, was sie zu tun haben (8,9). Jesus muss nicht mitkommen, um das entscheidende Wort zu sprechen. Ja, dieser Hauptmann glaubt, dass er nicht einmal annähernd wert ist, dass Jesus sein Haus betritt.

Jesus ist von diesem Hauptmann so beeindruckt, dass er sich seinen Jüngern, die ja Juden waren, zuwendet und sagt:

> *Ich versichere euch: Solch einen großen Glauben habe ich nicht einmal in Israel gefunden. Und ich sage euch: Aus allen Himmelsrichtungen werden viele Menschen kommen und zusammen mit Abraham, Isaak und Jakob ihre Plätze im Reich des Himmels einnehmen. Aber die Bürger des Reiches werden hinausgeworfen in die tiefste Finsternis. Dort fängt dann das große Weinen und Zähneknirschen an.* (8,10–12)

Gemäß den messianischen Erwartungen seiner Zeit hätte Jesus einen römischen Hauptmann eigentlich hinauswerfen sollen. Aber hier heißt er ihn willkommen – wenn er sein Vertrauen demütig auf ihn setzt. Ja, Jesus sagt hier sogar, dass viele Nichtjuden in das Reich der Himmel kommen werden, während viele seiner Mit-Juden hinausgeworfen werden, weil sie ihn nicht anerkannt haben. Doch das kam nicht etwa aus einer anti-jüdischen Haltung seinerseits. Ganz im Gegenteil: Jesus ging ja immer zuerst an die jüdischen Orte. Aber wenn Nicht-Juden zu ihm kamen, hat er sie nie abgewiesen. Außer einmal.

Hunde füttern

Ich bin in einem Dörfchen in der Nähe von Windsor aufgewachsen, wo die Königin von England lebt. In unserer Dorfkirche wurden jahrhundertealte anglikanische Gebete in den Gottesdiensten verwendet. Mein Lieblingsgebet beginnt so: »Wir maßen uns nicht an, o barmherziger Herr, im Vertrauen auf unsere eigene Gerechtigkeit an deinen Tisch zu kommen, sondern im Vertrauen auf deine mannigfaltigen und großen Gnadenerweise. Wir sind nicht einmal würdig, die Krumen unter deinem Tisch aufzusammeln.«[40] Ich wusste es damals nicht, aber dieses Gebet wurde von einer Frau inspiriert, die vor fast zweitausend Jahren gelebt hat: eine nichtjüdische Frau, die zu Jesus um Hilfe flehte.

Zunächst sehen wir Jesus in einem Streitgespräch mit den Pharisäern und Schriftgelehrten. Sie beschweren sich darüber, dass Jesu Jünger ihre Hände nicht zeremoniell waschen, bevor sie essen. Er sagt ihnen, dass in Wirklichkeit sie diejenigen sind, die Gottes Gebote nicht befolgen, und zitiert Jesaja:

> *Dieses Volk ehrt mich mit den Lippen,*
> *aber sein Herz ist weit von mir weg.* (Markus 7,6)

Dann erklärt Jesus, dass nicht unreines Essen, das in den Magen geht, unrein macht, sondern das Böse, das aus dem

Herzen kommt (7,14–23). Mit dieser Lehre wird die Trennung zwischen Juden und Heiden mit Füßen getreten. Und als ob er das nicht nur mit seinem Mund, sondern auch mit seinen Füßen sagen will, machte sich Jesus auf den Weg in die überwiegend heidnische Gegend von Tyrus und Sidon (7,24).

Kaum dort angekommen, kam eine Frau zu ihm, »deren kleine Tochter von einem bösen Geist besessen war« … und sie »warf sich Jesus zu Füßen« (Markus 7,25). Markus sagt, sie »war eine Griechin und stammte aus dieser Gegend, dem syrischen Phönizien« (Markus 7,26). Matthäus nennt sie eine »Kanaaniterin« (Matthäus 15,22). Ist das ein Widerspruch? Nein. Die Kanaaniter waren die ursprünglichen Bewohner des Landes, das Gott den Juden versprochen hatte. Matthäus nennt diese Frau im Zusammenhang mit den Menschen, die die Israeliten auf Gottes Gebot hin vertrieben hatten. Sie ist eine klassische Außenseiterin. Und dennoch fleht sie: »Herr, du Sohn Davids, hab Erbarmen mit mir! Meine Tochter wird von einem bösen Geist furchtbar gequält« (Matt 15,22). Jesus antwortet nicht. Seine Jünger fordern ihn auf, sie wegzuschicken. Jesu Antwort lässt die Situation in der Schwebe: »Ich bin nur zu den verlorenen Schafen des Hauses Israel gesandt« (Matthäus 15,24). Doch die Frau kommt näher und wirft sich vor ihm nieder und fleht: »Herr, hilf mir!« (15,25). Immer und immer wieder heilte Jesus Menschen, wenn sie ihn darum baten, aber dieses Mal ist seine Antwort schockierend: »Es ist nicht recht, den Kindern das Brot wegzunehmen und es den Haushunden vorzuwerfen« (15,26).

Das Alte Testament nennt das Volk Gottes oft seine »Kinder«. Jesus sagt hier, dass die Juden zuerst zu essen bekommen sollten, und gebraucht eine abwertende Bezeichnung, mit der Juden manchmal Nichtjuden bedachten. Zwar hat das Wort für Hund, das Jesus hier verwendet, positivere Konnotationen als ein anderes griechisches Wort, das er auch hätte gebrauchen können, aber ein Kompliment ist es trotzdem nicht. Seine jüdischen Jünger hätten wahrscheinlich gerne applaudiert: Juden zuerst! Doch genauso wie Jesu Frage an den reichen jungen Mann – »Warum nennst du mich gut?« – seine Zuhörer herausgefordert hat, etwas tiefer zu denken, so soll auch seine Antwort an diese Frau eine Wahrheit aufdecken, die der Kultur zuwiderlief. Und das tut sie auch. »Das ist wahr, Herr«, erwidert sie, »aber die Hündchen unter dem Tisch dürfen doch die Brotkrumen fressen, die ihre Herren fallen lassen« (Matthäus 15,27). Jesus antwortet: »›Frau, dein Vertrauen ist groß! Was du willst, soll geschehen!‹ Von diesem Augenblick an war ihre Tochter gesund« (15,28).

Manche Leute denken, diese Frau habe Jesu Sicht auf die Nichtjuden verändert. Aber das ergibt keinen Sinn. Wie wir schon gesehen haben, hatte Jesus bereits den Diener eines römischen Hauptmanns geheilt und auch schon gesagt, dass die Nichtjuden in sein Reich kommen, während viele Söhne des Reichs draußen bleiben würden. Wie beim römischen Hauptmann, der blutenden Frau, dem toten Mädchen und dem Aussätzigen dachte Jesus, dass diese Frau es wert war. Doch in jeder dieser Geschichten sehen wir, dass unser Kommen zu Jesus dem Betreten der schönsten unterirdischen Höhle gleicht: Um hereinzukommen, müssen wir auf die Knie gehen. Dann wird er uns aufrichten und uns all die Schätze zeigen, die in ihm zu finden sind.

Vielleicht denkst du jetzt: »Haben wir nicht den seltsamsten Teil dieser Geschichte übergangen? Dass Engel Jesu Geburt ankündigen, ist ja schon herausfordernd genug, aber soll ich jetzt auch noch an *böse Geister* und *Dämonen* glauben?« Das kann ich verstehen: Auch für mich sind Engel und Dämonen alles andere als alltäglich. In der modernen, westlichen Kultur glauben die meisten von uns, dass Menschen im Grunde genommen gut sind und dass eklatant böse Handlungen das Ergebnis von mangelhafter Bildung oder unbehandelter psychischer Krankheit sein müssen. In einer biblischen

Weltanschauung gibt es Raum für diese beiden Ursachen von Unrecht. Aber in den Evangelien sehen wir, dass das Böse auch zwei anderen Quellen entspringen kann. Erstens: dem menschlichen Herzen selbst. Und zweitens: geistlichen Mächten, die sich gegen Gott stellen. Diese Diagnose der Ursache des Bösen zwingt uns dazu, uns mit einer ganz anderen Sicht über böse Geister gedanklich auseinanderzusetzen. Einer Sicht, die alles andere als schmeichelhaft für den Menschen ist und unserer Kultur noch dazu äußerst fremd ist. Doch wenn wir alles Übel einfach als Produkt mangelhafter Bildung oder psychischer Erkrankung wegrationalisieren, dann müssen wir letztendlich zugeben, dass auch das Gute nicht real existiert. Denn wenn mein Neid und meine Gemeinheit bloß Produkte der Beschaffenheit meines Gehirns und meiner Lebenserfahrung sind, dann sind meine Versuche, großzügig und freundlich zu sein, das auch. Wenn wir diese Tür zur Realität des Hasses verschließen, dann geht auch die Tür zu echter Liebe hinter uns leise zu.[41]

Die geistlich Kranken heilen

In J. R. R. Tolkiens Buch *Die Rückkehr des Königs* hat ein Kampf mit dem bösen Hexenkönig von Angmar meine Lieblingsfigur Éowyn an den Rand des Todes gebracht. Ihre Wunden sind körperlicher, aber auch geistlicher Natur. Der gute Zauberer Gandalf erklärt, dass die einzige Hoffnung darin besteht, dass Aragorn kommt. Er zitiert eine alte Prophetie: »*Die Hände des Königs sind die Hände eines Heilenden.*«[42] Aragorn sieht kaum wie ein König aus. Er lebte jahrzehntelang als heimatloser Wanderer. Doch mittlerweile hat er den Anspruch geltend gemacht, der rechtmäßige König von Gondor zu sein, und *ein* Beweis dafür, dass er der rechtmäßige König ist, liegt darin, dass er körperlich und geistlich Kranke heilen kann.

Wir fragen uns vielleicht, ob die Evangelien nur deswegen über Besessenheit durch Dämonen oder »unreine Geister« sprechen, weil die Menschen in jenen Tagen psychische oder körperliche Krankheiten (wie Epilepsie) nicht gekannt haben. Wenn wir die Evangelien aber aufmerksam lesen, dann werden wir feststellen, dass dieselben körperlichen Symptome (zum Beispiel eine Unfähigkeit zu hören oder zu sprechen) manchmal unreinen Geistern zugeschrieben wurden und manchmal einer Krankheit. Aus Jesu Perspektive war »Diese Person hat einen Dämon« keine Standarddiagnose.

Wenn Jesus Dämonen austreibt, dann geht er nicht auf Hexenjagd, um problematische Leute auszusondern. Vielmehr ist er auf einer Such- und Rettungsmission, durch die verletzte Menschen geborgen werden. In einer besonders auffälligen Episode in Lukas heilt Jesus einen Mann, der von vielen Dämonen überwältigt worden ist und deshalb nackt und gewaltbereit bei den Gräbern hauste. »Was willst du von mir, Jesus, Sohn Gottes, du Sohn des Allerhöchsten?«, schreit der Mann. »Bitte, quäle mich nicht« (Lukas 8,28). Die zerstörerische Macht der Dämonen ist so groß, dass die Schweineherde, in die sie fahren, nachdem Jesus ihnen geboten hat, den Mann zu verlassen, sich in einen See stürzt und ertrinkt. Die Schweinehirten rennen weg und erzählen allen, was passiert ist. Als Menschen dann vorbeikommen, um den bis vor kurzem gewalttätigen Mann zu sehen, finden sie ihn friedlich zu Jesu Füßen sitzend, wieder angezogen und bei klaren Sinnen (8,32–35).

Statt dass sie Gott dann für diesen außergewöhnlichen Wandel loben, sind die Menschen so voller Angst, dass sie Jesus bitten, ihre Gegend zu verlassen (8,37). Doch der geheilte Mann fleht Jesus an, ihn mitzunehmen. Wie Maria Magdalena – eine von Jesu bekanntesten Nachfolgerinnen, die von sieben Dämonen befreit worden war (8,2) – ist dieser Mann bereit, Jesus überallhin nachzufolgen. Doch Jesus hat einen anderen

Plan für ihn: »Geh nach Hause und erzähle, wie viel Gott an dir getan hat«. So geht der Mann hin und »verbreitet in der ganzen Stadt, was Jesus an ihm getan hatte« (8,39). Beachten wir Lukas' Kunstgriff: Er ersetzt »Gott« mit »Jesus«. Lukas *sagt* es uns doch. Und die Dämonen merkwürdigerweise auch.

In *Der Herr der Ringe* kann Frodo immer, wenn er den Ring anzieht, die bösen Geistwesen sehen, gegen die er kämpft. Der Ring gibt ihm eine Art geistliche Sicht, wie eine Art Nachtsichtgerät. Ähnlich dem scheinen böse Geister, wenn sie in den Evangelien auf Jesus treffen, genau zu wissen, wer er ist – und haben vor ihm furchtbare Angst. Der erste von Dämonen besessene Mann, den wir im Markusevangelium antreffen, ruft mit fremder Stimme: »Was willst du von uns, Jesus von Nazaret? Bist du gekommen, uns zu vernichten? Ich weiß, wer du bist: der Heilige Gottes« (1,24). Jesus antwortet: »Schweig! Verlass den Mann!« (1,25). Markus fasst später zusammen: »Und wenn von bösen Geistern besessene Menschen ihn sahen, warfen sie sich vor ihm nieder und schrien: ›Du bist der Sohn Gottes!‹ Doch Jesus verbot ihnen streng, ihn bekannt zu machen« (3,11–12).[43]

Wie wir in Kapitel 3 gesehen haben, hat Jesus seine Identität als Messias bewusst für sich behalten, bis der richtige Zeitpunkt gekommen war. Wenn Geister hinausrufen, wer er ist, dann bringt er sie zum Schweigen. Doch haben sie recht in dem, was Jesus betrifft, und sie haben zu Recht Angst. Als Aragorn dem Hexenkönig von Angmar und seinen Ringgeistern zum ersten Mal entgegentritt, schwingt er eine brennende Fackel, um sie zurückzudrängen. Doch Jesus braucht keine Fackel. Jesus selbst ist das Licht der Welt: Er schlägt die Finsternis in die Flucht und ist bereit, das Böse auf die überraschendste Weise überhaupt zu schlagen. Menschen aber, die im Bösen verstrickt sind, sind kein Kollateralschaden. Sie sind wertvolle Elemente der Mission, für die der Missionsleiter sogar sein Leben lässt.

Wer hat gesündigt?

Als mein erstes Kind zwei Jahre alt war, habe ich sie einmal erwischt, als sie in ihre Hände gespuckt und den Speichel auf ihrem Hochstuhl-Tischchen verschmiert hat. »Miranda, das ist eklig!«, sagte ich zu ihr. »Wir spucken nicht!« Sie sah mich herablassend an und sagte: »Jesus hat einmal ganz viel Spucke genommen, um ein sehr großes Wunder zu tun.« Sie hatte recht. Doch bevor er Speichel und Erde zu einem Brei vermischte und sie einem Blinden auf die Augen rieb, hatte Jesus eine bemerkenswerte Unterhaltung.

Als seine Jünger einen blinden Mann betteln sehen, fragen sie Jesus: »Rabbi, wie kommt es, dass er blind geboren wurde? Hat er selbst gesündigt oder seine Eltern?« (Johannes 9,2). Zu jener Zeit glaubten viele Juden, dass körperliche Krankheiten die Folge von Sünde waren. In einem gewissen Sinn lagen sie da nicht falsch. Die Bibel lehrt uns, dass wir Menschen im Ebenbild Gottes großartig geschaffen wurden, aber von Kopf bis Fuß auch mit Sünde durchsetzt sind. Die Bibel erklärt uns, dass alles, was in der Welt falsch läuft – von Kalaschnikows bis Krebs – eine Folge davon ist, dass wir Gott abgelehnt haben. Man kann also die Frage der Jünger verstehen. Aber Jesus sagt den Jüngern, dass sie da ganz falsch liegen: »Es ist weder seine Schuld noch die seiner Eltern. Er ist blind, damit Gottes Macht an ihm sichtbar wird« (9,3).

Natürlich kann es in unserem Leben Fälle geben, in denen sündhafte Handlungen Krankheiten hervorgerufen haben. Ein christlicher Freund von mir hat mit Alkoholismus zu kämpfen. Er schafft es größtenteils, trocken zu bleiben, aber hin und wieder wird der Kampf zu schwer, und er trinkt sich ins Krankenhaus. Unsere Entscheidungen *können* physische Folgen haben. Aber oft ist unser körperliches Leiden keine Folge unserer Sünde. Ich schreibe mich zurzeit mit einer Freundin, die kurz nacheinander viele schwere Krankheiten gehabt hat, die ihren Körper so schwächten, dass sie irgendwann den Eindruck hatte, sie konnte kein Loch stopfen, ohne dass sich ein anderes auftat. Wie du und ich ist sie Sünderin. Doch ihre Krankheiten werden nicht von ihrer Sünde verursacht. Wenn ich Krebs haben sollte, ist das genauso wenig ein Beweis für meine Sünde wie es meine Sündlosigkeit beweist, wenn ich keinen Krebs habe. Ja, als Jesus diesen blinden Mann heilt, stellen wir sogar fest, dass er geistlich gesünder ist als die Pharisäer.

»Solange ich noch in der Welt bin, bin ich das Licht der Welt«, erklärt Jesus. Dann spuckt er auf den Boden und macht einen Brei mit seinem Speichel (9,5–6). Er reibt den Brei auf die Augen des Blinden und fordert ihn auf, sich im Teich von Schiloach zu waschen. Als er zurückkommt, kann er sehen. Jesus hat für gewöhnlich mit nur einem Wort oder einer Berührung geheilt. Doch hier wählt er einen physisch aufwändigeren Weg, um den Mann zu heilen, während er gleichzeitig sagt, dass er das Licht der Welt sei. Die Menschen, die den Blinden ihr ganzes Leben haben betteln sehen, fragen sich, was geschehen ist. Sie bringen ihn zu den Pharisäern, die nicht glauben, dass er geheilt wurde. Sie lassen seine Eltern kommen, um festzustellen, ob das wirklich ihr blinder Sohn ist. Seine Eltern bejahen das. Allerdings sind sie zu verängstigt, um Fragen über Jesus zu beantworten, sodass sie die Pharisäer an ihren Sohn zurückverweisen (9,7–23).

Der ehemals Blinde weist sie mutig darauf hin, dass Jesus von Gott gekommen sein muss, sonst hätte er ihn nicht heilen können. Die Pharisäer sind außer sich vor Wut. »Du Sünder, du willst uns belehren? Du bist ja schon in Sünde geboren!« (9,34). Dann werfen sie ihn hinaus. Doch Jesus geht dem Mann nach und fragt: »Glaubst du an den Menschensohn?« (9,35). Worauf der Mann entgegnet: »Herr, wenn du mir sagst, wer es ist, will ich an ihn glauben.« Jesus erwidert: »Er steht vor dir und spricht mit dir« (9,36–37). »Herr, ich glaube an dich«, antwortet der Mann und wirft sich in Anbetung vor ihm nieder. Dann sagt Jesus: »Ich bin in diese Welt gekommen, um solche, die nicht sehen können, zum Sehen zu bringen und denen, die sich für sehend halten, zu zeigen, dass sie blind sind« (9,38–39). Einige der Pharisäer hören das und fragen Jesus: »Sind wir etwa auch blind?« Jesus erwidert: »Wenn ihr blind wärt, dann wärt ihr ohne Schuld. Weil ihr aber behauptet, Sehende zu sein, bleibt eure Schuld bestehen« (9,40–41).

Immer wieder kommen in den Evangelien Menschen zu Jesus, die wissen, dass sie körperlich krank sind, um geheilt zu werden und eine neue Lebensqualität zu bekommen. Und immer wieder lehnen ihn Menschen ab, die denken, sie seien geistlich gesund. Der Blinde wurde tatsächlich in Sünde geboren. Aber die Pharisäer auch. Seine geistliche Sicht ist klarer als ihre, und so kann er Jesus als denjenigen erkennen, der er wirklich ist.

Er hat unsere Krankheit getragen

Ich hatte mir irgendwie vorgestellt, dass mein Mann dabei sein könnte, wenn sie die Eingriffe bei mir vornahmen. Ich hatte mir selbst eingeredet, dass er meine Hand halten und alles gut gehen würde. Ich weine fast nie vor anderen, aber als wir dann im Krankenhaus waren, und man uns mitteilte, dass Bryan nicht mit hineingehen könnte, weinte ich. Ich weinte, als ich hineinging. Ich weinte, als mir eine ganze Litanei an Fragen zu meiner gesundheitlichen Vergangenheit gestellt wurde. Ich weinte, als ich mich hinlegte und die Ärztin ihre Geräte vorbereitete. Und dann begann ich, in meinem Kopf ein Lied zu singen, das wir manchmal in der Gemeinde singen:

Wen sollt' ich fürchten? Wen sollt' ich fürchten?
Der Herr ist meines Lebens Kraft.[44]

Wenn ich tatsächlich Krebs habe, wird Bryan meine Hand halten, so gut er kann. Aber er wird nicht mit mir in den OP-Saal kommen. Er wird aus vielen Situationen ausgeschlossen sein, in denen ich Schmerzen und Angst verspüre, und letztendlich wird er meine Krankheit auch nicht wegnehmen können. Doch nach den Evangelien ist Jesus immer bei uns, bis an das Ende der Zeit (Matthäus 28,20), und er hat all unsere Krankheit auf sich genommen.

Nachdem Matthäus uns berichtet hat, dass Jesus an einem Abend viele Menschen geheilt hatte – sowohl diejenigen, die von Geistern besessen waren, als auch die körperlich Kranken – merkt er an: »So erfüllte sich, was durch den Propheten Jesaja vorausgesagt worden war: ›Er nahm unsere Schwachheiten auf sich und lud sich unsere Krankheiten auf.‹« (8,17). Die Verse aus Jesaja lauten:

Doch unsere Krankheit, er hat sie getragen,
und unsere Schmerzen, er lud sie auf sich.
Wir dachten, er wäre von Gott gestraft,
von ihm geschlagen und niedergebeugt.
Doch man hat ihn durchbohrt wegen unserer Schuld,
ihn wegen unserer Sünden gequält.
Für unseren Frieden ertrug er den Schmerz, und durch seine Striemen sind wir geheilt. (Jesaja 53,4–5)

Jesu Tod am Kreuz ist verwoben mit seiner Macht zu heilen. Er kam, um unsere Krankheiten – körperliche und geistliche – auf sich selbst zu nehmen. Er kam, um uns zu tragen, wenn wir an Krebs, AIDS, Depressionen, Corona oder chronischen, nicht behandelbaren Schmerzen leiden. Er kam, um all unsere Krankheiten zu nehmen, indem er sie uns abnahm und sie auf sich nahm. Er kam, um seinen Leib brechen zu lassen, damit wir eines Tages ganz heil sein können, wenn er auf die Erde zurückkehrt.

Und nun?

Ich hatte gerade die Kinder, die noch ganz nass vom Schwimmen waren, ins Auto gehievt, als die Ärztin anrief: »Gute Nachrichten«, sagte sie, »wir denken, Sie haben keinen Krebs.« Dieses Mal war Jesu Antwort auf »Wenn du willst, kannst du mich rein machen«: »Ich will es.« Doch meine jüngere Freundin, die auch Jesus vertraut, hat diese Woche ihre nächste belastende Chemotherapie. Eines Tages wird auch für mich die Antwort anders lauten. Aller Wahrscheinlichkeit nach komme ich eines Tages wieder ins Krankenhaus. Die Türen werden sich hinter mir schließen. Die Vorhänge werden zugezogen. Die Instrumente werden immer mehr, und ich werde das Krankenhaus nicht mehr lebend verlassen. Wenn dieser Tag kommt, werde ich das Auferstehungsleben brauchen, das kein Arzt außer Jesus mir geben kann.

Wenn es böse Mächte in dieser Welt gibt, brauchen wir einen überlegenen, dämonenzerstörenden, die Finsternis tötenden Sieger. Wir brauchen jemanden, der uns aus der Dunkelheit reißt und uns ins Licht stellt. Wir brauchen einen Arzt, der unsere Körper und Seelen heilen kann, einen Arzt, der unsere Schmerzen auf sich nehmen kann, einen Arzt, der sogar die Toten wieder zum Leben erwecken kann. In den Evangelien heilt Jesus mit Worten und Berührungen und Spucke. Die Hände des Königs sind die Hände eines Heilenden. Doch dieser König wurde verspottet und geschlagen und bespuckt, als er ans Kreuz ging, wo er unsere Krankheiten auf sich genommen und unsere Leiden getragen hat. Er starb vor fast 2000 Jahren, aber seine vernarbten, heilenden Hände strecken sich heute dir und mir entgegen – wenn wir nur zu ihm kommen.

5

Jesus der Lehrer

Ich saß gerade in einem Café in einer Kleinstadt in Missouri. Mein Gegenüber war eine Frau, die buntes Haar und Gay-Pride-Accessoires zur Schau trug. Sie identifizierte sich als LGBTQ – oder, um genau zu sein, als pansexuell. Sie hatte einige Jahre lang eine feste Freundin gehabt und lebte nun zusammen mit zwei Männern in einer polyamorösen Beziehung. An jenem Morgen hatte ich in einer nahegelegenen Kirche einen Vortrag über Gender und Sexualität gehalten. Einige lokale Aktivisten hatten eine Protestveranstaltung organisiert. Aber diese Frau war gekommen, um sich meinen Vortrag bis zum Ende anzuhören. Sie hatte dann eine tiefgehende Frage gestellt und daraufhin freundlicherweise meine Einladung angenommen, sich noch auf einen Kaffee zu treffen, um das Gespräch weiterzuführen. Als wir uns unterhielten, merkte ich, dass sie sehr aufmerksam zugehört hatte. Es war nicht gerade die Botschaft gewesen, die sie erwartet hatte. Ich selbst habe mich schon immer zum gleichen Geschlecht hingezogen gefühlt, deshalb wusste sie, dass ich nicht aus Unwissen oder Vorurteilen heraus sprach. An einer Stelle sagte sie: »Wenn ich Sie richtig verstanden habe, dann haben Sie gesagt, dass man nicht deshalb in die Hölle kommt, weil man homosexuell ist. Man kommt in die Hölle, weil man nicht bei Jesus seine Zuflucht gesucht hat.« Ich daraufhin: »Genau.«

Der Jesus der Evangelien passt nicht in unsere modernen Paradigmen. Seine Angriffe auf die Reichen und sein Eintreten für die Schwachen lassen die meisten Führer der Linken herzlos und selbstzufrieden aussehen. Doch seine Lehren über sexuelle Sünde lassen die meisten Konservativen lasch erscheinen. Jesus spricht mehr von menschenverbindender Liebe und Inklusion derer, die am Rande der Gesellschaft stehen, als der mitfühlendste Liberale. Und gleichzeitig spricht er beängstigende Warnungen über das Gericht Gottes aus. Er nimmt die auseinander, die denken, sie könnten Gott mit ihrer Religiosität beeinflussen. Und gleichzeitig sagt er, dass Liebe zu Gott das Höchste überhaupt ist. Er ruft uns auf, nicht zu richten, damit wir nicht gerichtet werden. Und gleichzeitig sagt er, dass er eines Tages uns alle richten wird. Jesu moralische Normen sind so hoch, dass wir nicht den Hauch einer Chance haben, sie zu erreichen. Und gleichzeitig heißt er die willkommen, die die schlimmsten moralischen Fehltritte begangen haben.

Jedes Kapitel in diesem Buch beruht auf der Lehre Jesu, und in diesem Kapitel versuche ich nun eine (total lückenhafte) Darstellung davon wiederzugeben, was er gelehrt hat. Wenn dich das frustriert, ist das OK – leg' dieses Buch weg und fang' einfach an, ein Evangelium zu lesen. Dieses Buch ist bestenfalls das Vorprogramm. Und doch hoffe ich, dass ich dich auf den nächsten paar Seiten auf die Worte dieses jüdischen Rabbis aus dem ersten Jahrhundert einstimmen kann, indem ich eine kleine Kostprobe davon gebe, *wie* er gelehrt hat, und davon, *was* er über drei Themen gelehrt hat, die uns auch heute noch stark beschäftigen: eine Liebe, die alle Unterschiede überwindet, Geld und Sex. Wir werden dabei sehen, dass Jesu Lehren keine für sich selbst dastehenden moralischen Wahrheiten sind. Sie sind untrennbar mit seinem Wesen verbunden. Und sie sind die Grundlage für viele moralischen Wahrheiten, die wir heute für selbstverständlich halten.

Hat Jesus das wirklich so gemeint?

Ich sage oft zu meinen Kindern: »Ich mache Hackfleisch aus

euch, wenn ...«. Das ist meine Lieblingsdrohung. Natürlich würde ich das nie wirklich tun. Aber sie verstehen schon, in welche Richtung das geht. Und wenn sie das tun, was ich ihnen verboten habe, und dann sagen, »Ich wusste, dass du das nicht *wörtlich* meinst«, dann würde das bei mir nicht ziehen.

Wenn man die Evangelien liest, stellt man fest, dass Jesus oft metaphorisch gesprochen hat, um Wahrheit zu vermitteln. Er hat seine Zuhörer immer wieder mit Metaphern und Gleichnissen eingedeckt und verwendete oft auch Hyperbeln, d. h. extreme Übertreibungen, um einen rhetorischen Effekt zu erzielen. Als Jesus zu den religiösen Heuchlern sagte, »Ihr verblendeten Führer! Die Mücke siebt ihr aus, aber das Kamel verschluckt ihr« (Matthäus 23,24), meinte er damit nicht, dass sie *buchstäblich* Kamele verschlangen, sondern dass ihr Verständnis von Gottes Gesetz so sehr daneben war, dass sie genauso gut Kamele hätten verschlingen können. So folgt auch auf Jesu oft zitierte Warnung, »Richtet nicht, damit ihr nicht gerichtet werdet« (Matthäus 7,1) eine bildhafte Frage:

> *Weshalb siehst du den Splitter im Auge deines Bruders, bemerkst aber den Balken in deinem eigenen Auge nicht? Wie kannst du zu deinem Bruder sagen: ›Halt still, ich will dir den Splitter aus dem Auge ziehen!‹ – und dabei ist der Balken doch in deinem Auge? Du Heuchler! Zieh zuerst den Balken aus deinem Auge! Dann wirst du klar sehen und kannst den Splitter aus dem Auge deines Bruders ziehen.* (Matthäus 7,3–5)

Selbst mit westlich-moderner Brille erkennen wir, was Jesus hier meint. Unsere Bereitschaft zu richten, wenn wir selbst in Sünde stecken, ist genauso absurd, wie jemand, der mit einem Baumstamm im Auge denkt, er könne jemand anderem helfen, ein Stäubchen Sägemehl aus dessen Auge zu entfernen. In einer Kultur wie der unserer, wo man sich etwas darauf einbildet, dass man *nicht* richtet, kommt diese Art von Lehre gut an. Aber oft ist Jesu Verwendung von Hyperbeln eher verstörend.

Als Jesus einmal sah, dass ihm eine große Menge folgte, sagte er: »Wenn jemand zu mir kommt und hasst nicht seinen Vater und die Mutter und die Frau und die Kinder und die Brüder und die Schwestern, dazu aber auch sein eigenes Leben, so kann er nicht mein Jünger sein« (Lukas 14,26 Elb). Wenn das alles wäre, was wir über Jesu Lehre wüssten, dann könnten wir vielleicht meinen, er ruft dazu auf, die eigene Familie zu hassen. Doch Jesus kritisiert an anderer Stelle seine religiösen Gegner dafür, dass sie ihre Eltern vernachlässigen (Markus 7,10–13); er verteidigt die Ehe so vehement, dass sogar seine Jünger bestürzt sind (Matthäus 19,1–12); und er bringt Kindern so viel Wertschätzung entgegen, dass das ihren Status für immer verändert (Matthäus 19,13–15). Was meint Jesus also, wenn er sagt, dass man ihm nicht folgen kann, wenn man seine Familie nicht hasst? Er meint damit, dass unsere Liebe Jesus gegenüber so groß sein solle, dass unsere Liebe anderen gegenüber *im Vergleich* dazu wie Hass aussieht.

Derlei Worte passen kaum zur säkular-liberalen Hypothese, dass »Jesus nur ein guter Lehrer war«. Er ruft uns doch auf, ihn anzubeten, egal wer sonst unsere Anbetung beansprucht! Wenn Jesus nicht Gott ist, kann diese Aufforderung unmöglich gut sein. Der Jesus der Evangelien lässt sich aber auch nicht in die klassisch-konservative Form hineinpressen. Er ist kein netter, religiöser Vertreter für Familienwerte. Wer einfach heiraten und seine 2,4 Kinder haben will und am Sonntag in die Kirche geht, um sich das schöne Gefühl abzuholen, dann ist Jesus dafür nicht zu haben. Er will *dich*, Herz und Seele, nicht deine Freizeit, das Geld, das du übrig hast oder deine religiösen Gefühle. Doch wenn wir tatsächlich alles für Jesus aufgeben, dann werden wir letztendlich die um uns herum mehr lieben als vorher. Ja, anstatt diejenigen zu hassen, die wir normalerweise lieben, werden wir diejenigen lieben, die wir normalerweise hassen.

Der Barmherzige … Samariter?

Eines Tages fragte ein jüdischer Gesetzeslehrer Jesus: »Rabbi, was muss ich getan haben, um das ewige Leben zu bekommen?« (Lukas 10,25). Jesus erwiderte: »Was steht denn im Gesetz? Was liest du dort?« Der Lehrer antwortete: »Du sollst den Herrn, deinen Gott, lieben von ganzem Herzen, mit ganzer Hingabe, mit all deiner Kraft und mit deinem ganzen Verstand. Und deinen Nächsten sollst du lieben wie dich selbst« (10,26–27). Daraufhin Jesus: »Du hast richtig geantwortet. Tu das, dann wirst du leben« (10,28). Doch der Gesetzesfachmann fragte weiter: »Und wer ist mein Nächster?« (10,29). Und an genau diesem Punkt erzählt Jesus die skandalöse Geschichte vom Barmherzigen Samariter.

In dieser Geschichte läuft ein Mann von Jerusalem nach Jericho und wird auf dem Weg ausgeraubt und zum Sterben liegen gelassen. Als Erster kommt ein jüdischer Priester an der Stelle vorbei. Als er den schwer verletzten Mann dort liegen sieht, wechselt er die Straßenseite – nicht etwa um zu helfen, sondern um ihm aus dem Weg zu gehen. Vor zwei Jahren wurde eine Freundin von mir angegriffen und ausgeraubt und dann verblutend auf einem Gehweg in der Nähe unseres Hauses liegen gelassen. Ein fremder Mann kam zufällig vorbei, rief den Krankenwagen und rettete so ihr Leben. Der Priester in Jesu Geschichte lässt den verletzten, im Sterben liegenden Mann einfach liegen. Dann kommt ein Levit (ein Priestergehilfe) vorbei und tut dasselbe. Zum Schluss kommt ein Samaritaner, der sich des sterbenden Mannes annimmt und ihn mit großem Aufwand selbst versorgt und anschließend pflegen lässt.

Wenn wir dieses Gleichnis mit unserer westlich-modernen Brille lesen, dann haben wir hier eine mächtige Geschichte über Liebe zu hilflosen Fremden. Wir stellen (vielleicht zu unserer Befriedigung) fest, dass sie gegen religiöse Führer gerichtet ist. Doch was dabei untergeht, ist genau der Aspekt, der dem Gesetzeslehrer damals sofort ins Auge stechen musste: Der Held der Geschichte ist ein Samaritaner. Das wäre so, als wenn man zur Zeit der Rassentrennung in den Südstaaten der USA Weißen eine Geschichte erzählen würde, in der ein Schwarzer der moralische Held ist. Oder so, als wenn man auf dem Parteitag der Demokraten in den USA eine Geschichte erzählt, in der ein Senator der Republikaner der Held ist. Jesu Geschichte hat solche Wellen geschlagen, dass sogar Leute, die die Geschichte noch nie gehört haben, von einem »Barmherzigen Samariter« sprechen. Auch eine internationale Organisation für Suizidprävention ist nach unserem Helden benannt. Jesu Geschichte sprengt beim Gesetzeslehrer die Kategorien dafür, welche Menschen er lieben muss. Seine Fürsorge soll nicht an ethnischen oder religiösen Grenzen aufhören. Natürlich hätte Jesus dieselbe Wirkung auch mit einem Juden, der einen Samariter liebt, erzielen können. Doch stattdessen kehrt er die moralischen Verhältnisse um und stellte jemanden, der für die Juden als ethnisch *minderwertig* ansahen, als ethisch überlegen dar.

Wir fühlen uns alle gut, wenn Leute auf unserer Seite die Größe besitzen, ihre Feinde zu lieben. Ich habe beispielsweise vor Kurzem einen Nachrichtenartikel auf einer Pro-LGBTQ-Seite gelesen, in dem es darum ging, dass einige Leute auf einem Boot mit Regenbogenfahne von homophoben Eiferern auf einem anderen Boot belästigt wurden – bis das Boot jener Eiferer Feuer fing, woraufhin die LGBTQler sie retteten. Diese Seite hätte diese Geschichte vermutlich nicht erwähnt, wenn die Rollen vertauscht gewesen wären. Aber Jesus tut genau das. Deinen Nächsten zu lieben, bedeutet Menschen zu lieben, von denen dein Umfeld und deine Erziehung dir sagen, dass du sie *hassen* sollst. Es bedeutet, über rassische, ethnische, kulturelle und religiöse Unterschiede hinweg zu lieben. Es bedeutet, dein Geld dafür auszugeben und beim Anhalten auf einer gefährlichen Straße dein Leben zu riskieren, um der bedürftigen Person zu helfen, mit der du *am wenigsten* gemeinsam hast – eine Person, die deine Freunde meiden würden wie die Pest; eine Person, die erzogen wurde, dich zu hassen.

Jesus unterstreicht diese Lehre in seiner bekannten Bergpredigt: »Ihr wisst, dass es heißt: ›Du sollst deinen Nächsten lieben und deinen Feind hassen!‹ Ich aber sage euch: ›Liebt eure Feinde und betet für die, die euch verfolgen‹« (Matthäus 5,43–44). Diese Worte klingen in deinen und meinen Ohren ganz nett. Vielleicht werden wir dann zu diesem nervigen Typ auf der Arbeit mal ein bisschen netter sein. Aber ich schreibe diese Zeilen an dem Tag, an dem Kabul von den Taliban erobert wurde. Diese Worte Jesu bedeuten, dass Christen in Afghanistan heute aufgerufen sind, die Taliban zu lieben. Jesus zufolge ist diese schockierende, teure, universelle Liebe kein moralisches »nice to have«. Sie steht im Zentrum des ethischen Anliegens Gottes. Und es kann somit nicht getrennt werden davon, Gott mit ganzem Herzen und Verstand und ganzer Seele und Kraft zu lieben. Wenn der Priester und der Levit Gott wirklich geliebt hätten, dann hätten sie auch den ausgeraubten Mann geliebt.

Ich erzählte meiner neuen pansexuellen Freundin diese Geschichte. Sie hatte sie noch nie gehört. Aber ich erklärte ihr, dass die Überzeugungen, die wir beide hochhielten – unser Glaube an menschliche Gleichheit unabhängig von Rasse oder Geschlecht oder Gesundheit, unser Glaube, dass die Armen versorgt und die Unterdrückten beschützt werden sollten, unser Glaube an Liebe über nationale und kulturelle Unterschiede hinweg –alle von den Lehren eines jüdischen Rabbis aus dem ersten Jahrhundert namens Jesus von Nazareth stammen. Die Geschichte vom Barmherzigen Samariter ist eine Planke in dem ethischen Floß, das Jesus gebaut hat – dem Floß, das all unsere Überzeugungen über menschliche Gleichheit trägt, einem Floß, auf dem wir seitdem alle sitzen und von dem wir auch immer wieder herunterfallen. Wenn wir dieses altgediente Floß zurückweisen, dann kommt kein säkulares, Rettungsboot mit einem Motor mit modernster Technologie vorbei, das diese tief gewurzelten Überzeugungen abstützt. Stattdessen ertrinken wir.

Gleichheit erwächst aus dem Christentum

Jetzt denkst du vielleicht, dass die Behauptung, Gleichheit aller Menschen stamme von Jesus, nur meine höchst voreingenommene, christliche Ansicht ist – wie beim Vater in *My Big Fat Greek Wedding*, der behauptet, dass alles aus Griechenland kommt. (»Nennt mir ein Wort, irgendein Wort, und ich werde euch beweisen, dass der Ursprung dieses Wortes griechisch ist.«)[45] Doch als der britische Historiker Tom Holland sich daran machte, *Herrschaft: Die Entstehung des Westens* zu verfassen, war er kein Christ.[46] Er war schon immer viel mehr von den griechischen und römischen Göttern angezogen gewesen als vom gekreuzigten Helden des Christentums. Doch nach Jahren des Forschens zog er das Fazit, dass er – Agnostiker wie er war – selbst viele spezifisch christlichen Überzeugungen hatte: zum Beispiel sein Glaube an die Gleichheit aller Menschen oder die Pflicht, sich um die Armen und Unterdrückten zu kümmern.

Wie sieht es aber mit Fragen zu Geschlecht und Sexualität aus, also den Fragen, bei denen meine pansexuelle Freundin und ich eindeutig nicht einer Meinung waren? Selbst hier, so Hollands Argumentation, schlagen Leute jeglichen Couleurs ihr Zelt auf christlichem Boden auf:

Dass jeder Mensch die gleiche Würde besaß, war nicht einmal annähernd eine selbstverständliche Wahrheit. Ein Römer hätte das lachhaft gefunden. Eine Kampagne gegen Diskriminierung aufgrund von Geschlecht oder Sexualität zu führen, bedeutete allerdings, dass man auf eine große Anzahl von Leuten zählen können musste, die eine Grundannahme gemeinsam hatte: dass jeder Mensch inhärenten Wert besitzt. Die Ursprünge dieses Prinzips lagen – wie Nietzsche voller Verachtung angemerkt hatte – nicht in der Französischen Revolution oder der Amerikanischen Unabhängigkeitserklärung, noch in der Aufklärung, sondern in der Bibel.[47]

Natürlich: Wenn Liebe über alle Unterschiede hinweg, wie sie Jesus durch das Gleichnis vom Barmherzigen Samariter gelehrt hat, alles wäre, was die Bibel in Sachen Ethik zu sagen hätte, dann wäre die Unterhaltung in Missouri für mich einfacher gewesen. Dann hätte ich meiner Freundin nur gesagt, dass Jesus die Quelle von Überzeugungen ist, die sie ohnehin selbst hatte. Aber wie sieht es dann aus mit dem Spannungsfeld zwischen der christlichen Lehre und den tiefen Überzeugungen, die viele Leute in Bezug auf Sex und Sexualität haben? Stimmt es, wie manche Leute behaupten, dass es Jesus egal ist, mit wem wir schlafen?

Diese Meinung haben viele, weil Jesus ja bekanntermaßen Menschen liebte, die sich sexuell versündigten. Er freundete sich mit einer samaritanischen Frau an, die fünf Männer gehabt hatte und jetzt ohne Ehe mit dem nächsten zusammenlebte (Johannes 4,1–30). Er beschützte eine Frau, die beim Ehebruch ertappt worden war (Johannes 8,1–11). Er verteidigte »eine Frau die für ihren unmoralischen Lebenswandel bekannt war.« (Lukas 7,37). Doch wenn wir die Evangelien als Ganze lesen, dann stellen wir fest, dass Jesus Menschen mit sexueller Sünde nicht aus dem Grund durchgehend herzlich und skandalerregend willkommen heißt, dass ihm sexuelle Sünde egal ist.

Ihr wisst, dass es heißt

Letzten Sonntag hatten wir Freunde beim Mittagessen zu Besuch. Mein Mann hat ein Hähnchen in den Ofen geschoben und einen Timer gestellt für die Dauer des Gottesdienstes. Als wir nach Hause kamen, roch das Haus nach festlichem Essen. Wir spähten in den Ofen, und das Hühnchen sah ganz knusprig und lecker aus. Doch als wir es aufschnitten, stellten wir fest, dass nur die äußerste Schicht durch war. Innen war es noch ganz rosa und roh: ungenießbar, ja sogar gefährlich zu essen. Heutzutage sehen wir, wenn es um Sexualität geht, das Entdecken unseres authentischen Selbst als das große Ziel an. Wenn ich einfach in mich hineinschaue und alles So-tun-als-ob ablege und alle gesellschaftlichen Schranken ignoriere, dann werde ich etwas Gutes und Schönes finden. In meinem Fall: Mein anhaltendes Hingezogensein zu anderen Frauen muss gut sein. Es fühlt sich so natürlich an. Man könnte sagen, dass es meine innere Wahrheit ist. Doch Jesus sagt genau das Gegenteil. Er sagt, dass das, was aus unseren Herzen kommt, und nicht das, was wir essen, uns vor Gott unrein macht, und erklärt: »Denn von innen, aus dem Herzen des Menschen, kommen die bösen Gedanken und mit ihnen alle Arten von sexueller Unmoral, Diebstahl, Mord, Ehebruch, Habgier und Bosheit. Dazu Betrug, Ausschweifung, Neid, Verleumdung, Überheblichkeit und Unvernunft« (Markus 7,21–22). Wenn Jesus ein Stück von unserem Herzen nehmen und damit unser authentischstes Selbst enthüllen würde, dann sieht er etwas, was ungefähr so roh ist wie das Hühnchen meines Manns – die Folgen davon sind aber wesentlich ernster.

Jesus spricht eine Vielzahl anderer Sünden an, aber wenn er

sexuelle Sünde anspricht, benutzt er überwiegend zwei Worte dafür: *porneia* (was mit »sexueller Unmoral« übersetzt wird) und Ehebruch. Solange er einvernehmlich ist, gilt Sex außerhalb der Ehe heute oft nur dann noch als falsch, wenn es sich um Ehebruch handelt: betrügerische Untreue im Gegensatz zu einer gesunden Erkundung unserer Sexualität. Doch Jesus macht klar, dass das Betrügen des Ehepartners nicht die einzige Form von sexueller Sünde ist. Er weitet die Definition von dem, was wir eventuell als Ehebruch bezeichnen würden, zudem ganz radikal aus. Mitten in der Bergpredigt, der vielleicht revolutionärsten Morallehre der Geschichte, gibt uns Jesus Folgendes zu bedenken: »Ihr wisst, dass es heißt: ›Du sollst die Ehe nicht brechen!‹ Ich aber sage euch: Wer die Frau eines anderen begehrlich ansieht, hat in seinem Herzen schon Ehebruch mit ihr begangen« (Matthäus 5,27–28).

»Du sollst nicht ehebrechen« war nun eines der Zehn Gebote. Weit davon entfernt, diesen Aufruf zu sexueller Treue zu lockern, verschärft Jesus ihn noch weiter. Er weist auf das Herz hin, nicht weil unsere Taten keine Rolle spielen würden, sondern weil sie Symptome eines tieferliegenden Problems sind. Ich weiß nicht, wie es dir damit geht, aber ich habe Frauen begehrlich angesehen – vor und nach meiner Eheschließung – also habe ich in Jesu Augen Ehebruch begangen. Zweifelsohne gilt das auch für das Begehren von Männern.

Man kann sich vorstellen, wie Jesu Zuhörer die Zehen in ihren Sandalen zusammengekniffen haben müssen. Doch so ähnlich, wie wenn man feststellt, dass einem das Auto abgeschleppt wurde, wo man doch nur mit einem Strafzettel gerechnet hat, kommt es noch dicker:

> *Wenn du durch dein rechtes Auge verführt wirst, dann reiß es aus und wirf es weg! Es ist besser für dich, du verlierst eins deiner Glieder, als dass du mit unversehrtem Körper in die Hölle kommst. Und wenn dich deine rechte Hand zur Sünde verführt,*

dann hau sie ab und wirf sie weg. Es ist besser für dich, du verlierst eins deiner Glieder, als dass du mit unversehrtem Körper in die Hölle kommst. (Matthäus 5,29–30)

Hier trifft uns Jesus mit zwei erschreckenden Aussagen. Zunächst einmal über den absoluten Ernst der Sünde – ob sexueller oder anderer Natur. Mit Sünde verdienen wir uns alle eine Fahrkarte direkt in die Hölle. Besser verstümmelt werden, als in diesem Zug sitzen. Zweitens: Wenn wir diese Aussage im Kontext von Jesu gesamter Lehre lesen, dann stellen wir fest, dass es nicht unsere Augen oder unsere Hände sind, die uns zur Sünde verleiten, sondern unser Herz. Wir sind so durch und durch verdorben, dass es nichts an uns gibt, was zu retten ist. So, was um alles in der Welt sollen wir denn nun tun? Diese Diagnose lässt uns verzweifeln – lässt aber auch Sehnsucht nach Jesus dem Heilenden wachsen. Er ist buchstäblich unsere einzige Hoffnung. Und wenn wir zu ihm kommen, dann wird er uns mit offenen Armen empfangen.

Eines Tages war Jesus bei einem Pharisäer zum Abendessen eingeladen, als eine Frau aus jener Stadt hereinkam, »die für ihren unmoralischen Lebenswandel bekannt war«. Sie kniete zu seinen Füßen nieder (Lukas 7,37), goss Öl auf seine Füße, küsste sie, wusch sie mit ihren Tränen und trocknete sie mit ihren Haaren. Der Pharisäer war entsetzt: »Wenn der wirklich ein Prophet wäre, würde er doch merken, was für eine Frau das ist, die ihn da berührt. Er müsste doch wissen, dass das eine Sünderin ist« (7,39). Aber Jesus wusste das sehr wohl. Und weit davon entfernt, die Frau für ihre Taten zu beschämen, erzählte er ein Gleichnis, um den Pharisäer zu beschämen. »Zwei Männer hatten Schulden bei einem Geldverleiher. Der eine schuldete ihm fünfhundert Denare, der andere fünfzig. Doch keiner von ihnen konnte ihm das Geld zurückzahlen. Da erließ er es beiden. Was meinst du, wer von beiden wird wohl dankbarer sein?« (7,41–42). Nachdem der Pharisäer die richtige Antwort gegeben hatte, wies Jesus auf die Punkte hin, bei denen der Pharisäer es versäumt hatte, Jesus gegenüber ein guter Gastgeber zu sein, die Frau dies aber mit ihrer Liebe wettgemacht hatte. Jesus schlussfolgerte: »Ich kann dir sagen, woher das kommt: Ihre vielen Sünden sind ihr vergeben worden, darum hat sie mir viel Liebe erwiesen. Wem wenig vergeben wird, der zeigt auch wenig Liebe.« Dann sagte er zu der Frau: »Ja, deine Sünden sind dir vergeben« (7,47–48). Die anderen Gäste fragten einander: »Für wen hält der sich eigentlich, dass er auch Sünden vergibt?« (7,49). Doch statt sich auf eine Diskussion mit ihnen einzulassen, schenkte Jesus seine Aufmerksamkeit weiter der Frau: »Dein Glaube hat dich gerettet«, versicherte er ihr. »Geh in Frieden« (7,50).

In Kapitel 6 werden wir sehen, was Jesus über die Ehe zwischen Mann und Frau sagt und inwiefern das mit seiner Behauptung in Zusammenhang steht, der eigentliche Bräutigam zu sein. Doch an dieser Stelle müssen wir lediglich begreifen, dass Jesu Lehre über sexuelle Sünde absolut anstößig ist. Sie richtet sich gegen jeglichen modernen Instinkt, uns selbst und andere zu bestätigen in dem, was wir sind. Wie die unmoralische Frau aus jener Stadt müssen wir, wenn wir zu Jesus kommen wollen, seine Füße mit unseren Tränen waschen. Doch seine Lehre über Geld ist noch anstößiger.

Der reiche Mann und Lazarus

Meine Familie in England schwärmte eine Zeit lang unentwegt von der Fernsehserie *The Good Place*, aber ich hatte kein Interesse daran. Eine Komödie über Menschen im Jenseits? Das schien mir ein Thema zu sein, das zu todernst war, um darüber zu witzeln. Als ich aber dann anfing, die Serie selbst zu schauen, verstand ich ihre Begeisterung. Es ist eine sehr lustige Serie, die aber auch tiefe Wahrheiten darüber ergründet, wie Menschen über Himmel und Hölle denken. In der Eröffnungsszene wird der Hauptfigur Eleanor mitgeteilt, dass sie zwar gestorben sei, aber alles in Ordnung sei. Sie sei an dem »Guten Ort«.[48] Doch im Laufe der Serie bemerkt Eleanor, dass sie falsch zugewiesen wurde. Die anderen Leute am Guten Ort sind *außerordentlich* gut. Sie weiß, dass sie eigentlich gar nicht so gut ist und dass es nur eine Frage der Zeit ist, bis das auffliegt.[49]

Wenn du die Evangelien durchliest, geht es dir vielleicht irgendwann so wie Eleanor – nicht nur wenn es um Sex geht, sondern auch wenn Jesus anfängt, über Geld zu sprechen. Vielleicht war es dir schon etwas unangenehm, als Jesus dem reichen jungen Mann gesagt hat, er solle alles den Armen geben und ihm nachfolgen. Aber da hört er ja nicht auf. »Wie glücklich seid ihr Armen«, sagte Jesus, »denn euch gehört das Reich Gottes« (Lukas 6,20). »Aber weh euch, ihr Reichen, denn ihr seid schon getröstet von dem, was ihr habt!« (6,24). »Eher kommt ein Kamel durch ein Nadelöhr als ein Reicher in Gottes Reich« (Matthäus 19,24; Markus 10,25; Lukas 18,25). Ich könnte immer so weiter machen. Doch die Worte, die ich persönlich am härtesten finde, erscheinen in einem Gleichnis.

Jesus beginnt folgendermaßen:

> *Da war ein reicher Mann, der auffällig teure Kleidung trug und jeden Tag in seinem Luxus genoss. Vor dem Tor seines Hauses lag ein Armer namens Lazarus. Sein Körper war voller Geschwüre. Gern hätte er seinen Hunger mit den Küchenabfällen gestillt, doch nur die Hunde kamen und leckten an seinen Geschwüren.* (Lukas 16,19–21)

Der Kontrast zwischen Reich und Arm wird uns hier schmerzlich bewusst. Nach dem alttestamentlichen Gesetz hätte sich der reiche Mann um Lazarus kümmern sollen. Tut er aber nicht. Doch Lazarus' Name bedeutet »Gott hilft«, und Jesus sagt uns, wie das geschah. »Der Arme starb und wurde von den Engeln zu Abraham gebracht« (16,22). Lazarus hat einen Ehrenplatz im Jenseits bekommen. So weit, so gut. Die Vorstellung, dass die Armen und Leidenden an einen besseren Ort kommen, gefällt uns wahrscheinlich allen. Doch was dann kommt ist wie ein Schlag: »Auch der Reiche starb und wurde begraben. Als er in der Hölle wieder zu sich kam und Folterqualen litt, sah er in weiter Ferne Abraham und Lazarus an seiner Seite. ...Vater Abraham, hab Erbarmen mit mir! Schick mir doch Lazarus! Lass ihn seine Fingerspitze ins Wasser tauchen und meine Zunge kühlen, denn ich werde in der Glut dieser Flammen sehr gequält‹« (16,22–24). Hier präsentiert uns der Feuer-und-Schwefel-Prediger Jesus ein erschreckendes Bild von der Hölle. Abraham antwortet:

> *Mein Kind, denk daran, dass du schon in deinem Leben alles Gute bekommen hast, Lazarus aber nur das Schlechte. Jetzt wird er dafür hier getröstet, und du hast zu leiden. Außerdem liegt zwischen uns und euch ein so tiefer Abgrund, dass niemand von uns zu euch hinüberkommen kann, selbst wenn er es wollte; und auch von euch kann niemand zu uns herüberkommen.* (Lukas 16,25–26)

Nachdem er für sich selbst alle Hoffnung verloren hat, äußert der Reiche noch eine Bitte: »Vater Abraham, dann schick ihn doch wenigstens in das Haus meines Vaters! Denn ich habe noch fünf Brüder. Er soll sie warnen, damit sie nicht auch an diesen Ort der Qual kommen« (16,27–28). Doch Abraham antwortet: »Sie haben die Worte von Mose und den Propheten, auf die sollen sie hören« (16,29). Die hebräischen Schriften sind voller Aufrufe, sich um die Armen zu kümmern, und voller Warnungen vor Gottes Gericht gegen diejenigen, die das nicht tun. Der Reiche und seine Brüder hatten alle Informationen, die sie brauchten. Doch der Reiche wendet ein: »Nein, Vater Abraham, es müsste einer von den Toten zu ihnen kommen, dann würden sie ihre Einstellung ändern.« Darauf antwortet Abraham mit Worten, die in unseren Ohren nur so klirren sollten: »Wenn sie nicht auf Mose und die Propheten hören, werden sie sich auch nicht überzeugen lassen, wenn einer von den Toten aufersteht« (16,30–31).

Wir leben vielleicht nicht in Villen oder erleben es nicht, wie Bettler vor unserer Tür sterben. Doch selbst der Reichste aus der Zeit Jesu würde über unseren Komfort staunen: unsere Kleidung, unser Essen, das Gesundheitssystem, die Fortbewegungsmittel. Wenn du dieses Buch liest, bist du wahrscheinlich relativ reich. Nicht unbedingt der Reichste unter deinen Freunden. Aber ich nehme an, du hast ein Dach über dem Kopf, Essen auf dem Tisch, höchstwahrscheinlich auch ein Ausbildungs- oder Studienabschluss, möglicherweise auch ein Auto. Du hast vielleicht nicht so viel Geld, wie du gerne hättest, aber nach dem heutigen, globalen Maßstab bist du schon reich. Fast die Hälfte der Weltbevölkerung lebt mit weniger als 5 € pro Tag. Nach Jesu Worten werden wir uns in der furchtbaren Position des reichen Mannes wiederfinden, wenn für uns Armut das Problem anderer Leute ist. Der reiche Mann hat die Aufrufe im Alten Testament, sich um die Armen zu kümmern, nicht beachtet. Aber wir würden einen Mann ignorieren, der von den Toten tatsächlich auferstanden ist.

Von Schafen und Ziegen

In einer weiteren bekannten Geschichte malt Jesus ein Bild von dem Tag, an dem er als König über alles zurück auf die Erde kommen wird. Er sagt, er werde die Nationen in zwei Gruppen einteilen, eine zu seiner Rechten und eine zu seiner Linken, »so wie ein Hirte die Schafe von den Ziegen trennt« (Matthäus 25,32). Zu den Schafen zu seiner Rechten wird er sagen:

> *Kommt her! Euch hat mein Vater gesegnet. Nehmt das Reich in Besitz, das schon seit Gründung der Welt auf euch wartet! Denn als ich Hunger hatte, habt ihr mir zu essen gegeben; als ich Durst hatte, gabt ihr mir zu trinken; als ich fremd war, habt ihr mich aufgenommen; als ich nackt war, habt ihr mir Kleidung gegeben; als ich krank war, habt ihr mich besucht, und als ich im Gefängnis war, kamt ihr zu mir.* (Matthäus 25,34–36)

Als die Schafe dann fragen, wann sie diese Dinge getan haben sollen, antwortet Jesus: »Ich versichere euch: Was ihr für einen meiner gering geachteten Geschwister getan habt, das habt ihr für mich getan« (25,37–40). Hier sehen wir, wie wichtig Jesus Christen sind, die bedürftig oder krank oder im Gefängnis sind. Wie wir sie behandeln, entspricht dem, wie wir ihn behandeln.

An dieser Stelle kommen wir uns vielleicht wieder vor wie Eleanor in *The Good Place*. Sie findet, sie hat den ›Guten Ort‹ nicht verdient. Aber den Schlechten Ort? Nein. »Ich war ein mittelguter Mensch«, sagt sie. »Ich sollte für die Ewigkeit an einen mittelguten Ort kommen. Wie Cincinnati.« Aber Jesus hat keinen mittelguten Ort anzubieten. Er wendet sich den Menschen zu seiner Linken zu und sagt:

> *Geht mir aus den Augen, ihr Verfluchten! Geht in das ewige Feuer, das für den Teufel und seine Engel vorbereitet ist! Denn als ich Hunger hatte, habt ihr mir nichts zu essen gegeben; als ich Durst hatte, gabt ihr mir nichts zu trinken; als ich fremd war, habt ihr mich nicht aufgenommen; als ich nackt war, habt ihr mir nichts zum Anziehen gegeben; als ich krank und im Gefängnis war, habt ihr mich nicht besucht.* (Matthäus 25,41–43)

Jesus unterstrich mit seiner Lehre nochmal das Anliegen für die Armen und Besitzlosen, das schon im Alten Testament sehr präsent war. Die Wellen, die seine Lehre geschlagen hat, schwappen auch heute noch an das Ufer unserer Moral.

Doch dieses Anliegen stand in starkem Kontrast zu den vorherrschenden moralischen Überzeugungen des Reichs, in das Jesus geboren wurde. Der Historiker Tom Holland erklärt das anhand von römischer Geschichte.

Den Göttern waren die Armen völlig egal

Im Jahr 337 n. Chr. ist der römische Kaiser Konstantin – völlig unerwartet– zum Christentum übergetreten. Trotz Verfolgung hatte sich das Christentum in den vorhergehenden drei Jahrhunderte im gesamten Reich ausgebreitet. Konstantins Bekehrung traf das Reich im Herzen. Doch sein Neffe Julian lehnte das Christentum ab, und als er im Jahr 361 Kaiser wurde, »machte er es zu seinem persönlichen Anliegen, diejenigen zurückzuholen, die ›die ewiglebenden Götter um der Leiche eines Juden willen verlassen haben‹«. Julian beschwerte sich in einem Brief an den Hohepriester von Galatien darüber, wie schlecht seine Lieblingsgöttin Kybele wegen ihres karitativen Versagens dastand: »Wie offensichtlich es für jeden ist, und wie beschämend, dass unser eigenes Volk keine Hilfe von uns bekommt, während kein Jude jemals betteln muss und die gotteslästerlichen Galiläer [d. h. Christen] helfen nicht nur ihren eigenen Armen, sondern auch unseren.«[50]

Julian versucht, seine Beschwerde mit der alten Religion zu begründen. Doch, wie Holland herausstellt, waren den griechischen und römischen Göttern »die Armen völlig egal«: »Die Helden der Ilias, Lieblinge der Götter, protzig und räuberisch, hatten für die Schwachen und Unterdrückten nur Verachtung übrig. Genauso ... die Philosophen. Die Hungernden verdienten kein Mitleid. Das Beste, was man mit Bettlern machen konnte, war sie zusammenzutreiben und zu deportieren.«[51]

Jesu radikale Lehren über Armut definierten den Status der

Bedürftigen neu. Seine Nachfolger kümmerten sich nicht nur um ihre eigenen Armen, sondern ebenso um die heidnischen Bettler. Holland kommt zu dem Schluss: »Der junge Kaiser, so aufrichtig sein Hass auf die ›galiläischen‹ Lehren auch war, beklagte deren Einfluss auf alles, was ihm lieb war, so sehr, dass er blind war für die Ironie seines Plans, gegen sie anzukämpfen: nämlich dass dieser Plan selbst zutiefst christlich war.«[52] Er verweist außerdem darauf, dass heute viele Menschen denselben Fehler begehen, den bereits Julian begangen hat: Sie sehen das Christentum als Feind ihrer tiefsten Überzeugungen von der Gleichheit aller Menschen und der Sorge um die Armen, ohne sich im Klaren darüber zu sein, dass genau diese Überzeugungen, wie Holland sagt, »zutiefst christlich« sind.

Komm nach Hause!

Wenn zur Zeit Jesu Prostituierte der Inbegriff sexueller Sünder waren, dann waren Zolleinnehmer der Inbegriff finanzieller Sünder. Jesus hatte eine magnetische Wirkung auf beide. Lukas berichtet uns, dass Zolleinnehmer und Sünder sich »in der Nähe von Jesus« aufhielten, die Pharisäer und Schriftgelehrten aber darüber die Nase rümpften: »Der nimmt Sünder auf und isst sogar mit ihnen« (Lukas 15,1–2). Jesus antwortete darauf:

> *Wenn jemand von euch hundert Schafe hat und eins davon sich verirrt, lässt er dann nicht die neunundneunzig in der Steppe weitergrasen und geht dem verlorenen nach, bis er es findet? Und wenn er es gefunden hat, trägt er es voller Freude auf seinen Schultern nach Hause. Dann ruft er seine Freunde und Nachbarn zusammen und sagt zu ihnen: ›Freut euch mit mir! Ich habe mein verlorenes Schaf wiedergefunden!‹ Ich sage euch: Im Himmel wird man sich genauso freuen. Die Freude über einen*

Sünder, der zu Gott umkehrt, ist größer als über neunundneunzig Gerechte, die es nicht nötig haben, umzukehren. (15,4–7)

Um das zu unterstreichen, lässt Jesus das sogenannte Gleichnis vom Verlorenen Sohn folgen. Er erzählt von einem jungen Mann, der seinen Vater um die Auszahlung seines Erbes bat, das Vaterhaus verließ und das Geld durch ein verschwenderisches Leben verprasste. Schließlich ging ihm das Geld aus. So musste er sich als Schweinehüter verdingen, wobei er sogar wünschte, das Schweinefutter zu essen. Das brachte ihn zur Vernunft, und er ging zurück nach Hause. Vielleicht, wenn er Glück hat, dachte er, würde ihn sein Vater ja als Haussklaven wieder aufnehmen. »So machte er sich auf den Weg zu seinem Vater. Er war noch weit entfernt, als der Vater ihn kommen sah. Das bewegte sein Herz, er lief seinem Sohn entgegen, fiel ihm um den Hals und küsste ihn« (15,20). Ja, der Vater hieß ihn ohne ein einziges verurteilendes Wort willkommen und schmiss sogar eine Party für seinen Sohn. Das ist das Bild, das Jesus uns davon zeichnet, wie sehr sich Gott danach sehnt, uns zurückzugewinnen, wie weit auch immer wir von ihm weggelaufen sind, wie viel Geld auch immer wir verprasst haben, wie viel Pornografie wir auch geschaut haben oder mit wie vielen Leuten wir schon geschlafen haben oder wie viele Lügen wir erzählt haben oder wie vielen Menschen wir nicht geholfen haben. Er will uns zurück.

Und nun?

Ich weiß nicht, wie es dir geht, wenn du Jesu Worte hörst. Vielleicht spürst du die Gerechtigkeit seiner Lehre über die Versorgung der Armen, aber dieses ganze Gerede über sexuelle Sünde ist deiner Meinung nach einfach nur verklemmt oder sogar schädlich. Oder vielleicht weißt du seine Worte über sexuelle Sünde zu schätzen, findest aber seine Gedanken zur Armenversorgung zu extrem. Vielleicht bist du ein Freund guter Familienpolitik, aber bedürftige Ausländer willkommen zu heißen oder Gefängnisinsassen zu besuchen klingt für dich nicht so vernünftig. So wie ein eckiger Pflock nicht in ein rundes Loch passt, so passt auch der Jesus der Evangelien nicht in unsere Schubladen. Doch seine Botschaft ist klar: Sünde jeder Art ebnet uns den Weg in die Hölle. Aber er wird uns fest in die Arme schließen, wenn wir zu ihm kommen und ihn um Hilfe bitten.

Meine neu gewonnene Freundin in Missouri hatte auf hilfreiche Weise das gezeichnet, was sie meinte, mich sagen gehört zu haben. Als Jesus lehrte, tat er das ebenfalls mit Bildern: Metaphern, Geschichten, Hyperbeln und Handlungen. Und seine Botschaft war genau die, die sie meinte gehört zu haben: Wir kommen alle in die Hölle, außer wir suchen unsere Zuflucht bei Jesus. Doch wenn wir das tun, wird uns alles vergeben, und er nimmt uns an. Jesus ist unser Rettungsring, unser Notausgang, unser Ausweg. Gleichzeitig ist er jedoch, wie wir in Kapitel 6 sehen werden, auch unser Ziel.

6

Jesus der Liebende

Yaa Gyasis Buch *Heimkehren* hat mich erschüttert. Es beginnt im 18. Jahrhundert in Ghana und verfolgt die Geschicke zweier Halbschwestern. Die eine blieb in Ghana und heiratete einen weißen Sklavenhändler aus England. Die andere wurde gefangen genommen und als Sklavin in die Vereinigten Staaten verschleppt. Das Buch erzählt abwechselnd die Geschichte ihrer Nachkommen – jeweils eine Generation auf jeder Seite – über acht Generationen hinweg. So sehen wir die entmenschlichenden Gräuel der Sklaverei und der darauffolgenden Rassentrennung. Wir sehen die ghanaische Stammeskultur und die Beeinflussung der Politik des Landes durch weiße Sklavenhändler. Wir sehen wie sich Hoffnungen und Ängste, Liebe und Verlust steigern und wieder verschwinden, während Gyasis Feder die Blutlinien nachzeichnet. Aber die Geschichte, die mich am meisten berührt hat, war die Geschichte von Ness.

Ness wurde in den Südstaaten Amerikas in die Sklaverei hineingeboren. Ihr Herr (»der Teufel«) wies ihr einen Ehemann zu. Dieser war gerade erst aus Afrika verschleppt worden und sprach kein Englisch, musste aber trotzdem einen englischen Namen tragen: Sam. In ihrer aufgezwungenen Ehe entwickeln Sam und Ness eine rührende, aufopfernde Liebe füreinander. Sie bekommen ein Baby und schmieden Fluchtpläne mit der Hilfe einer Frau, der sie einmal in der Schwarzenkirche begegneten, welche sie einmal im Jahr besuchen dürfen. Doch nach ein paar Tagen auf der Flucht Richtung Norden spürt Ness, dass der Teufel sie bald finden wird, und so übergibt sie ihr Baby dem Anführer der Flüchtlingsgruppe. Ness und Sam ergeben sich beide, um ihren Sohn zu retten. Sie werden gefangen genommen und zur Plantage zurückgebracht. Ness wird gnadenlos verprügelt. Dann heben die Folterer ihren gebeugten Kopf und zwingen sie mit anzusehen, wie ihr Mann gehängt wird.[53]

Diese Geschichte zerreißt das Drehbuch jeder modernen Romanze in der Luft. Während wir von romantischen Gefühlen getriebene Entscheidungen über alles stellen, wird Ness einem Mann zugewiesen, dem sie bisher nie begegnet ist – ja, dessen Worte sie zunächst nicht einmal versteht. Und dennoch wird ihre Liebe so real, dass Sam bereit ist, sein Leben hinzugeben, damit ihr Sohn entkommen kann.

In diesem Kapitel werden wir Jesus als dem Liebenden begegnen. Ähnlich wie bei Sam drückt sich seine Liebe nicht durch Blumen, Konfekt und romantischen Briefen aus. Sie wurde mit seinem Blut geschrieben. Und so wie Sam seine Frau und seinen Sohn auf unterschiedliche Weise geliebt hat, werden wir sehen, dass Jesus die wahre Quelle von verschiedenen Arten der Liebe ist: Zwischen Mann und Frau, zwischen Eltern und Kindern und zwischen Freunden.

Jesus der Bräutigam

Zurzeit lese ich Jane Austen mit meiner älteren Tochter Miranda. Ich habe den Fehler gemacht, ihr zu sagen, dass alle Romane von Jane Austen in einer Ehe münden. Das hat die ganze Spannung herausgenommen. Sie findet jetzt selbst schnell per Ausschlussverfahren heraus, wer wen heiraten wird. So kommen die Wendungen in den perfekten Handlungssträngen nicht zur Geltung. Austen erfand zwar romantische Geschichten für ihre Heldinnen, doch wählte sie für sich selbst das Ledigsein. Als sie 26 war, machte ihr ein 21-jähriger Freund der Familie einen Antrag. Den vorhandenen Darstellungen zufolge hat sie den Antrag zunächst angenommen. Doch nachdem sie darüber geschlafen hatte, entschied sie sich um. Sie starb im Alter von 41 Jahren in den Armen ihrer geliebten Schwester.

Wenn man das Markusevangelium zum ersten Mal und ohne Vorkenntnisse liest, stößt man im zweiten Kapitel auf eine Begebenheit, bei dem man sich fragen könnte, ob es nicht doch auch um eine Romanze geht. Nachdem Jesus dafür kritisiert wurde, dass er Zeit mit Sündern verbringt, wird er gefragt, warum seine Jünger nicht fasten. Er antwortet: »Können die Hochzeitsgäste denn fasten, wenn der Bräutigam noch bei ihnen ist? Nein, solange der Bräutigam da ist, können sie nicht fasten. Die Zeit kommt früh genug, dass der Bräutigam von ihnen weggenommen sein wird. Dann werden sie fasten« (Markus 2,19–20).

Diese Worte klingen nicht nach einem Happy End. Sie klingen eher nach *Romeo und Julia* als nach *Stolz und Vorurteil*. Und dennoch stellt sich Jesus hier als der Bräutigam vor. Wer ist also seine Braut? Im Markusevangelium sucht man vergeblich nach ihr. Wie Austen ist Jesus jung gestorben und hat nie geheiratet. Doch wenn man die Vorgeschichten zu den Evangelien liest, versteht man, was er meint.

Die alttestamentlichen Propheten – darunter die Propheten Jesaja, Jeremia, Hesekiel und Hosea – stellen Gott als einen liebenden, treuen Ehemann und Israel als oftmals untreue Ehefrau dar. Hosea wurde sogar berufen, eine untreue Frau zu heiraten als Bild der unaufhörlichen Liebe Gottes für Israel (Hosea 1,2–3; 3,1–5). Jesaja erklärt: »Denn dein Schöpfer ist dein Ehemann, es ist Jahwe, der Allmächtige« (Jesaja 54,5). Durch Jeremia sagt Gott zu seinem Volk: »Ich denke an deine Jugendtreue, an die Liebe deiner Brautzeit, wie du mir folgtest in der Wüste« (Jeremia 2,2). Doch dann klagt er es an: »Doch du hast viele Liebhaber gehabt! Und du willst zu mir zurück?« (3,1). Immer wieder wird Gottes Volk für schuldig befunden, andere Götter angebetet zu haben und ungerecht zu handeln: »Ja, an deinen Säumen findet sich das Lebensblut schuldloser Armer«, klagt Jeremia (2,34). »Wie eine Frau ihren Mann betrügt, so habt ihr mir die Treue gebrochen, Volk Israel« (3,20). Hesekiel stellt dieselbe Diagnose. Im Gegensatz zu den anderen Nationen durfte Gottes Volk keine Kinder opfern. Doch in seiner Anklage gegen den Götzendienst Jerusalems beschuldigt der Herr sie: »Dann nahmst du sogar deine Söhne und Töchter, die du mir geboren hattest, und hast sie geschlachtet, ihnen zum Fraß« (Hesekiel 16,20). Der geistliche Ehebruch des Volkes Gottes war chronisch und entwürdigend. Gott rief es so oft zu sich zurück. Aber die Ehe schien nie so ganz zu funktionieren.

Diesen Hintergrund erhellt das erste Wunder Jesu im Johannesevangelium. Jesus und seine Jünger waren auf eine Hochzeit eingeladen. Der Wein ging zur Neige, und Maria, Jesu Mutter, bat Jesus einzugreifen. Jesus verwandelte literweise Wasser in edlen Wein. Der Küchenchef vermutete, dass der Bräutigam, der ja normalerweise für die Getränke verantwortlich war, den besten Wein bis zum Schluss aufbewahrt hatte (Johannes 2,10). Und er hatte Recht. Er hatte sich nur in der Identität des Bräutigams geirrt. Wenn man bedenkt, wie viele Wunder Jesus getan hat, könnte es merkwürdig erscheinen, dass Johannes ausgerechnet dieses für uns festgehalten hat. Schließlich wurde ja niemand dort geheilt. Doch dadurch, dass er in die traditionelle Rolle des Bräutigams auf einer Hochzeit schlüpft, gibt Jesus uns einen flüchtigen Einblick darin, wer er wirklich ist.

Johannes der Täufer machte aus diesem Einblick ein bleibendes Bild. Als man Johannes darauf hinwies, dass Jesus mittlerweile eine größere Gefolgschaft hatte als er selbst, entgegnete er: »Wer die Braut bekommt, ist der Bräutigam. Der Freund des Bräutigams steht dabei und freut sich von Herzen, wenn er dessen Stimme hört. Das ist die Freude, die mich jetzt erfüllt. Er muss immer größer werden, ich dagegen geringer« (Johannes 3,29–30). Jesus ist der Bräutigam. Er ist gekommen, seinen Anspruch auf Gottes Volk zu erheben. Und das ändert alles.

Was ist das Original?

In *Harry Potter und die Heiligtümer des Todes* überlässt Professor Dumbledore Harry das Schwert von Gryffindor. Doch im weiteren Verlauf der Geschichte stellt sich heraus, dass eine Kopie des Schwertes im Tresorfach der psychopathischen Hexe Bellatrix LeStrange aufbewahrt wird. Das Original-Schwert hat die magischen Eigenschaften, die notwendig sind, um Teile von Lord Voldemorts Seele zu töten. Die Kopie hat diese Eigenschaften nicht.[54]

Wenn man in der Bibel zum ersten Mal auf die Ehe-Metapher stößt, kann man sie leicht so verstehen, dass die menschliche Ehe das Original ist, das dann einfach zur Veranschaulichung von Gottes treuer, großer Liebe zu uns verwendet wird. Doch wenn wir die Bibel genau lesen, finden wir eine Wahrheit, die unserer Intuition zuwiderläuft: Gottes Liebe für sein Volk ist das Original. Auch die größte menschliche Liebe ist bestenfalls eine Abbildung jener Liebe. Sie kann wunderschön sein, ganz sicher. Doch wie die Kopie von Gryffindors Schwert, hat sie nicht die entscheidende, das Böse tötende Kraft. Wenn wir also die menschliche Ehe mehr schätzen als die Liebe Jesu, werden wir enttäuscht. Doch wenn wir Jesu Liebe über alles andere schätzen, erfahren wir, dass sie die Kraft hat, unsere Schwachheit in eine Kraft zu verwandeln, die dem Tod trotzt. Gegen Ende des Harry-Potter-Bandes widersetzt sich der unglückselige Neville Longbottom Voldemort. Er hat nicht den Hauch einer Chance, diesen viel mächtigeren Zauberer zu besiegen – bis das Schwert von Gryffindor erscheint. Ähnlich wie die Kraft der Liebe Jesu: Einer Liebe, die das Böse besiegt und uns dem Tod entreißt. Doch wenn wir uns an diese Liebe klammern, hilft sie uns auch, hier und jetzt selbst in der Liebe zu leben.

So tief wie die Tresore in Gringotts Bank liegt auch in jedem von uns die Sehnsucht, gekannt und geliebt zu werden. Doch Jesus ist der Einzige, der dieses Bedürfnis stillen kann. Er kennt jedes Haar auf unserem Kopf, jede Angst in unserem Herzen, jedes Wort und jede Tat: ob gut oder böse, ob grausam oder freundlich. Er kennt die Sachen, die wir anderen gerne zeigen würden, und die, die wir unbedingt verbergen wollen. Er weiß das alles, und dennoch liebt er dich so sehr, dass er gekommen ist, um für dich zu sterben. Nicht einfach nur für *Menschen im Allgemeinen*, sondern für *dich*. Ich weiß nicht, wie du heißt. Aber Jesus schon. Ich kenne deine Hoffnungen, Ängste, Schmerzen und Träume nicht. Aber Jesus schon. Wie ein Bräutigam, der auf seine Braut wartet, sehnt er sich nach dir.

Wenn wir begriffen haben, dass Jesu Liebe zu uns das Original ist, hilft uns das zu verstehen, warum wir dieses tiefe Verlangen nach sexueller und romantischer Liebe haben und warum sie uns dennoch kaum befriedigt. Dieses Verlangen kann sich unterschiedlich äußern: Bei manchen durch grenzenlose sexuelle Begierde – die Anziehungskraft von Tinder, Pornografie, One-Night-Stands, Affären oder auch einer ganzen Reihe von Beziehungen. Bei anderen ist es ein Sehnen nach starker emotionaler Bindung – nach diesem Menschen, dem wir uns voll und ganz hingeben können, der uns in- und auswendig kennt, der jede unserer Hoffnungen und Träume mit uns teilt. Die moderne westliche Kultur hat neue Wege gefunden, die romantische Liebe mehr als je zuvor zu vergöttern, aber ihren reißenden Sog hat man schon immer und in allen Kulturen gespürt.

»Doch still, was schimmert durch das Fenster dort?«, fragt Shakespeares Romeo. »Es ist der Ost, und Julia die Sonne!«[55] Dieses Gefühl, wenn der Morgen graut und alles um uns herum sich verändert, dieses Gefühl eines starken Brennens, dieses Verlangen, in die Sonne zu sehen, obwohl wir wissen, dass das die Augen schmerzen lässt und ihr Bild nachbleibt, auch wenn sie geschlossen sind – so fühlt sich der junge Romeo, wenn er Julia erblickt. Doch auch wenn wir sehen, wie er sich selbst umbringt, um im Tod mit seiner Frau zu sein, wissen wir, dass solch eine sengende Intensität nicht bleibt. Und wenn die Post nicht zu langsam gewesen wäre und *Romeo und Julia* ein Happy End hätte? Wenn Shakespeare eine Fortsetzung geschrieben hätte, hätten wir vielleicht gesehen, wie dieses Paar selbst dann in der gegenseitigen Treue wächst, wenn der Rausch des Verliebtseins nachlässt. Vielleicht hätten wir es aber auch nicht gesehen. Als Romeo Julia zum ersten Mal sieht, fragt er:

Liebt' ich wohl je? Nein, schwör' es ab, Gesicht!
Du sahst bis jetzt noch wahre Schönheit nicht.[56]

Doch nur wenige Stunden zuvor schmachtete er noch nach einem anderen Mädchen. Seiner bisherigen Geschichte nach zu urteilen hätte er nach einiger Zeit wohl auch eine andere Frau schön gefunden. Ja, die Wahrheit ist: Keine Art von menschlicher Liebe kann uns so lange in den Bann ziehen wie die überwältigende Kraft der Sonne. Aber dazu ist sie ja auch nicht da.

Versteh' mich nicht falsch: Gott hat romantische Liebe erschaffen, um die intensive, brennende, ewige, aufopfernde Liebe darzustellen, die Jesus für uns hat. Auch gute Kopien sind wertvoll, obwohl sie nicht das Meisterstück sind. Und Jesu Liebe hält nicht nur die Leidenschaft aufrecht, die bei menschlicher Liebe meist verblasst; sie behält auch die Tiefe, wo wir Menschen zeitlebens nur an der Oberfläche bleiben.

Letzte Woche war ich noch dabei, die 50-prozentige Wahrscheinlichkeit, Krebs zu haben, zu verarbeiten. Ich redete mit meinem Mann über meine Ängste davor, dass die Behandlung des Krebses meinen Körper genauso auszehren könnte wie die Krankheit selbst. Ich habe ihn nicht gefragt: »Würdest du mich immer noch lieben, wenn …?«, aber er hat diese Frage schon wahrgenommen und dann selbst angesprochen und mir versichert, dass er mich weiter lieben würde, egal was passiert. Und ich glaubte ihm das. Unser Aussehen mag anfänglich vielleicht Liebesgefühle auslösen, aber die beste Liebe gräbt sich so tief ein, bis sie von innen nach außen geht. Jesus aber sieht zuerst unser Inneres. Er sieht tief in uns hinein und liebt uns dennoch, wie nicht-liebenswert wir uns auch manchmal vorkommen. Er wird aber von seiner Liebe nicht geblendet, wie das bei uns manchmal der Fall ist. Er sieht unsere Fehler und Lügen und die ganze Hässlichkeit unserer engherzigen Moral. Doch genauso wie die Liebe meines Mannes nicht von meinem Krebs aufgehalten werden konnte, kann Jesu Liebe nicht von unserer Sünde aufgehalten werden. Ob wir alleinstehend oder verheiratet, verwitwet oder geschieden, romantisch erfüllt oder romantisch enttäuscht sind, wir bekommen den besten Blick auf die menschliche Ehe, wenn wir sie als Kopie eines Originals sehen – als Kopie der Liebe, die wahrhaft bis in Ewigkeit brennt. Und wenn wir dieses Meisterwerk an die erste Stelle setzen, dann werden wir auch anfangen, die Grenzen zu verstehen, die die Bibel um die Sexualität zieht.

Warum hat die Bibel so eine seltsame Sicht auf Sex?

Mein Lieblingsprofessor in meinem Bachelor-Studium war für seine provokante Art bekannt. Er rauchte während des Unterrichts pausenlos und machte sich über mich lustig, weil ich sexuell komplett unerfahren war. Er selbst war schwul und eifrig darauf bedacht, uns alle möglichen Literaturgattungen zu zeigen, und so nahm er auch komödienartige schwule

Kurzgeschichten aus dem alten Rom in unsere Pflichtlektüren auf. So erfuhr ich zum ersten Mal etwas über das bunte Sexleben reicher Männer im alten Rom. Wir haben in Kapitel 5 gesehen, dass Jesus harte Dinge über Sex lehrte. Er verurteilte nicht nur Ehebruch, sondern auch alle anderen Formen von Sex außerhalb der Ehe zwischen Mann und Frau. Für Griechen und Römer waren viele Formen von Sex völlig in Ordnung: von Praktiken, die unsere Kultur verurteilt, wie Kindesmissbrauch oder Sex mit den eigenen Haussklaven, bis hin zu Praktiken, die in unserer Kultur bejaht werden, wie mehrere Partner beiderlei Geschlechts zu haben oder in verbindlichen gleichgeschlechtlichen Beziehungen zu leben.

Natürlich war diese sexuelle Freiheit nur reichen Männern vorbehalten. Von den meisten Frauen wurde erwartet, dass sie keusch waren – außer sie waren Sklavinnen oder Prostituierte. Reiche Männer hingegen durften mit vielen anderen schlafen. Gleichgeschlechtliche Beziehungen waren manchmal verpönt, aber dennoch akzeptiert. Der römische Geschichtsschreiber Sueton merkte einmal an, dass Kaiser Claudius (der im Jahrzehnt nach Jesu Tod an der Macht war) »in seiner Leidenschaft für Frauen kein Maß kannte, doch gänzlich frei war von unnatürlichen Lastern«.[57] Damit meinte er, dass Claudius nicht mit Männern schlief. Doch die Tatsache, dass das überhaupt erwähnenswert war, zeigt schon, wie normal gleichgeschlechtliche Beziehungen waren. In der griechisch-römischen Kultur drehte sich die Frage nicht darum, ob dein Partner männlich oder weiblich war, sondern ob man dabei die aktive oder die passive Rolle einnahm. Mit Sex machte man seinen Status geltend, und penetriert zu werden, bedeutete, dass man unterlegen war. Doch Jesus hatte eine ganz andere Sicht: Statt dass man mit Sex seine Macht *über* eine Person ausübte, sagt Jesus, dass Sex zum Einssein *mit* einer anderen Person führt.

Eines Tages, als die Pharisäer versuchten Jesus aus seinen Worten einen Strick zu drehen, fragten sie: »Darf ein Mann aus jedem beliebigen Grund seine Frau aus der Ehe entlassen?« (Matthäus 19,3). Manche jüdischen Rabbiner ließen damals Scheidungen aus jedem Grund zu, andere nur im Fall von Ehebruch. Die lockerere Sicht machte es Männern leicht, ihre Frauen nach Lust und Laune zu verlassen, und die Frauen blieben als Opfer zurück.

> *»Habt ihr nie gelesen«, erwiderte Jesus, »dass Gott die Menschen von Anfang an als Mann und Frau geschaffen hat? Und dass er dann sagte: ›Deshalb wird ein Mann seinen Vater und seine Mutter verlassen und sich an seine Frau binden, und die zwei werden völlig eins sein.‹? Sie sind also nicht mehr zwei, sondern eins. Und was Gott so zusammengefügt hat, sollen Menschen nicht scheiden!«* (Matthäus 19,4–6)

Jesus ging ganz zurück an den Anfang der Bibel, als Gott uns erschaffen hat – »als Mann und Frau« – als sein Ebenbild (1. Mose 1,27). Das sind die ersten Worte, die die Bibel über den Menschen sagt. Es sind gleichzeitig die ersten Planken im Floß der Gleichheit des Menschen. Wir sehen die Gleichheit von Männern und Frauen meist als eine Selbstverständlichkeit an. Das ist sie aber nicht. Sie begann als jüdisch-christliche Überzeugung.

Jesus verbindet Gottes Erschaffung von Mann und Frau in 1. Mose 1 mit einem Schlüsselvers in 1. Mose 2. Gott erschafft den Mann zuerst, sagt dann aber: »Es ist nicht gut, dass der Mensch so allein ist. Ich will ihm eine Hilfe machen, die ihm genau entspricht« (2,18). Diese Rolle ist keineswegs minderwertig. Im übrigen Alten Testament wird Gott selbst am häufigsten als »Hilfe« bezeichnet. Die Erschaffung der Frau ist auch nicht bloß ein späterer Einfall. In 1. Mose 1 wird der Mensch bereits angewiesen: »Seid fruchtbar und vermehrt euch! Füllt die Erde und macht sie euch untertan« (1,28). Es ist dem Mann buchstäblich unmöglich, diese Mission ohne die Frau zu erfüllen!

Gleich nachdem Gott sagt, dass er eine Hilfe erschaffen wird, bringt er die Tiere zum Mann, damit er ihnen Namen gibt. Doch kein Tier ist eine geeignete Hilfe für den Mann (2,20). Gott findet das nicht durch Experimentieren heraus. (Vielleicht ein Orang-Utan? Nein. Dann vielleicht ein Schimpanse? Auch nicht.) Gott hatte die Tiere bereits erschaffen, bevor er sagte, er würde dem Mann eine Hilfe erschaffen. Dadurch, dass die Tiere dem Mann vorgeführt werden, wird betont, wie sehr sich die Frau von ihnen unterscheidet. Sie gleicht keinem der Tiere, sondern dem Mann. Um das wiederum zu unterstreichen, sagt uns der Text, dass Gott den Mann einen tiefen Schlaf überkommen lässt, einen Teil aus seiner Seite nimmt – fast so, als wenn man einen Ableger von einer Pflanze nimmt – und die Frau erschafft. Als der Mann sie sieht, ruft er aus:

> *Diesmal ist sie es! Sie ist genau wie ich, und sie gehört zu mir, sie ist ein Stück von mir! Sie soll Isch-scha heißen, Frau, denn sie kam vom Isch, dem Mann.«* (1. Mose 2,23)

So ähnlich wie im Englischen enthält das hebräische Wort für Frau (*wo*man bzw. Isch-*scha*) das Wort für Mann (*man* bzw. *isch*). Die ersten Worte, die Gott in der Bibel über Menschen spricht, waren die, dass er sie – Mann und Frau – als sein Ebenbild erschaffen würde. Die ersten Worte, die ein Mensch in der Bibel spricht, zelebrieren die Beziehung zwischen Mann und Frau. Auf diese Worte hin folgt der Vers, den Jesus in seiner Antwort an die Pharisäer zitiert: »Aus diesem Grund verlässt ein Mann seinen Vater und seine Mutter, verbindet sich mit seiner Frau und wird völlig eins mit ihr« (1. Mose 2,24).

Mann und Frau sind von derselben Art. Die Ehe ist in einem gewissen Sinn also eine Wiedervereinigung, da Mann und Frau »ein Fleisch« werden. Falls wir uns fragen, welche Rolle

Sex in dem Ganzen spielt, schließt die Erzählung: »Der Mann und seine Frau waren nackt, aber sie schämten sich nicht voreinander« (2,25). Das ist das Bild, auf das Jesus deutet, als man ihn zum Thema Scheidung befragt. Wenn ein Mann und eine Frau »nicht mehr zwei, sondern eins« sind, wenn Gott selbst sie zusammengefügt hat, wer sind wir dann, sie wieder auseinanderzureißen? Und dennoch tun wir es.

Chimamanda Ngozi Adichies packende Kurzgeschichte *Zikora* beginnt mit einer Frau, die in den Wehen liegt. Im Verlauf der Geschichte und der Geburt sehen wir, wie Zikora dem Vater des Kinds eine Nachricht schreibt. Er war ihr langjähriger Partner, der sie verließ, als sie seinen Vorschlag ablehnte – nicht den Vorschlag zu heiraten, sondern das Kind abzutreiben. »Ich kümmere mich um alles«, hatte er gesagt.[58] Sie hatte ihm gesagt, dass sie nicht mehr verhüten würde, und dachte, er wäre auch dafür. Aber dann sagte er, sie hätten einander missverstanden:

> *»Kwame«, sagte ich schließlich als Bitte und Gebet, sah ihn an, voller Liebe. Unsere Unterhaltung fühlte sich so jugendlich an; eine surreale Wolke hing über uns. Ich wollte sagen: »Ich bin 39 und du 37, wir haben eine feste Arbeit, ich habe einen Schlüssel zu deiner Wohnung, deine Kleider sind in meinem Schrank, und ich weiß nicht, worüber wir jetzt reden sollten, aber hierüber nicht.«*[59]

Wir erfahren später, dass Zikora mit 19 schon abgetrieben hatte. Sie war schwanger von einem Typen, den sie am College kennengelernt hatte. »Verbindlichkeit ist nichts für mich«, hatte er gesagt, »aber ich habe nicht zugehört«, erinnert sich Zikora: »Ich habe gehört, was ich hören wollte: So was wie Verbindlichkeit war *noch* nichts für ihn.«[60] Im ersten Jahrhundert führten Armut und Vaterlosigkeit oft dazu, dass Kleinkinder zum Sterben ausgesetzt wurden. Heute sind das die beiden

Hauptgründe für Abtreibung – was oft weniger die Blüte des sogenannten Wahlrechts einer Frau ist, sondern vielmehr die bittere Frucht, die Frauen serviert wird, die nach ihrem eigenen Empfinden keine Wahl mehr haben.[61]

In mancher Hinsicht ist das Auseinanderreißen von Sex und Ehe, die wir im Westen des 21. Jahrhunderts erleben, nichts Neues. Irgendeine Form von unverbindlichem Sex für Männer ist ein Kennzeichen der meisten Gesellschaften in der Geschichte gewesen, und Frauen haben die Folgen davon getragen: im Sozialen, Emotionalen und Körperlichen. Doch Jesus weist Sex seinen Platz zu: in der Ein-Fleisch-Verbindung einer Ehe zwischen einem Mann und einer Frau: Und er verleiht dem Ganzen eine geistliche Bedeutung. Das erklärt auch seine harten Worte zum Thema Ehebruch und zu anderen Formen sexueller Unmoral. Sex ist nicht nur ein lustvoller Akt. Er ist nicht einmal bloß ein Mittel, um Kinder zu bekommen. Er ist Ausdruck einer Ein-Fleisch-Einheit, die Gott geschaffen hat, um Jesu Liebe zu uns zu versinnbildlichen.

Die Pharisäer fragen Jesus: »Warum hat Mose aber dann gesagt, dass man der Frau einen Scheidebrief ausstellen soll, bevor man sie wegschickt?« (Matthäus 19,7). Jesus antwortet: »Nur, weil ihr so harte Herzen habt, hat Mose euch erlaubt, eure Frauen wegzuschicken. Von Anfang an ist das aber nicht so gewesen. Doch ich sage euch: Wer sich von seiner Frau trennt und eine andere heiratet – es sei denn, sie ist ihm sexuell untreu geworden –, begeht Ehebruch. Auch wer eine Geschiedene heiratet, begeht Ehebruch.« (19,8–9). Diese Lehre bewahrte Frauen und Kinder vor dem Verlassenwerden. Sie stellt die Ehe als dauerhaft verbindliche Beziehung dar, die nur durch Ehebruch beendet werden kann. Wie sonst auch nimmt Jesus das, was das alttestamentliche Gesetz über Sexualethik sagte, und verschärft es noch. Sogar seine eigenen Jünger sind entsetzt (19,10). Warum ist Jesus – der selbst nie geheiratet hat – beim Thema Ehe so kompromisslos? Weil sie ein Bild für seine eigene Liebe zu seiner Gemeinde ist.

Immer wenn mich Leute fragen, warum wir Christen eine so seltsame Sicht auf Sex haben, weise ich zuerst darauf hin, dass wir noch komischer sind, als sie denken. Der zentrale Grund dafür, dass Christen glauben, dass Sex nur in die dauerhafte Bindung einer Ehe zwischen einem Mann und einer Frau gehört, ist der, dass sie Jesu Liebe für seine Gemeinde darstellt, eine Liebe, in der aus zwei eins – ein Fleisch – wird. Es ist eine Liebe, die über Gleichheit und radikalen Unterschied hinweg verbindet: die Gleichheit der Menschlichkeit, die uns gemein ist, und der radikalen Unterschiedlichkeit von Jesus und uns. Es ist eine Liebe, in der Ehemänner aufgefordert werden, ihre Frauen nicht auszubeuten, zu missbrauchen oder zu verlassen, sondern sie zu lieben und sich für sie aufzuopfern, wie Jesus es für uns tat. In Adichies Geschichte hat Zikoras früherer Freund oft »mit einem Rhythmus in seiner Stimme wie in einem Rap-Song ›Verbindlichkeit ist nichts für mich‹« gesagt.[62] Mit demselben gleichbleibenden Rhythmus in seinem Lehren, Leben und Sterben sagt Jesus zu uns: »Für mich schon.«

Aber ist es nicht ungerecht, dass Gott die Ehe auf einen Mann und eine Frau beschränkt? Ist gleichgeschlechtliche Liebe nicht genauso kostbar, tief und bleibend? Die Bibel beantwortet, vielleicht überraschend, die erste Frage mit »Nein« und die zweite mit »Ja«.

Keine größere Liebe

In *Harry Potter und die Heiligtümer des Todes* muss Harry eine schreckliche Entscheidung treffen. Voldemort hat ein Ultimatum gestellt: Wenn Harry nicht in einer Stunde in den Verbotenen Wald kommt, wird er Harrys Freunde mit allen verfügbaren Kräften angreifen. Harry könnte dem entkommen und seine Freunde Lord Voldemorts Attacke überlassen. Tut er aber nicht. Stattdessen läuft er bewusst in den Tod. Doch als Voldemort den Todesfluch auf Harry anwendet, tötet das nur den Teil von Voldemorts eigener Seele, der sich in Harry festgesetzt hat, als Voldemort Harrys Mutter ermordete. Das Liebesopfer seiner Mutter hat Harry seitdem beschützt. Jetzt kann Harrys Opfer dasselbe tun. Als er Voldemort wieder trifft, haben sie diesen Wortwechsel:

> *»Du wirst nicht in der Lage sein, je wieder irgendeinen von ihnen zu töten. Begreifst du es nicht? Ich war bereit zu sterben, um dich daran zu hindern, diesen Menschen etwas anzutun« –*
> *»Aber du bist nicht gestorben!«*
> *»– ich wollte es, und das war entscheidend. Ich habe getan, was meine Mutter getan hat. Sie sind vor dir geschützt.«*[63]

Harry lebte, weil seine Mutter für ihn starb. Jetzt laufen Voldemorts Angriffe auf Harrys Freunde ins Leere, weil Harry sich entschieden hat, für sie zu sterben.

Wenn man bedenkt, wie hoch Jesu Sicht von Ehe war, könnte man meinen, dass er sagen würde, sie sei die höchste Form der menschlichen Liebe. Doch in der Nacht seiner Verhaftung richtete er diese erstaunlichen Worte an seine Jünger: »Meine Weisung lautet: ›Liebt einander so, wie ich euch geliebt habe! Die größte Liebe beweist der, der sein Leben für seine Freunde hingibt‹« (Johannes 15,12–13). Für Jesus ist Freundschaft keine billige Kopie von romantischer Liebe. Nein. Die aufopfernde Freundesliebe, die Harry gezeigt hat, ist genauso großartig wie sexuelle und romantische Liebe. Und Jesus hat nicht nur so geredet; er hat es auch gelebt.

Der Autor des Johannesevangeliums bezeichnet sich selbst als den Jünger, »den Jesus besonders liebhatte« (Johannes 21,20). Diese Wortwahl hat manche zu der Behauptung veranlasst, dass Jesus ein romantisches Verhältnis mit diesem Mann hatte. Doch diese Hypothese fällt in sich zusammen, wenn wir das Johannesevangelium als Ganzes lesen. Als zwei Freundinnen von Jesus – Maria und Martha – ihm die Botschaft zukommen lassen, »Herr, der, den du liebst, ist krank« (11,3), sprechen sie von ihrem Bruder Lazarus. Außerdem betont Johannes dann Jesu Liebe für alle der Geschwister: »Jesus hatte Marta, ihre Schwester und Lazarus sehr lieb« (11,5). Jesu Liebe hörte nicht bei seinen männlichen Jüngern auf, sondern galt auch seinen weiblichen. Später im Johannesevangelium, wenn Jesus sagt, »Die größte Liebe beweist der, der sein Leben für seine Freunde hingibt«, fährt er fort: »Und ihr seid meine Freunde, wenn ihr meinen Anweisungen folgt« (15,13–14). Diese starke, sich selbst aufopfernde Liebe, diese Liebe, die größer ist als alle anderen Formen der Liebe, ist eine Liebe, die Jesus für *alle* seine Nachfolger hat und die er seinen Nachfolgern aufträgt, sie untereinander zu haben.

»Ich gebe euch jetzt ein neues Gebot«, sagte Jesus: »Liebt einander! Genauso wie ich euch geliebt habe, sollt ihr einander lieben! An eurer Liebe zueinander werden alle erkennen, dass ihr meine Jünger seid« (13,34–35). Jesu Liebe bringt Liebe in seinen Jüngern hervor. Keine vage Sentimentalität oder warmen Gefühle – kein erotisches Verlangen und keine berauschende Romanze – sondern tiefe, lebensbringende, nicht-exklusive, aufopfernde Liebe. Wie Glühwürmchen, die in der Dunkelheit leuchten, sollen Jesu Jünger seine lebensverändernde Liebe ausstrahlen. Für Christen gehört sexuelle Liebe in eine dauerhafte, exklusive Ehe zwischen einem Mann und einer Frau. Aber das bedeutet nicht, dass freundschaftliche Liebe zwischen Menschen desselben Geschlechts minderwertig ist. Vielmehr, so Jesus, kann Freundesliebe genauso großartig sein wie jede andere.

Diese Wahrheit bedeutet mir sehr viel. Als ich Teenagerin war, waren die Wände meines Zimmers nicht mit Bildern von

Boybands zugedeckt. Stattdessen war mein Herz zugedeckt mit hoffnungslosem Sehnen nach verschiedenen Mädchen. Ich dachte, ich wachse da vielleicht heraus. Tat ich aber nicht. So wie jeder Christ (ob alleinstehend oder verheiratet) es tun muss, was auch immer er für eine Anziehung verspürt, habe ich meine Sexualität Jesus anvertraut. Dennoch: Ich bin zwar mit einem Mann verheiratet, den ich wirklich liebe, doch wird da immer ein Teil von mir sein, der manchmal nach etwas anderem verlangt. Es wird immer ein Stück meiner selbst geben, das ich schlichtweg dahingeben muss. Romantische und erotische gleichgeschlechtliche Liebe ist nicht das, wozu Jesus mich beruft. Doch anstatt mir etwas vorzuenthalten, das so gut aussieht, gibt er mir etwas Besseres: Erstens seine eigene uneingeschränkte Liebe, die jede bloß menschliche Romanze in den Schatten stellt, und zweitens liebevolle freundschaftliche Gemeinschaft mit anderen Frauen.

Ich weiß nicht, was du hiervon hältst. Vielleicht bemitleidest du mich. (Falls es so ist, so muss das gar nicht sein. Ich bin wirklich sehr glücklich!) Vielleicht denkst du, dass meine Ansichten gefährlich sind oder dass ich einfach mein wahres Ich unterdrücke. Zu einem gewissen Grad tue ich das ja auch. Jesus sagt, dass wir uns selbst verleugnen *müssen*, sonst können wir ihm nicht nachfolgen. Er sagt aber auch: Wer sein Leben retten will, wird es verlieren, doch wer sein Leben verliert um seinetwillen, wird es finden (siehe Matthäus 16,24–25). Und wenn ich echte freundschaftliche Liebe bei Glaubensschwestern finde, die mich kennen und mich tragen und sich an mir freuen – trotz meiner Angst, dass ich einmal durchschaut und nicht geliebt sein werde – dann fühlt sich das an, als ob ich das Leben gefunden habe, so, wie Jesus es gesagt hat. Und selbst wenn das nicht so ist, in den Momenten, in denen ich den Verlust spüre, die Trauer über etwas, das ich nie haben werde, das Sehnen nach einer besonderen Zuneigung, die nicht mit freundschaftlicher Liebe zusammenpasst, dann gibt mir das eine noch größere Sehnsucht nach Jesus. Wir müssen verstehen: Der christliche Glaube ist nicht gedacht für Leute, die vollkommen zufrieden sind. Er ist nichts für Leute, die im Hier und Jetzt bereits alles bekommen, was immer sie haben wollten. Er ist für die Hungrigen und die Kranken, die Sehnsüchtigen und die Einsamen, die Trauernden und die Gescheiterten – für diejenigen, die wissen, dass sie für mehr geschaffen sind – weil der Bräutigam Jesus noch auf seine Braut wartet.

Ein Freund der Sünder

Vielleicht denkst du, dass Jesus, weil er ja eine so hohe Sicht von Freundschaft hatte, *sehr* vorsichtig in der Wahl seiner Freunde gewesen sein muss. Schließlich will man nicht für *irgendjemanden* sterben. Man würde dann die Gewissheit haben wollen, dass sie außergewöhnlich gut sind: dass sie es wert sind. Doch Jesus hat das Gegenteil getan: Er war »ein Freund von Zöllnern und Sündern« (Lukas 7,34). Selbst seine engsten Jünger waren ein Haufen moralischer Versager. Gleich nachdem Jesus ihnen das Liebesgebot gab, behauptete Petrus, dass er für Jesus sterben würde (Johannes 13,34–37). Doch Jesus wusste es besser: »Dein Leben willst du für mich lassen?«, entgegnete er. »Ja, ich versichere dir: Noch bevor der Hahn kräht, wirst du mich dreimal verleugnen« (13,38). In Markus' Bericht, der ja auf Petrus' Zeugnis beruht, behauptet Petrus, er würde bei Jesus bleiben, auch wenn alle anderen ihn im Stich lassen (Markus 14,29). Doch Jesus behielt recht. Noch in derselben Nacht sagte Petrus dreimal, dass er Jesus nicht einmal kannte.

Als sie nach seiner Auferstehung wieder zusammen waren, fragte Jesus Petrus: »Simon, Johannes-Sohn, liebst du mich mehr als die anderen hier?« – »Gewiss, Herr«, antwortete Petrus, »du weißt, dass ich dich liebhabe.« – »Dann weide meine Lämmer!« sagte Jesus (Johannes 21,15). Dann fragte

Jesus ihn nochmal: »Simon, Johannes-Sohn, liebst du mich?« – »Ja, Herr«, antwortete Petrus, »du weißt, dass ich dich liebhabe.« – »Dann hüte meine Schafe!«, sagte Jesus (21,16). Dann fragte Jesus ein drittes Mal: »Simon, Johannes-Sohn, hast du mich lieb?« Petrus wurde traurig, weil Jesus ihn zum dritten Mal fragte, ob er ihn liebhabe, und sagte: »Herr, du weißt alles. Du weißt, dass ich dich liebhabe.« (21,17). Petrus' dreimalige Beteuerung seiner Liebe für Jesus spiegelt die drei Male wider, in denen er leugnete, Jesus überhaupt zu kennen. Als es hart auf hart kam, gab Petrus nicht sein Leben für Jesus hin. Doch Jesus gab sein Leben für Petrus hin. Und dann machte Jesus ihn – trotz seines völligen Versagens – zu einem der wichtigsten Anführer in seiner Gemeinde. Jesus ist durch und durch ein Freund der Sünder. Seine Liebe für dich und mich wird nicht nachlassen.

Und nun?

In Yaa Gyasis Buch *Heimkehr* wird Ness gezwungen, zuzusehen, wie ihr Mann Sam gelyncht wird. Der Schrecken dieser Szene sagt viel über das Böse in ihrem Herrn aus und über das System, das es ihm ermöglicht hat, jemanden zu töten, den er zuvor versklavt hatte. Doch er sagt auch viel aus über Sams unerschrockene Liebe zu Ness und ihrem gemeinsamen Sohn. Um ihr Baby zu beschützen, sprang er von dem Baum herunter, auf dem er sich versteckt hatte, und begab sich in die Hände des »Teufels«. Er wusste, dass ihm wegen seines Fluchtversuchs ein brutaler Tod bevorstehen würde. Doch er war bereit, aus Liebe dieses Schicksal auf sich zu nehmen.

In Jesus sehen wir eine so unerschütterliche Liebe, dass sie ihn an unserer Stelle in den allerschmerzhaftesten Tod treibt. Wir sehen eine Liebe, die alle möglichen Sünder aufgabelt: Zöllner, Prostituierte, angebliche Freunde (die ihn dann im

Stich lassen), entehrte Frauen, religiöse Eiferer und römische Soldaten. In Jesus sehen wir den Bräutigam, der seinem Volk ewige Liebe und Treue schwört und das mit seinem Blut beweist; und wir sehen den Freund, der uns aufruft, einander so zu lieben, wie er uns geliebt hat. In einem alttestamentlichen Buch mit dem Namen *Das Hohelied der Liebe*, in dem romantische Liebe gefeiert wird, erklärt die Frau im Zentrum des Dramas:

> *Stark wie der Tod ist die Liebe, hart wie das Totenreich die Leidenschaft. Feuerglut ist ihre Glut, eine Flamme Jahwes. Wassermassen können die Liebe nicht löschen, Ströme schwemmen sie nicht fort. Gäbe jemand seinen ganzen Besitz für die Liebe, man würde ihn nur verachten.* (Hohelied 8,6–7)

Das ist die Art von Liebe, die Jesus uns anbietet. Ich will diese Liebe von ganzem Herzen. Du auch?

7

Jesus der Diener

Als Maximus zum ersten Mal in der Arena auf Commodus trifft, geht er auf die Knie. Es sieht aus wie ein Akt der Unterwerfung in der Gegenwart des Kaisers. Doch dann sehen wir, wie Maximus' Hand im Staub sich unmerklich um eine halb vergrabene Pfeilspitze schließt. Er ist bereit, den Mann zu töten, der seine Familie gekreuzigt hat – bis Commodus' junger Neffe nach vorne rennt und sich vor den Kaiser stellt. Commodus lobt Maximus und fragt nach seinem Namen. »Mein Name ist Gladiator«, erwidert Maximus und dreht sich um, um wegzugehen. »Wie kannst du es wagen, mir deinen Rücken zuzukehren? – Sklave!«, antwortet Commodus. »Du wirst deinen Helm abnehmen und mir deinen Namen sagen!«[64]

Wir haben bereits gesehen, wie die Evangelien Jesus als den ewigen Gott und König darstellen. Wir haben ihn als den mächtigen Heilenden, Leben verändernden Lehrer und unfassbar treuen Liebenden gesehen. Doch finden wir in den Evangelien einen weiteren Titel für diesen unergründlichen Mann, eine Rolle, die angesichts der anderen Bezeichnungen aus der Reihe fällt: Jesus der Diener. Oder, um es mit Commodus' Worten zu sagen: der Sklave. In diesem Kapitel werden wir diesem Thema nachgehen und dabei sehen, wie Jesu Dienersein ein Teil davon ist, wie er das Böse besiegt und die Denkmuster auf den Kopf stellt, die wir zu kennen meinten.

Siehe, ich bin der Diener des Herrn

Am Anfang der Harry-Potter-Reihe findet Harry einen Weg, den Hauselfen Dobby zu befreien. Wenn Hauselfen von ihren Herrn Kleidungsstücke bekommen, werden sie automatisch frei. So versteckt Harry eine Socke in einem Buch, das er dann Dobbys grausamem Herrn Lucius Malfoy gibt. Malfoy reicht es dann Dobby. Ab diesem Moment ist Dobby frei.[65] Doch er ist so unglaublich dankbar, dass er Harry auf jede erdenkliche Weise dienen möchte. Dobbys letzter Dienst besteht darin, dass er Harry das Leben rettet, indem er ihm und seine Freunden hilft, aus Malfoy Manor zu entkommen. Die böse Bellatrix Lestrange ruft: »Wie kannst du es wagen, deinem Herren zu trotzen?«. Doch Dobby quiekt entschlossen: »Dobby hat keinen Herrn! ... Dobby ist ein freier Elf, und Dobby ist gekommen, um Harry Potter und seine Freunde zu retten!« Das tut er dann und stirbt dabei. Seine letzten Worte, als er Harry in die Augen schaut, sind: »Harry ... Potter ...«.[66]

Vor Jesu Geburt hatten die Juden jahrhundertelang auf den Auszug aus Ägypten als ihren großen Befreiungsmoment zurückgeblickt: Der »Ich bin, der ich bin« (2. Mose 3,14 Elb) hatte sie aus der Sklaverei in Ägypten befreit. Doch sie waren nicht freigelassen worden, um dann einfach wie Heliumballons ziellos herumzuschweben. Sie waren befreit worden, um ihrem Herrn zu dienen. Für Gottes Volk war die Frage nie, *ob* sie Diener waren, sondern *wessen* Diener sie waren. Würden sie wie Dobby leben, als Sklaven von Menschen, die sie unterdrückten und hassten? Oder würden sie gerne dem Gott dienen, der sie geschaffen hatte und sie liebte?

Als Jesus dann geboren wurde, lebten die Israeliten wieder einmal unter fremder Herrschaft. Nach vielen Jahren, in denen sie Gott nicht gedient hatten, mussten sie sich Gottes Gerichtsurteil stellen und wurden ins Exil nach Babylon verbannt. Einem neuen Herrscher, der Babylon eroberte, hatten sie es zu verdanken, dass sie in ihre Heimat zurückzukehren durften. Sie hatten sogar den Tempel in Jerusalem wieder aufgebaut. Doch sie hatten schon eine Reihe fremder Herrscher über sich erlebt, und, wie das Buch Nehemia sagt, kam es für sie der Sklaverei noch ziemlich gleich: »Und heute sind wir Sklaven in dem Land, das du unseren Vorfahren anvertraut hast, damit sie seine Früchte und seinen Reichtum genießen. Ja, wir sind hier Sklaven geworden« (Nehemia 9,36). Die Juden waren zwar in ihrem Land, doch verspürten sie immer noch so etwas wie Heimweh. Es war Zeit für einen neuen Auszug aus der Sklaverei.

Als Maria ein Engel erschien und ihr sagte, dass sie Gottes lange versprochenen König auf die Welt bringen würde, glich das einer Enthüllung höchst vertraulicher Daten eines Geheimdienstes (Lukas 1,26–33). »Operation: Rettung des Gottesvolkes« hatte begonnen. Die Geburt des Christus war eine unglaublich gute Nachricht der Freiheit für die Juden, die zu jener Zeit unter römischer Herrschaft lebten. Doch wie schon beim ersten Auszug sollte auch diese Botschaft der Befreiung nicht dazu dienen, Gottes Volk in die Selbstbestimmung zu entlassen, sondern dass es wieder seinem Herrn diente. Marias letzte Worte an den Engel bringen das perfekt zum Ausdruck: »Siehe, ich bin die Magd des Herrn; es geschehe mir nach deinem Wort! (1,38 Elb).[67] Sie benutzt das Wort »Magd« (Griechisch: *doulē*), das auch mit »Sklavin« übersetzt werden könnte, dann erneut in ihrem berühmten Lobpreis, nachdem sie schwanger geworden ist: »Meine Seele erhebt den Herrn, und mein Geist hat gejubelt über Gott, meinen Retter. Denn er hat hingeblickt auf die Niedrigkeit seiner Magd; denn siehe, von nun an werden mich glückselig preisen alle Geschlechter.« (1,46 Elb). Dobbys größte Freude ist es, Harry Potter zu dienen. Marias höchstes Glück ist es, Gott dem Herrn, ihrem Retter, zu dienen, auch wenn sie bald die Schande verspüren wird, die jede Mutter eines außerehelichen Kindes damals erfuhr.

Mit dem kleinen Jesus in ihrem Leib freut sich Maria daran, dass Gott nun begonnen hatte, das Sklavendasein seines Volkes von Grund auf umzukehren. Und so spricht Maria:

Mächtige stürzt er vom Thron,
und Geringe setzt er darauf.
Hungrige macht er mit guten Dingen satt,
und Reiche schickt er mit leeren Händen fort.
Und Israel, sein Kind, nimmt er selbst an die Hand
und schenkt ihm seine Barmherzigkeit. (Lukas 1,52–54)

In Marias Lobpreis sehen wir zwei Diener: Maria selbst ist Gottes *doulē*, und Israel ist Gottes *pais*, was »Kind« oder »Diener« bedeuten kann. Mit einer Handlung, die so radikal ist, wie die Pyramiden Ägyptens auf den Kopf zu stellen, stellt Gott eine neue Weltordnung auf: Könige werden von ihren Thronen stürzen, und die Niedrigen werden aufsteigen; die Reichen werden Hunger leiden, und die Hungrigen werden gesättigt; Diener werden erhöht, und Herren werden erniedrigt. Die Welt wird einen Umsturz erleben, und die Herren-Sklaven-Teilung, die die Antike so geprägt hat, wird umgekehrt.

Wenn wir heute an Sklaverei denken, denken wir vermutlich an die rassenbasierte Eigentumssklaverei, die die amerikanische Geschichte durchzieht und die allzu oft von den Anführern der Kirchen gefördert wurde. In der Antike war Sklaverei allgegenwärtig. Doch war sie, allgemein gesprochen, nicht rassenbasiert und oft auch nicht lebenslang. Menschen konnten sich selbst in die Sklaverei verkaufen, um der Armut zu entgehen, und genauso konnte man sich manchmal auch von der Sklaverei freikaufen. Jedenfalls wurde Sklaverei als etwas ganz Normales gesehen, und so waren in der damaligen Welt viele Menschen Sklaven. Und es war das Christentum, das diese Denkweise in Frage stellte.

Eines der ersten ausdrücklichen Argumente gegen die

Sklaverei brachte der Kirchenvater Gregor von Nyssa im 4. Jahrhundert vor. Sein Argument: Aufgrund der biblischen Erklärung, Menschen seien im Bilde Gottes geschaffen, sei es absurd zu denken, man könne sie kaufen oder verkaufen: »Wie viel Obolus für das Ebenbild Gottes?«, fragt er sarkastisch. »Wie viele Stater hast du für den Verkauf des von Gott geformten Menschen bekommen?«[68] Nicht alle christlichen Anführer schlossen sich diesem Argument gleich an. Doch bis zum 7. Jahrhundert hielt der christliche Abolitionismus[69] immer stärkeren Einzug, und mit der Zeit wurde durch die Christianisierung Europas die Sklaverei im Westen ganz ausgerottet. Das wiederum machte die Entstehung des transatlantischen Sklavenhandels umso entsetzlicher. Zusätzlich dazu, dass er vielfach gegen die christliche Ethik verstieß, baute er auf Menschenraub auf – einer Praxis, die sowohl im Alten als auch im Neuen Testament ausdrücklich und strengstens verboten wird (2. Mose 21,16; 1. Timotheus 1,10). All die Schrecken der Antike blühten unter der Schirmherrschaft vermeintlich christlicher Länder wieder auf. Doch inmitten des völlig ungerechten und anti-christlichen Systems der missbrauchs- und rassenbasierten Eigentumssklaverei passierte etwas wirklich Außergewöhnliches. Ab dem 18. Jahrhundert fingen immer mehr afrikanische Sklaven an, ihr Vertrauen auf Jesus zu setzen.[70]

In den ersten Jahrhunderten nach seiner Entstehung war das Christentum für Sklaven so attraktiv geworden, dass Außenstehende es gerade deshalb verspotteten. Ein griechischer Philosoph aus dem zweiten Jahrhundert mit Namen Celsus witzelte, dass Christen »nur die Narren, Ehrlosen und Dummen überzeugen wollen und können; nur Sklaven, Frauen und kleine Kinder«.[71] Was war es also, das versklavte Menschen sowohl im Römischen Reich des zweiten Jahrhunderts als auch im Amerika des 18. Jahrhunderts zum Christentum hinzog? Jesus. Obwohl weiße Sklavenhalter auf vielfache Weise die Bibel missbrauchten, um die Unterdrückung von Sklaven zu rechtfertigen, verstanden versklavte Afrikaner in Amerika, dass Jesus sich nicht mit den Unterdrückern identifizierte, sondern mit den Unterdrückten, nicht mit Sklavenhaltern, sondern mit Sklaven. Versklavte Menschen fühlten sich zu Jesus dem Diener hingezogen, der die Mächtigen stürzt und die Machtlosen erhebt. Beim Lesen der Evangelien stellen wir fest, dass Jesus die treibende Kraft hinter einer großen, schon seit hunderten von Jahren gärende Revolution ist, weil er sowohl Gottes mächtiger König als auch sein geringer, leidender, Sünden tragender Diener ist.

Seht, das ist mein Diener

Eines meiner Lieblingsausstellungsstücke im *Boston Science Museum* ist eine Kopie der aus dem 19. Jahrhundert stammenden Zeichnung mit einer berühmten optischen Täuschung, in der man eine hässliche alte Frau oder eine schöne junge sehen kann. Manchmal sehe ich die eine, manchmal die andere, manchmal beide, als hätte ich eine Art Drehtür im Kopf. Wenn man das alttestamentliche Buch Jesaja liest, geht es einem ähnlich, wenn es um den sogenannten Gottesknecht geht. Jesaja führt uns diese vieldeutige Gestalt immer wieder vor Augen. Manchmal handelt es sich um das sündenbelastete Israel, manchmal um einen heldenhaften Knecht, der Israels Sünde auf sich nimmt. Und wenn wir die Evangelien lesen, erleben wir, wie das Thema der berühmten Gottesknechtlieder aus Jesaja auch dort immer wieder auftaucht.

Im Johannesevangelium wird aus einem solchen Knechtlied zitiert (Jesaja 53,1–2), um zu erklären, warum so viele Menschen nicht an Jesus glaubten:

Obwohl Jesus so viele Wunderzeichen vor den Menschen getan

hatte, glaubten sie ihm nicht. Es sollte nämlich so kommen, wie der Prophet Jesaja vorausgesagt hat:
»Herr, wer hat unserer Botschaft geglaubt? Wer erkennt, dass Gott hinter diesen mächtigen Taten steht?«
(Johannes 12,37–38)

Matthäus zitiert eine Stelle, die in demselben Knechtlied kurz darauf folgt (Jesaja 53,4), um Jesu Heilungen zu interpretieren: »So erfüllte sich, was durch den Propheten Jesaja vorausgesagt worden war: ›Er nahm unsere Schwachheiten auf sich und lud sich unsere Krankheiten auf.‹« (Matthäus 8,17). Jesus, der Knecht, wird mit den Ausgestoßenen und Leidenden identifiziert.

Im Lukasevangelium zitiert Jesus selbst aus diesem Knechtslied (Jesaja 53,12), bevor er verhaftet wird: »Auch dieses Schriftwort muss sich noch an mir erfüllen: ›Er wurde unter die Verbrecher gezählt.‹« (Lukas 22,37). Diese Worte in Jesaja werden ergänzt von den Zeilen »weil er sein Leben dem Tod ausgeliefert hat« und: »Dabei war er es doch, der die Sünden der Vielen trug und fürbittend für Verbrecher eintrat« (Jesaja 53,12). Jesus ist kein Verbrecher, aber er wird bei seiner Festnahme wie einer behandelt. Er fragt die hohen Priester, die ihn nachts mit Wachen holen wollen: »Bin ich denn ein Verbrecher, dass ihr mit Schwertern und Knüppeln auszieht, um mich zu verhaften?« (Lukas 22,52). Jesus ist kein Sünder, trägt aber die Sünden vieler und betet für Sünder, sogar als sie ihn an das Kreuz nageln: »Vater, vergib ihnen, denn sie wissen nicht, was sie tun« (Lukas 23,34). Wenn es dir auch nur ansatzweise so geht wie mir, dann hasst du es, zu Unrecht beschuldigt zu werden. Heute Morgen hat mir jemand auf Twitter vorgeworfen, unaufrichtig zu sein, und das hat mich richtig gewurmt. Sofort wollte ich mich rechtfertigen. Andere Leute sind vielleicht unaufrichtig, aber ich doch nicht! Doch Jesus wählt den gegenteiligen Ansatz, indem er bewusst die Sünden anderer Menschen trägt wie einen Mantel der Scham und der Demütigung. Jesus ist Gottes lang ersehnter Diener, der Israels Sünde und Leid auf sich nimmt.

Matthäus zitiert ein weiteres Knechtlied aus Jesaja, damit wir klarer erkennen, wer Jesus ist. Den Sabbat als Ruhetag einzuhalten, war im alttestamentlichen Gesetz eindeutig vorgeschrieben, und so versuchen die Pharisäer, Jesus mit einer Frage eine Falle zu stellen: »Ist es erlaubt, am Sabbat zu heilen?« (Matthäus 12,10). Ein Mann mit einer verkrüppelten Hand steht gerade in der Synagoge. Was wird Jesus tun? Den Mann heilen und das Gesetz brechen, oder den Mann in seinem Zustand lassen und die Sabbatvorschriften einhalten? Jesus beantwortet die Frage der Pharisäer mit einer Gegenfrage: Würden sie ein Schaf retten, das am Sabbat in eine Grube stürzt? Er schließt mit den Worten: »Nun ist ein Mensch doch viel mehr wert als ein Schaf. Also ist es erlaubt, am Sabbat Gutes zu tun« (Matthäus 12,12). Dann heilt er den Mann. Doch anstatt sich zu freuen, werden die Pharisäer zornig. Sie gehen aus der Synagoge hinaus und überlegen sich, wie sie Jesus am besten umbringen können (Matthäus 12,14). Jesus weiß, was sie vorhaben, stellt sie aber nicht zur Rede. Stattdessen zieht er sich zurück. Doch weil viele seine Macht gesehen haben, folgen sie ihm. Jesus heilt sie alle und untersagt ihnen, »in der Öffentlichkeit von ihm zu reden« (12,15–16). Matthäus kommentiert das mit einem Zitat aus Jesaja 42,1–3:

Damit sollte in Erfüllung gehen, was der Prophet Jesaja angekündigt hatte:
»Seht, das ist mein Diener, den ich erwählte, den ich liebe und über den ich mich freue. Ich werde meinen Geist auf ihn legen, und er verkündet den Völkern das Recht.
Er wird nicht streiten und herumschreien.
Man wird seine Stimme nicht auf den Straßen hören.
Ein geknicktes Rohr wird er nicht zerbrechen,

einen glimmenden Docht löscht er nicht aus.
So verhilft er dem Recht zum Sieg.
Und auf ihn werden die Völker hoffen.« (Matthäus 12,17–21)

Hier erkennen wir die erstaunliche Balance von Sanftheit und Stärke. Gottes Diener wird Recht und Hoffnung bringen – nicht nur für die Juden, sondern auch für die anderen Völker. Er ist kein typischer Eroberungsheld, der sich nicht um die schert, die er auf seinen Feldzügen niedertrampelt. Vielmehr geht er mit den Verletzten mit viel Feingefühl um. Er lässt nicht zu, dass die Geknickten völlig zerbrechen und die Glimmenden völlig verlöschen. Er zettelt auf der Straße keinen Aufstand an. Vielmehr wird er mit Gottes Geist gefüllt, um für alle Gerechtigkeit zu bringen. Das ist sein Verständnis von Sieg. Er ist der dienende König, dessen Dienersein Hässlichkeit in Schönheit verwandelt. Und Dienersein zeichnet sein Reich aus. Doch selbst seinen Jüngern, seinen engsten Nachfolgern, fällt es sehr schwer, das zu begreifen.

Wer ist der Größte?

Wir konnten uns als Familie an den Olympischen Spielen von Tokio nicht sattsehen. Merkwürdigerweise haben es uns vor allem der Beachvolleyball und das Synchronspringen angetan. Wir haben Allyson Felix angefeuert: fünffache Olympionikin, erfolgreichste amerikanische Leichtathletin aller Zeiten, Mutter eines zweijährigen Kindes und bekennende Nachfolgerin Jesu. Wir haben uns über Sydney McLaughlin gefreut, einer weiteren christlichen Athletin, deren Namen wir mit Stolz teilen. Doch die menschlich interessanteste Geschichte war die der herausragenden US-Gymnastin Simone Biles. Vor Tokio war sie bereits die erfolgreichste Gymnastin aller Zeiten, und bei den US-Meisterschaften im Jahr 2019 trug sie das erste

Mal einen glitzernden Ziegenbock auf ihrem Turnanzug.[72] In ihrem Fall ist es nicht Arroganz, wenn sie behauptet, sie sei die »Größte aller Zeiten«. Es stimmt. Und es bleibt die Wahrheit, auch wenn ihre psychische Gesundheit sie zwang, die meisten ihrer Starts in Tokio abzusagen.

Im Gegensatz zu Biles oder Felix oder McLaughlin haben wahrscheinlich die wenigsten von uns die Disziplin oder Ressourcen, um ein Weltklasse-Sportler zu sein. Ich jedenfalls nicht! Doch tief in unserem Inneren sehnt sich jeder danach, dass unsere Erfolge anerkannt werden. Selbst in unserem kleineren sozialen Umfeld möchten wir bewundert werden, uns hervortun und andere klein machen. Kurz nachdem ich den letzten Satz geschrieben habe, habe ich auf den Twitter-Account einer Frau geklickt, bei der ich ein wenig das Gefühl habe, dass sie meine Konkurrentin ist. Sie hatte früher viel mehr Follower als ich. Jetzt habe ich mehr als sie. Ich habe gerade deswegen auf ihr Profil geklickt, um das nochmal zu überprüfen. Und dann im stillen Triumph leise gegrinst. Ziemlich erbärmlich von mir. Diese Frau ist Christin. Wie bei Allyson Felix und Sydney McLaughlin sind wir im selben Team. Ich sehe mich nicht als besonders wettbewerbsorientiert, und eigentlich sind mir Follower-Zahlen auf sozialen Medien auch nicht wichtig. Meine Sündhaftigkeit äußert sich eher in anderen Bereichen. Und doch war es für mein Ego gar kein großes Problem, über sie zu triumphieren – und zwar nur Sekunden, nachdem ich Jesu Lehre über das gelesen habe, was wir gleich weiter betrachten werden. Vielleicht erkennst du dich da wieder. Man gebe uns bloß ein wenig Macht oder Privilegien oder Ansehen, und wir sind ganz schnell dabei, uns anderen überlegen zu fühlen. Die Jünger Jesu waren da keine Ausnahme.

Markus erwähnt einen Vorfall, als Jesus seine Jünger – zum zweiten Mal – auf seinen bevorstehenden Tod hinweist. Das erste Mal war, nachdem Petrus Jesus als den Christus anerkannt und dann versucht hatte, ihn davon zu überzeugen, dass er *nicht* in den Tod gehen würde. Jesus hatte ihn streng zurechtgewiesen: »Geh mir aus den Augen, du Satan!« (Markus 8,33). Jetzt sagt Jesus zum zweiten Mal zu seinen Jüngern: »Der Menschensohn wird bald in der Gewalt von Menschen sein, und die werden ihn töten. Doch drei Tage nach seinem Tod wird er auferstehen.« Aber seine Jünger »wussten nicht, was er damit sagen wollte, wagten aber auch nicht, ihn danach zu fragen« (9,31–32). Vielleicht erinnerten sie sich an Jesu Reaktion auf Petrus' Aussage beim letzten Mal. Doch anstatt unter sich weiter zu überlegen, was Jesus gemeint haben könnte, diskutieren sie unterwegs eine ganz andere Frage. Als sie in Kapernaum ankommen, fragt sie Jesus: »Worüber habt ihr unterwegs gesprochen?« (9,33). Niemand antwortet. »Denn sie hatten sich auf dem Weg gestritten, wer von ihnen der Größte wäre«, klärt uns Markus auf (9,34). Ja, genau: Gerade hatten sie gehört, dass Jesus sterben würde, und schon hatten sie nichts Besseres zu tun, als wie Kinder auf einem Spielplatz eine Hackordnung festzulegen. Jesus liest seine Jünger wie ein enttäuschendes Buch. Er setzt sich hin und ruft den Zwölfen (dem engeren Kreis) zu, dass sie sich zu ihm setzen sollen. Vielleicht fragen sie sich, ob er diese Frage abschließend klären wird. Vielleicht führt Petrus ja die Rangliste an, danach Jakobus und Johannes. Doch Jesus lässt alles offen. Sie treten einfach in der falschen Disziplin an. Es geht nicht um Stabhochsprung, sondern um Tauchen: »Wenn jemand der Erste sein will, muss er den letzten Platz einnehmen und der Diener von allen sein« (9,35).

Kam Jesu Botschaft dann an? Überhaupt nicht. Als er das nächste Mal seinen Tod voraussagt, nimmt er die Zwölf zur Seite und warnt sie:

Passt auf, wenn wir jetzt nach Jerusalem kommen, wird der Menschensohn an die Hohen Priester und die Gesetzeslehrer ausgeliefert. Die werden ihn zum Tod verurteilen und den Fremden übergeben, die Gott nicht kennen. Diese werden ihren Spott mit ihm treiben, ihn anspucken, auspeitschen und töten. Doch nach drei Tagen wird er von den Toten auferstehen. (Markus 10,33–34)

Beim ersten Mal war es Petrus, der etwas Dummes gesagt hatte. Dieses Mal sind es Jakobus und Johannes. Sie kommen alleine zu Jesus und sagen: »Rabbi, wir wollen, dass du uns eine Bitte erfüllst« (10,35). Jesus entgegnet: »Was soll ich für euch tun?« (10,36). Sie antworten: »Wir möchten, dass du uns in deiner Herrlichkeit rechts und links neben dir sitzen lässt!« (10,37). Die Brüder wollen die beiden besten Plätze in Jesu Reich. Doch Jesus erwidert ihnen, dass sie keine Ahnung haben, worum sie da bitten. Mit Worten, die wir in Kapitel 8 genauer ansehen werden, erklärt er ihnen, dass sie damit um unerträgliches Leid bitten. In seinem Reich führt nur ein einziger Weg nach oben, nämlich der, der nach unten geht.

Als die anderen Jünger hören, was Jakobus und Johannes getan haben, werden sie wütend. Wie können diese Brüder es wagen, sich auf diese Weise einen Vorteil zu verschaffen?! Doch Jesus ruft sie nochmal alle zusammen, um ihnen wieder dieselbe Lektion zu erteilen:

Ihr wisst, wie die Herrscher sich als Herren aufspielen und die Großen ihre Macht missbrauchen. Bei euch aber soll es nicht so sein. Wer bei euch groß sein will, soll euer Diener sein, und wer bei euch der Erste sein will, soll der Sklave von allen sein. Auch der Menschensohn ist nicht gekommen, um sich bedienen zu lassen, sondern um zu dienen und sein Leben als Lösegeld für viele zu geben. (Markus 10,42–45)

Das griechische Wort, das hier mit »Lösegeld« übersetzt wird, bezeichnet den Preis, den man bezahlte, um einen Sklaven, einen Gefangenen oder einen Erstgeborenen freizukaufen (3. Mose 25,51–52; 4. Mose 18,15) oder als Entschädigung für ein Verbrechen oder eine Körperverletzung (2. Mose 21,30; 4. Mose 35,31–32). In der damaligen Welt konnte man einen König, der in einer Schlacht gefangen genommen wurde, durch ein hohes Lösegeld oder im Tausch gegen viele weniger wertvolle Gefangene freikaufen. Doch hier kündigt Gottes König der Ewigkeit den umgekehrten Tausch an: Er wird sein eigenes Leben als Lösegeld für viele geben.

Ich melde mich freiwillig als Tribut

In Suzanne Collins' dystopischer Romanserie *Die Tribute von Panem* ist aus einer Region in den Rocky Mountains die Nation Panem geworden. Das opulente und mit neuester Technologie ausgestatte Kapitol des Landes ist von zwölf armen Distrikten umgeben, die einst gegen das Kapitol rebelliert haben. Jedes Jahr werden aus jedem dieser Distrikte ein Junge und ein Mädchen zwischen 12 und 18 Jahren per Los ausgewählt, um zur Feier ihrer Unterwerfung in den Hunger Games gegeneinander anzutreten. Die Hunger Games sind quasi ein Gladiatoren-Wettkampf, der zur Unterhaltung der Bewohner des Kapitols im Fernsehen ausgestrahlt wird. Der Wettkampf ist ein Kampf bis auf den Tod. Als Katniss Everdeens zwölf Jahre alte Schwester Primrose als ein Tribut von Distrikt 12 ausgewählt wird, weiß jeder, was das bedeutet: Sie hat nicht den Hauch einer Chance gegen die wahrscheinlich älteren, besser ernährten, kampffähigeren Teens aus reicheren Distrikten. Doch gerade als Primrose abgeführt werden soll, ruft Katniss aus: »Ich melde mich freiwillig! Ich melde mich freiwillig als Tribut!«[73] In diesem Moment der Verzweiflung entscheidet sie sich, an die Stelle ihrer Schwester zu treten. Als die anderen Mitglieder ihres Distrikts zum Applaus aufgefordert werden, heben sie drei Finger der einen Hand. Katniss (die Erzählerin im Buch) erklärt: »Dabei handelt es sich um eine alte und selten verwendete Geste in unserem Distrikt, die man gelegentlich auf Beerdigungen sieht. Sie drückt Dank aus, Bewunderung, und damit verabschiedet man auch einen geliebten Menschen.«[74] Primrose hätte in den Hunger Games keine Chance. Aber Katniss' Chancen sind auch nicht viel besser. Die Bewohner von Distrikt 12 wissen alle, dass sie sich in den Tod begibt.

Ähnlich wie Katniss kam auch Jesus aus einer unterdrückten Volksgruppe und lieferte sich anstelle seines Volkes aus. Wie Katniss ist er, aus Liebe getrieben, bereit, sein Leben freiwillig an der Stelle von jemand anderem hinzugeben. Wie Katniss trägt Jesus zum Schluss den Sieg davon und kehrt das Machtgefüge um. Doch im Gegensatz zu Katniss hatte Jesus immer geplant, für uns zu sterben. Und im Gegensatz zu Katniss gibt Jesus sein Leben als Lösegeld für viele (Markus 10,45). Und im Gegensatz zu Primrose sind wir nicht unschuldig. Wir sind auf unsrem Weg in den Tod, den wir verdient haben. Doch Jesus tritt freiwillig an unsere Stelle. Das ist der Schlüssel, der uns das ewige Leben eröffnet, wenn wir nur auf Jesus vertrauen. Doch Jesu erstaunlicher Akt der Liebe ist auch ein Beispiel für das, was er selbst gelehrt hat: »Wer bei euch groß sein will«, sagt er, »soll euer Diener sein, und wer bei euch der Erste sein will, soll der Sklave von allen sein« (10,43–44).

Der Schock, den diese Worte Jesu ausgelöst haben müssen, geht an uns oft vorbei, weil seine Lehren unser Denken schon so geprägt haben – ob uns das bewusst ist oder nicht. Wie Passivraucher haben wir alle bereits so viel christliche Ethik eingeatmet, dass wir Demut für eine Tugend halten. Wir feiern Geschichten von Firmenchefs, die ihre Hände am Fließband schmutzig machen, oder von Filmstars, die sich mit den Statisten anfreunden. Doch wie Jesus damals die Machtpyramide umdrehte – das war wirklich radikal.

Die niedere Arbeit

Mein Mann und ich sind zu geizig, um uns ein Abo bei Apple TV+ zu leisten, und so haben wir bei Freunden geschnorrt, die das Abo haben, um die erste Staffel von *Ted Lasso* zu schauen. In der Serie geht es um einen Trainer für American Football, der bei einem britischen Fußballverein anheuert. Die britischen Fußballspieler sind wegen dieser Entscheidung fassungslos und behandeln Ted mit purer Verachtung. Doch bevor Ted das Team zum ersten Mal trifft, begegnet er dem Zeugwart, Nathan. Ted fragt nach seinem Namen. Nathan ist völlig perplex. Noch nie hat ein Trainer ihn nach seinem Namen gefragt. Als derjenige, der die Dreckwäsche der Spieler wäscht, ist er völlig unbedeutend. Aber Ted gibt ihm den Spitznamen »Nate the Great« und hört sich seine Coaching-Ideen an.[75] Und später befördert Ted diesen Zeugwart sogar zum Co-Trainer.

Zur Zeit Jesu war das Füßewaschen eine Arbeit für Hausdiener. Es war eine schmutzige Angelegenheit, für die man auch noch auf die Knie gehen musste. Sowohl die Tätigkeit selbst als auch die Art ihrer Verrichtung entsprach dem Status eines Sklaven. Als Jesus während des gemeinsamen Abendessens mit seinen Jüngern in der Nacht seiner Verhaftung aufstand, dachten sie vielleicht, dass er jetzt eine Rede hält. Doch stattdessen legte er sein Gewand ab. Er band sich ein Handtuch um seine Taille – wie jeder gewöhnliche Diener es tun würde –, goss Wasser in eine Schüssel und fing an, die Füße der Jünger zu waschen. Als Jesus zu Petrus kommt, fragt Petrus ihn: »Herr, du wäschst mir die Füße?« Jesus erwidert ihm: »Was ich tue, verstehst du jetzt nicht. Du wirst es aber später begreifen« (Johannes 13,6–7). Doch Petrus ist nicht einverstanden: »Nie und nimmer wäschst du mir die Füße!« Er ist entsetzt darüber, dass Jesus ihm auf solche Weise dienen würde. Doch Jesus antwortet: »Wenn ich sie dir nicht wasche, gehörst du nicht zu mir« (13,8). Petrus, wie immer ganz der Eifrige, antwortet:

»Dann, Herr, wasch mir nicht nur die Füße, sondern auch die Hände und den Kopf!« (13,9). Jesus erwidert: »Wer gebadet hat, ist ganz rein, er muss sich später nur noch die Füße waschen« (13,10).

Nachdem er ihre Füße gewaschen hatte, zog sich Jesus wieder sein Gewand an, ging zurück auf seinen Platz und fragte: »Versteht ihr, was ich eben gemacht habe?« (13,12). Sie hatten nicht verstanden. Also erklärte er es ihnen:

> *Ihr nennt mich Rabbi und Herr. Das ist auch in Ordnung so, denn ich bin es ja. Wenn nun ich, als Herr und Lehrer, euch die Füße gewaschen habe, dann seid auch ihr verpflichtet, euch gegenseitig die Füße zu waschen. Ich habe euch ein Beispiel gegeben, damit ihr genauso handelt. Ja, ich versichere euch: Ein Sklave ist nicht größer als sein Herr und ein Bote nicht wichtiger als der, der ihn schickt. Wenn ihr das begreift, seid ihr gesegnet, wenn ihr es tut.* (Johannes 13,13–17)

Gott sei Dank, dass wir die Welt nicht mehr in Herren und Sklaven unterteilen. Auf dem Papier glauben wir an Gleichheit. Und dennoch gieren wir wie Spieler eines mittelmäßigen Fußballvereins permanent nach Status. Die Währungen unserer Hackordnung mögen je nach Stamm unterschiedlich sein. Von einem Freund, der in New York City gewohnt hat, bevor er nach Boston gezogen ist, weiß ich beispielsweise Folgendes: In Manhattan fragt man Leute, die man zum ersten Mal trifft, nach ihrem Wohnort, um einzuschätzen, wieviel sie verdienen. In Boston hingegen fragt man, wo der Gegenüber studiert hat. Eine soziale Gruppe stuft Aussehen vielleicht höher ein, eine andere Gruppe Fitness. Doch wenn man uns Menschen zusammen in einen Raum steckt, spüren wie bald, wo unser Platz ist und fangen an zu rangeln. Das kann so aussehen, dass wir uns einschleimen oder auch dass wir austeilen. Zwei junge Spieler in Ted Lassos Team beispielsweise haben Nate schikaniert, weil sie den Starspieler beeindrucken wollten. Doch Jesus macht mit all dem Schluss. Er nimmt selbst den niedrigsten Rang ein und dient. Wer ihm nachfolgen will, muss seinen Statusinstinkt auf den Kopf stellen und es ihm gleichtun, denn er ist derjenige, der nicht gekommen ist, um bedient zu werden, sondern um zu dienen – sowohl durch sein Leben als auch durch seinen Tod.

Ein Sklaventod

Im Vorwort von *Herrschaft: Die Entstehung des Westens* versucht der Historiker Tom Holland uns klar zu machen, was Kreuzigung bedeutete:

> *Der Öffentlichkeit ausgesetzt wie ein Stück Fleisch, das an einem Marktstand hängt, wurden unliebsame Sklaven an Kreuze genagelt.... Kein Tod war grässlicher, schändlicher als die Kreuzigung. Nackt aufgehängt zu werden, »mit langen Todesschmerzen und anschwellenden, hässlichen Striemen an Schulter und Brust«, unfähig, die lärmenden Vögel zu verscheuchen: solch ein Schicksal, darin waren sich römische Intellektuelle einig, war das Schlimmste, das man sich vorstellen konnte.*[76]

Für Jesu Zeitgenossen war das Kreuz mit dem Galgen zur Zeit der Sklaverei gleichbedeutend, nur noch schlimmer. »So übel war der Aas-Geruch ihrer Schande«, erklärt Holland, »dass viele sich schon unrein vorkamen, wenn sie einer Kreuzigung auch nur zusahen«. Die üble Kombination aus Todesschmerz und Scham war es, die die Kreuzigung zu »einer so angemessenen Bestrafung für Sklaven« machte.«[77]

Auch anderen Aufständischen konnte die Kreuzigung blühen. Wie wir in Kapitel 1 gesehen haben, kreuzigten die

Römer im Jahr 4 v. Chr. ungefähr 2000 Juden, die in der Nähe von Jesu Heimatstadt gegen die römische Herrschaft rebelliert hatten.[78] Doch genauso wie der Galgen in Amerika an die grauenhafte Geschichte der Lynch-Justiz während der Sklaverei und der Rassentrennung erinnert, so erinnerte das Kreuz an den Tod von Versklavten. Für Juden, die Gottes Messias erwarteten, war das das letzte Schicksal, das sie für ihren Anführer wünschen würden. Sie sehnten sich nach einem siegreichen König, nicht nach einem besiegten Sklaven.

Gleichzeitig wäre für die Griechen und Römer Jesu Kreuzigung der ultimative Beweis dafür gewesen, dass er nicht Gott war. Erfolgreiche Eroberer hatten vielleicht eine Chance, als Götter angesehen zu werden. Doch, wie Holland erklärt, war Göttlichkeit »den Allergrößten der Großen vorbehalten: Siegern und Helden und Königen«. Sie stand Eroberern zu, die die Macht hatten zu kreuzigen, nicht gekreuzigten Sklaven. »Dass ein Mann, der selbst gekreuzigt worden war, als Gott verehrt werden sollte«, schreibt Holland, »konnte von Menschen in der ganzen römischen Welt nicht anders als skandalös, obszön und grotesk angesehen werden«.[79] Doch wenn man die Evangelien sorgfältig liest, stellt man fest, dass der Tod am Kreuz keineswegs ein Irrweg für den Mann war, der behauptete, der Schöpfer des Universums zu sein. Dieser Tod war vielmehr der Höhepunkt des Lebens, in dem er freiwillig die Rolle des Versklavten einnahm und sich bewusst als Jahwehs Knecht identifizierte.

Und nun?

Wenn Gott selbst für dich gestorben ist, was musst du dann noch beweisen? Wenn der Schöpfer des Universums dich so sehr geliebt hat, dass er sein Leben als Lösegeld für deines gegeben hat, wie wertvoll macht dich das dann? Man sagt, etwas ist nur so viel wert, wie man bereit ist, dafür zu bezahlen. Wie sehr muss Jesus dich und mich schätzen, dass er sein Leben als

Lösegeld für uns hingibt? Jesu Selbstopfer für uns kann uns demütig machen, wenn wir es denn zulassen. Wir brauchen keine Anerkennung von anderen, wenn wir wissen, dass der König des ganzen Universums uns sieht, kennt und zutiefst liebt. Wir können unseren zwanghaften Griff nach Anerkennung loslassen, wenn wir wissen, dass wir in Jesu Händen gehalten werden. Wir können auf die Knie gehen, wenn wir die Gewissheit haben, dass wir eines Tages vor ihm stehen werden.

In der letzten Szene von *Gladiator* entscheidet sich Kaiser Commodus, in der Arena gegen Maximus zu kämpfen. Er weiß, dass er ihn in einem Kampf unter gleichen Bedingungen nicht schlagen könnte, und so besucht er ihn vorher privat. Maximus ist angekettet. Commodus stichelt: »Der General, der Sklave wurde. Der Sklave, der Gladiator wurde. Der Gladiator, der einem Kaiser trotzte. Bemerkenswerte Geschichte! Aber jetzt wollen die Menschen wissen, wie die Geschichte endet. Und da kommt nur ein Aufsehen erregender Tod infrage«[80]. Heimlich stößt Commodus einen Dolch in Maximus' Rücken, um ihn vor dem Kampf zu schwächen. Er will, dass die Menge, die »Leben! Leben! Leben! Leben« rief, zusieht, wie er ihren Helden tötet und so seine Überlegenheit unter Beweis stellt. Als sich Jesus wie ein Sklave hinkniet und die Füße seiner Jünger wäscht, ist er für den Dolch in seinem Rücken bereit. Er ist bereit für den Verrat durch Judas, für die Verleugnung durch Petrus und für die Schmähungen und den Spott der religiösen Führer seiner Zeit. Er ist freiwillig als Tribut angetreten, und er befindet sich auf dem Weg in den Tod. Und dabei kommt nur der Tod eines Sklaven infrage.

8

Jesus das Opferlamm

Charles Dickens' *Eine Geschichte aus zwei Städten* spielt abwechselnd in London und Paris zur Zeit der französischen Revolution. Vor der Revolution trampelte das französische Regime in jeder erdenklichen Hinsicht auf den Armen herum. Doch die Schreckensherrschaft, die dann folgte, brachte nicht die erhoffte Erlösung. Tausende von Männern, Frauen und Kindern wurden ohne gerechten Prozess zum Henker abgeführt. In Dickens' Roman ist einer der zu Unrecht Verurteilten der Franzose Charles Darnay. Er ist mit Lucie verheiratet, die aber auch der dekadente Londoner Anwalt Sydney Carton liebt. Als Carton also von Darnays Schicksal erfährt, reist er nach Paris, um Darnays Platz einzunehmen. Die zwei Männer sehen sich ähnlich, aber auf seinem Weg zur Guillotine trifft Carton eine arme, junge Schneiderin, die Darnay im Gefängnis begegnet ist und der jetzt aus der Nähe der Platztausch ersichtlich ist: »Stirbst du für ihn?«, flüstert sie. Er antwortet: »Und seine Frau und sein Kind. Pst! Ja.«[81] Die ganze Unterhaltung ist so bewegend, dass mir die Tränen kamen, als ich sie gerade nochmal gelesen habe. Carton hat bisher ein egoistisches, versoffenes, illusionsloses Leben geführt. Doch jetzt stirbt er einen selbstlosen Tod, indem er an die Stelle eines Mannes tritt, den er hasst, damit die Frau, die er liebt, in Frieden leben kann.

In diesem Kapitel steht Jesu aufopfernde Liebe im Fokus: Seine Bereitschaft zu sterben, damit wir leben können. Der Vergleich zwischen den stellvertretenden Opfern Cartons und Jesu wurde schon oft gezogen. Wie Jesus entschloss sich Carton, an der Stelle eines anderen aus Liebe zu sterben. Doch in diesem Kapitel werden wir auch sehen, wie sehr sich Jesu Opfer von Cartons unterscheidet.

Seht, das ist das Opferlamm Gottes!

Cartons erste Begegnung mit Darnay ereignete sich, als er ihn vor einem Londoner Gericht vertrat. Darnay wurde beschuldigt, ein französischer Spion zu sein, und Carton erreichte einen Freispruch, indem er darauf hinwies, wie ähnlich sie sich sahen. Wie könnte der Zeuge wissen, dass er Darnay gesehen hatte und nicht Carton? Carton rettete Darnay zweimal aufgrund ihrer äußerlichen Ähnlichkeit: Zuerst in London durch seinen Hinweis, dass er für Darnay gehalten werden *könnte*, und dann in Paris, als er es tatsächlich *wurde*. Auf ähnliche Weise sehen wir auch in den hebräischen Schriften der Bibel viele Momente, die den stellvertretenden Tod Jesu vorschatten.

Im ersten Kapitel des Johannesevangeliums sieht Johannes der Täufer seinen Cousin Jesus und ruft: »Seht, das Opferlamm Gottes, das die Sünde der Welt auf sich nimmt!« (Johannes 1,29). Für uns ergibt diese Behauptung wenig Sinn. Wir könnten noch verstehen, wenn jemand GOAT – d. h. »Ziege« oder »greatest of all time« – genannt wird, aber doch nicht »das Lamm«! Die Zuhörer von Johannes damals haben das jedoch verstanden.

Zum ersten Mal nimmt Gott ein Lamm, um sein Volk zu retten, als dessen Geschichte gerade angefangen hat. Abraham und Sarah waren alt und kinderlos. Dennoch versprach Gott, aus Abraham ein großes Volk entstehen zu lassen, und im Laufe der Zeit gebar Sarah ihren gemeinsamen Sohn Isaak. Der Name Isaak bedeutet »Er lacht«, deshalb könnte man meinen, dass seine Geburt das Happy End sein würde. Doch einige Jahre später richtet Gott diese erschütternden Worte an Abraham:

»Nimm deinen Sohn, deinen einzigen, den du liebhast, den Isaak! Zieh ins Land Morija und opfere ihn als Brandopfer auf dem Berg, den ich dir zeigen werde!« (1. Mose 22,2).

Vor zwei Monaten bin ich mit den Kindern und einer Freundin zu einem Badesee gefahren. Meine beiden älteren Kinder, neun und elf Jahre alt, können schwimmen, aber Luke Isaac, der erst zwei ist, noch nicht. Also zog ich ihm die Schwimmflügel an und ließ ihn mit den Mädchen loslaufen. Nicht viel später wurde ihm kalt, und er kam zurück, um zu kuscheln. So nahm ich ihm die Schwimmflügel ab. Als er wieder trocken und aufgewärmt war, wollte er wieder ins Wasser. Ich dachte, ich würde ihn einfach im Auge behalten, also habe ich ihm die Schwimmflügel nicht wieder angezogen. Aber schon kurz darauf war ich in das Gespräch mit meiner Freundin vertieft. Und plötzlich wusste ich nicht mehr, wo Luke war. Es war einer der ersten heißen Sommertage, und der See war voller lachender, planschender Kinder. Ich konnte meinen Sohn nicht finden! Ich lief zum Wasser, suchte ihn wie verrückt, während ich immer mehr in Panik geriet. Ich wusste, dass, selbst wenn ich alle Leute am See schreiend auffordern würde, mit mir zu suchen, keiner es hören würde. Dann sah ich eine Frau, die einen weinenden Luke trug. »Er war am Untergehen«, sagte sie vorwurfsvoll. Ich nahm ihn in die Arme und drückte ihn fest an mich. Mein Herz platzte vor Erleichterung und zog sich gleichzeitig vor Schreck zusammen. Tagelang wurde ich das Schuldgefühl nicht los, dass ich sein kleines Leben durch meine Unaufmerksamkeit so in Gefahr gebracht hatte. Und nun sehen wir hier Abraham, der von Gott aufgefordert wird, seinen Sohn Isaak, seinen einzigen, den er so liebhatte, zu nehmen und ihn einfach so zu töten. Als ich am College war, fing ein nichtchristlicher Freund an, die Bibel zu lesen. An dieser Stelle hörte er auf. Er konnte einfach keinen Gott akzeptieren, der einen Mann auffordert, seinen Sohn zu töten.

Im weiteren Verlauf der Bibel stellen wir fest, dass Jahweh Kinderopfer *hasst*, die oft von anderen vermeintlichen Göttern verlangt wurden. »Jahwe, deinem Gott, sollst du so etwas nicht antun«, sagt Mose. »Denn alles, was Jahwe verabscheut und hasst, haben diese Völker für ihre Götter getan. Sogar ihre Söhne und Töchter haben sie für ihre Götter verbrannt.« (5. Mose 12,31).[82] Aber Abraham weiß das noch nicht.

In 1. Mose 18 hatte Abraham Gott um Gnade für die Bewohner Sodoms angefleht. Doch als Gott Abraham auffordert, seinen Sohn zu opfern, fleht er nicht. Er steht früh auf, sattelt seinen Esel und bricht mit Isaak auf. Als sie am Berg ankommen, lässt Abraham Isaak das Holz für das Opfer tragen, während er selbst sich um das Feuer und das Messer kümmert. Dann führen sie dieses ergreifende Gespräch in 1. Mose 22,7–8:

> Isaak: »*Vater!*«
> Abraham: »*Ja, mein Sohn?*«
> Isaak: »*Schau, wir haben Feuer und Holz. Aber wo ist das Lamm zum Brandopfer?*«
> Abraham: »*Gott wird schon für ein Lamm sorgen, mein Sohn.*«

Wir können uns kaum vorstellen, was in diesem Moment in Abrahams Kopf vor sich geht. In Chimamanda Ngozi Adichies Kurzgeschichte *Zikora* blickt eine Mutter ihr Neugeborenes lange an und denkt sich: »Ich würde für ihn sterben. Das dachte ich mit neuer Verwunderung, weil ich wusste, dass es stimmte. Was noch nie der Fall gewesen war in meinem Leben, war jetzt der Fall. Ich würde für ihn sterben«.[83] Ohne Zweifel empfand Abraham auch diese wahrhaftige Liebe für Isaak – seinen Sohn, seinen einzigen Sohn, den er so liebhatte. Doch er vertraute darauf, dass Gott irgendwie für ein Lamm sorgen würde.

Als sie oben auf dem Berg ankommen, bereitet Abraham das Opfer vor. Er fesselt seinen Sohn und legt ihn auf das

Holz. Wir kennen Isaaks Alter nicht, aber er ist alt genug, um ausreichend Holz zu tragen, mit dem sein Körper verbrannt werden soll. Vermutlich hätte er sich gegen seinen betagten Vater wehren können, wenn er gewollt hätte. Abraham legt Isaak auf den Holzstapel, nimmt das Messer in die Hand und holt aus. Doch plötzlich ruft der Engel des Herrn ihm zu: »Halt ein! Tu dem Jungen nichts zuleide! Jetzt weiß ich, dass du Gott gehorchst, denn du hast mir deinen einzigen Sohn nicht verweigert« (1. Mose 22,12). Als Abraham dann aufblickt, sieht er einen Schafbock, der sich mit seinen Hörnern im Gestrüpp verfangen hatte. Er nimmt den Schafbock und opfert ihn Gott anstelle Isaaks.

Wozu das Ganze? Wusste Gott nicht, dass Abraham ihm vertraute? Wollte er den Mann, den er versprochen hatte zu segnen, einer sinnlosen, psychischen Folter unterziehen? Das denke ich nicht. Der Gott der Bibel kennt die Gedanken der Menschen. Es ging nicht darum, dass *er* etwas erfährt, sondern dass *wir* etwas lernen. Wie ein erster Entwurf für ein Meisterwerk liegt hier vor uns der erste Umriss des zentralen Motivs der Bibel. Wir sehen einen Vater, der seinen Sohn innigst liebt, aber bereit ist, ihn preiszugeben. Wir sehen, wie Gott für ein stellvertretendes Opfer sorgt, sodass Gottes Volk, in Isaak verkörpert, leben kann. Wir sehen, wie Gott Abrahams Sohn verschont – seinen einzigen Sohn, den er so liebhatte – während er die Vorbereitungen dafür traf, seinen eigenen geliebten Sohn *nicht* zu verschonen. Zum ersten Mal in der Bibel sehen wir eine Darstellung des Opferlammes Gottes, das die Sünde der Welt wegnimmt. Aber es wird nicht das letzte Mal sein.

Das Passahlamm

Im Film *Die Frau des Zoodirektors* feiern Jan und Antonina ein Passahmal mit den Juden, die sie bei sich verstecken, während das jüdische Ghetto in Flammen steht. Das ursprüngliche Passahmahl wird im Zweiten Buch Mose beschrieben. Gott spricht zu Mose über die letzte Plage über Ägypten: Der Herr würde durch das Land ziehen, und der Erstgeborene jedes ägyptischen Haushalts würde sterben. Doch die Israeliten werden in Sicherheit sein, wenn jede Familie ein Lamm tötet (ein junges Schaf oder eine junge Ziege) und sein Blut auf die Türpfosten ihres Hauses streicht. So wie Gott einen Bock nahm, der anstelle von Abrahams Sohn sterben sollte, werden jetzt tausende Lämmer an der Stelle von tausenden Erstgeborenen geopfert.

Und wieder müssen wir uns fragen: Warum? Gott wusste doch sicher, auch ohne das Blut an den Türen zu sehen, in welchen Häusern Israeliten wohnten! Gottes Erklärung gibt einen Hinweis: »Das Blut an den Häusern, in denen ihr euch befindet, soll ein Schutzzeichen für euch sein«, sagt er. »Und wenn ich das Blut sehe, werde ich vorübergehen, und der Schlag, mit dem ich das Land Ägypten treffe, wird euch nicht verderben« (2. Mose 12,13). Das Blut ist ein Zeichen für die Israeliten, nicht für Gott. Dennoch: Wenn Gott es sieht, verschont er sie.

Meine neunjährige Tochter hat vor Kurzem in ihrem Zimmer ein Geschäft eröffnet. Sie verkauft Waren und Dienstleistungen, doch anstatt echtes Bargeld zu verlangen, hat sie uns mit Zetteln versorgt, die verschiedene Dollarbeträge darstellen sollen. Ich kaufe bei ihr echten Latte Macchiato mit unechtem Geld! Als Gott die Israeliten das Blut eines Lamms auf ihre Türenpfosten streichen ließ, war er dabei, sie sowohl aus der Sklaverei in Ägypten zu retten als auch vor der Todesstrafe, die jeder von ihnen wegen seiner Sünde verdient hatte. Doch der Tod des Lammes war genauso wenig die echte Bezahlung wie das Spielgeld meiner Tochter. Es war eine Vorschau auf die Zahlung, die kommen würde, wenn Gott seinen Sohn senden würde, seinen einzigen Sohn, den er unermesslich liebt: »Seht, das ist das Opferlamm Gottes, das die Sünde der Welt auf sich nimmt« (Johannes 1,29).

Wir glauben wahrscheinlich alle daran, dass es Sünde in dieser Welt gibt. Wir würden vielleicht das Wort nicht benutzen, doch wir alle sehen die Schrecken und Schmerzen, die Grausamkeit, die Gewalt, die Ausbeutung und den Missbrauch. Manch einer ist optimistischer als andere, wenn es darum geht, ob es eine Welt geben könnte, die mit diesen Dingen nicht durchsetzt ist, aber jetzt im Moment ist klar, dass wir Menschen ein Sündenproblem haben. Für manche von uns ist die Tatsache, dass wir selbst Sünder sind, noch offensichtlicher. Wir kennen unser moralisches Versagen so gut wie unsere Westentasche. Wenn es auf unserem Dachboden ein Gemälde gäbe, auf dem alle unsere Sünden dargestellt wären, dann wüssten wir, wie hässlich es wäre. Für andere fühlt sich die Vorstellung, dass wir selbst Sünder sind, wie ein altmodisches Kleidungsstück an, das – wie man es auch dreht und wendet – einfach nicht mehr passt. »Ich bin sicher nicht perfekt«, denkst du dir vielleicht, »aber grundsätzlich bin ich ein guter Mensch«. Wenn du so denkst, wirst du nur wenig für Jesus übrig haben. Wie wir in Kapitel 4 gesehen haben, ist er nicht für Leute gekommen, die denken, sie seien gut. Doch wenn du jemals über deine eigene Reaktion in einer bestimmten Situation erschrocken bist oder in einem Verhaltensmuster gefangen bist, aus dem du nicht herauskommst, oder Gedanken hast und heilfroh bist, dass sie sonst niemand sehen kann, dann fängst du vielleicht doch langsam an, dich zu fragen, ob du nicht doch Jesus brauchst: ein Opferlamm, das *deine* Sünde wegnimmt.

In einer Phase tiefen Bedauerns sagte mir eine Freundin einmal, sie wünschte, dass auf irgendeine Weise ihre Schuld weggenommen werden könnte – »aber nicht von jemand, der an einem Kreuz stirbt«, fügte sie hinzu. Vielleicht siehst auch du diese Not, genau wie sie; dir gefällt bloß die Methode nicht. Vielleicht willst du, wie sie, Vergebung, aber nicht von Gott. Das ist verständlich. Vielen von uns erscheint Gott so weit entfernt zu sein von den Dingen in unserem Leben, die wirklich wichtig sind. Wir wissen, dass wir gegen andere gesündigt haben, aber was geht das Gott an? Nun, wenn Gott uns gemacht und uns für die Gemeinschaft mit ihm geschaffen hat, wenn er Gut und Böse definiert hat, wenn er auch jeden anderen Menschen gemacht hat, dann ist er für unsere Sünde genauso relevant wie die Mutter eines ermordeten Kindes für die Sünde des Mörders. Gott ist betroffen, wenn wir uns gegenseitig verletzen und uns von ihm abwenden, und er hat den Schlüssel zur Vergebung und Freiheit in seiner Hand, nach denen wir uns so sehnen. Von Anfang an ruft Gott sein Volk zu sich nach Hause. Und von Anfang an ist die Tür, durch die Gottes Volk hineintritt, mit dem Blut eines Lammes bestrichen.

Das Opferlamm

Nach dem Auszug aus Ägypten rief Gott Mose auf einen Berg, wo er das Gesetz in Empfang nehmen sollte, einschließlich einer detaillierten Beschreibung eines besonderen »Zeltes der Zusammenkunft« (auch Stiftshütte genannt), das sein Volk bauen sollte. Es sollte für sie der Ort der Begegnung mit Gott sein. Doch noch während Mose dieses Gesetz empfing, beteten die Israeliten bereits ein goldenes Kalb an. Ihre Sünde schuf eine solche Barriere zwischen ihnen und Gott, dass der Ort, an dem sie Gott begegnen würden, nicht einfach eine mit Gold überzogene Himmelspforte sein konnte. Es musste ein Ort sein, wo Sünde angegangen wurde. Ähnlich wie bei einer Kläranlage hat Gott Maßnahmen eingerichtet, um sein Volk vom Schmutz seiner Sünde zu trennen und es so dem Volk zu ermöglichen, in Reinheit vor ihm zu leben. Als Teil dieses ausgefeilten Systems sollte Gottes Volk jeden Morgen und jeden Abend ein Lamm opfern (2. Mose 29,38–43). Diese Opfer waren der Zugang zu ihrem Begegnungsort mit Gott.

Als Johannes der Täufer damals sagte, »Seht, das ist das

Opferlamm Gottes, das die Sünde der Welt auf sich nimmt« (Johannes 1,29), da müssen den jüdischen Zuhörern das stellvertretende Opfer für Isaak, das Passahfest und das Opfersystem sofort in den Sinn gekommen sein. In den Evangelien ist Jesus das Opferlamm.

Aber er ist auch der Tempel.

Zerstört diesen Tempel

Als die Israeliten in ihrem Land endlich sesshaft geworden waren, baute ihr dritter König, Salomo, einen Tempel in Jerusalem, der die Stiftshütte ersetzte. Prächtig auf dem Tempelberg thronend, mit Gold und Edelsteinen überreich verziert, ein Ort des Lehrens, des Betens, des Opferns – mit Blut, Rauch und Feuer – war der Tempel ihre Begegnungsstätte mit Gott. Noch lange vor Jesu Geburt wurde dieser Tempel zerstört. Doch nach 70 Jahren Exil in Babylon wurde den Juden gestattet, in ihr Land zurückzukehren und ihn wieder aufzubauen. In der einzigen Geschichte aus Jesu Kindheit, die uns überliefert ist, bleibt der zwölfjährige Jesus im Tempel zurück, obwohl seine Familie sich nach dem Passahfest schon auf den Heimweg gemacht hat. Es vergeht ein ganzer Tag, bis Josef und Maria merken, dass Jesus nicht in ihrer Reisegruppe ist. Drei Tage später finden sie ihn im Tempel, im Gespräch mit den Lehrern. Maria fragt: »Kind, wie konntest du uns das antun?« (Lukas 2,48). Jesus antwortet: »Warum habt ihr mich gesucht? Wusstet ihr nicht, dass ich im Haus meines Vaters sein muss?« (Lukas 2,49 ZB). Der Tempel ist viel mehr sein Zuhause als das Haus von Maria und Joseph in Nazareth. Doch als er dann als Erwachsener einmal in den Tempel kommt, spielt sich eine ganz andere Szene ab.

In einer der wenigen Erzählungen, in denen Jesus wütend ist, sehen wir, wie er eine Peitsche macht, mit der er dann die Geldwechsler aus dem Tempel vertreibt. Er wirft ihre Tische um und ruft: »Macht das Haus meines Vaters nicht zu einer

Markthalle!« (Johannes 2,16). Erschrocken fragen ihn die Anwesenden: »Mit welchem Wunderzeichen kannst du beweisen, dass du das Recht hast, so etwas zu tun?« (2,18). Jesus antwortet: »Zerstört diesen Tempel, und ich werde ihn in drei Tagen wieder aufbauen« (2,19). »Sechsundvierzig Jahre ist an diesem Tempel gebaut worden«, erwidern sie, »und du willst das in drei Tagen schaffen?« (2,20). Doch Johannes erklärt: »Mit dem Tempel hatte Jesus aber seinen eigenen Körper gemeint. Als er von den Toten auferstanden war, dachten seine Jünger an diesen Satz. Da glaubten sie den Worten der Schrift und dem, was Jesus gesagt hatte« (2,21–22). Hat Jesus hier also einfach nur eine bewusst missverständliche Metapher geschaffen? Nein.

Letzten Monat habe ich eine gute Freundin zu ihrem Geburtstag auf ein Abendessen eingeladen. Karolyn ist Amerikanerin mit chinesischen Wurzeln und hatte Heißhunger auf Suppen-Dumplings. Ich liebe zwar die meisten chinesischen Gerichte, doch darauf hatte ich nicht so Lust. Der Gedanke an in Suppe herumschwimmende Teigtaschen reizte mich nicht. Doch als sie dann serviert wurden, sahen sie seltsamerweise ganz trocken aus. Ich fragte mich, ob wir sie dann selbst in die Suppe legen müssten. Dann erklärte Karolyn: Die Suppe ist in Wirklichkeit *in* den Dumplings. Man beißt den oberen Teil ab und schlürft die Suppe dann heraus. So wie ich dachte, dass Suppen-Dumplings in Suppe schwimmen, dachten Jesu Zuhörer, dass sein Leib im Tempel war. Tatsächlich war aber sein Leib der Tempel. In Jesus wohnt die Herrlichkeit Gottes, hier können wir Gott selbst begegnen. Er ist das Opfer, das sein Leben gab, damit wir leben können. Aber er ist gleichzeitig auch der Tempel, in dem das Opfer dargebracht wird. Die Opferlämmer waren nur Skizzen des kommenden Opfers, so wie Bauzeichnungen, und der Tempel war nur eine Skizze von der Person, in der der heilige Gott wahrhaftig lebt

(1,14). Doch Jesus ist nicht nur das Lamm und der Tempel. Er ist auch der Hirte.

Der gute Hirte

In der Eröffnungsszene des Films *Verborgene Schönheit* aus dem Jahr 2016 erklärt der Werbechef Howard Inlet, wie seine Strategie von drei Dingen bestimmt wird: Letztendlich sehnen wir uns nach Liebe. Wir wünschten, wir hätten mehr Zeit. Und wir haben Angst vor dem Tod.« Diese drei Dinge, behauptet Howard, stecken hinter jeder menschlichen Handlung. Doch dann sehen wir ihn drei Jahre später. Seine sechs Jahre alte Tochter ist an Krebs gestorben. Das hat ihn zerstört. In seiner Klage über das Leben schreibt Howard Briefe an die Liebe, die Zeit und den Tod. Dem Tod schreibt er: »Du bist einfach jämmerlich und machtlos, mittleres Management eben. Du hast nicht mal die Befugnis, ein einfaches Geschäft abzuwickeln.« Später erklärt er, was er damit meinte: »Als uns bewusst wurde, dass unsere Tochter sterben würde, habe ich gebetet. Nicht zu Gott oder zum Universum. Sondern zum Tod. Nimm mich. Lass ab von meiner Tochter.«[84] Ähnlich wie Howard hat auch Jesus sich zum Tausch angeboten. Doch im Gegensatz zum Tod, so, wie Howard ihn sich vorstellte, war Jesus niemand aus dem mittleren Management. Er hatte alles unter Kontrolle. »Ich bin der gute Hirte«, erklärte Jesus. »Ein guter Hirte setzt sein Leben für die Schafe ein« (10,11).

Wie so oft stellen Jesu Worte den Gipfel eines ganzen Bergs von alttestamentlichen Anspielungen dar. Psalm 23 beginnt mit den Worten »Jahwe ist mein Hirte, mir fehlt es an nichts« (Psalm 23,1) und erklärt dann die Hirte-Schaf-Beziehung zwischen Gott und seinem Volk. Jesaja bedient sich derselben Metapher, wenn er vom Herrn sagt:

Er weidet seine Herde wie ein Hirte,
nimmt die Lämmer auf seinen Arm.
Er trägt sie im Bausch seines Gewands,
und die Mutterschafe leitet er sacht. (Jesaja 40,11)

So verkündet auch Jeremia:

Der Israel zersprengte, wird es wieder sammeln,
er wird es hüten wie ein Hirte seine Herde. (Jeremia 31,10)

Gott selbst war Israels wahrer Hirte. Doch die Metapher zeigt im Gottesknechtslied von Jesaja 53 eine weitere Facette. In seiner Beschreibung des leidenden Gottesknechtes erklärt Jesaja:

Wie Schafe hatten wir uns alle verirrt;
jeder ging seinen eigenen Weg.
Doch ihm lud Jahwe unsere ganze Schuld auf. (Jesaja 53,6)

In der Nacht seines Verrats warnte Jesus seine Jünger mit Worten aus Sacharja 13,7: »In dieser Nacht werdet ihr mich alle verlassen, denn es steht geschrieben: ›Ich werde den Hirten erschlagen, und die Schafe werden sich zerstreuen‹« (Matthäus 26,31). Jesus hat Gottes Rolle als wahrer Hirte seines Volkes übernommen. Doch er ist auch an die Stelle seines Volkes getreten, um dessen Strafe auf sich zu nehmen. Er ist sowohl der Hirte als auch das Opferlamm.

Ein guter Hirte zur Zeit Jesu war jemand, der bereit war, sein Leben aufs Spiel zu setzen, wenn wilde Tiere seine Herde angriffen. Jesus ist aber nicht einfach zum Sterben bereit. Ähnlich wie Sydney Carton bereitet er dies aktiv vor: »Ich bin der gute Hirte; ich kenne meine Schafe, und meine Schafe kennen mich – so wie der Vater mich kennt und ich den Vater kenne. Und ich setze mein Leben für die Schafe ein«

(Johannes 10,14–15). Doch erschreckenderweise wird Jesus nicht von wilden Tieren angegriffen, sondern von Gott selbst geschlagen. Das erscheint zunächst vielleicht wie die größte Ungerechtigkeit: ein unschuldiges Opfer, das für die Sünde anderer Menschen stirbt. Doch wenn wir unser Vertrauen auf ihn setzen, werden wir nicht einfach nur *andere Menschen*, sondern werden zu *seinem Volk*. Jesus ist kein unbeteiligter Zuschauer, der herausgegriffen wird, um für unsere Sünden gegen Gott die Strafe zu bezahlen. Er ist der Tempel in Person, der Ort, an dem sich Gott und Menschen begegnen. Er ist der eine wahre Gott in Menschengestalt, der allein das Recht hat, zu richten und Sünden zu vergeben. Er ist der gute Hirte, der sein Leben hingibt für seine Schafe, und wenn wir unser Vertrauen auf ihn setzen, werden wir mit ihm so eng verbunden sein, wie unsere Körper mit unseren Köpfen. Man wird uns nicht mehr auseinanderreißen können. Und Jesus hat das in der Nacht seines Verrats für uns versinnbildlicht.

Das ist mein Leib, das ist mein Blut

In der Eröffnungsszene von *Eine Geschichte aus zwei Städten* läuft ein Fass Wein auf der Straße aus. Die verwahrlosten Menschen aus der Gegend schlecken den Wein gierig auf. Doch ein Mann »kritzelte mit seinem in schlammiges Weinlaubblut getauchten Finger an eine Wand«. Dickens schreibt weiter: »Es sollte die Zeit kommen, in der auch dieser Wein auf die Steine der Straße verschüttet werden würde, und in der der Fleck davon auf vielen dort rot sein würde«[85]. Wir gebrauchen den Ausdruck »an seinen Händen klebt Blut« als Metapher für Schuld. Doch in der Nacht seiner Verhaftung forderte Jesus seine Freunde auf, sein Blut zu trinken – nicht als Zeichen ihrer Schuld, sondern als Möglichkeit zu ihrer Vergebung.

Zuerst nahm Jesus das gemeinsame Passahbrot in seine

Hände, riss es in Teile und sagte: »Nehmt und esst, das ist mein Leib!« (Matthäus 26,26). Man kann sich in etwa vorstellen, wie sich die Jünger gefühlt haben müssen: Dort steht ihr Lehrer vor ihnen, zerreißt das Brot und sagt, »Das ist mein Leib«. Doch, schlimmer noch, sagt Jesus, nachdem er das Brot zerrissen hat, dass sie es essen sollen. Sein Körper wird für sie zermartert werden. Dann nimmt Jesus den Weinkelch, den man im Zuge des Passahfestes miteinander teilen würde, und sagt: »Trinkt alle daraus! Das ist mein Blut, das Blut des Bundes, das für viele vergossen wird zur Vergebung der Sünden« (26,27–28).

Alttestamentliche Bünde wurden mit Tierblut besiegelt. Dieser neue Bund zwischen Gott und seinem Volk würde mit Jesu Blut versiegelt werden. Das erscheint uns so fremd! Warum erfordert unsere Sünde ein blutiges Opfer? Wenn es wirklich ein geistlicher Preis ist, der zu bezahlen wäre, sollte es dann auch nicht bloß eine geistliche Bezahlung sein – so eine Art Bitcoin-Entsprechung für echte Scheine und Münzen? Doch in der Bibel gehören unsere Seelen und Körper zusammen, wenn wir als Menschen – aus Fleisch und Blut – in eine Beziehung mit Gott gerufen werden. Die Bibel verspricht uns nicht unsterbliche Seelen, die in körperloser Glückseligkeit entschweben. Sie verspricht uns Auferstehungsleiber. Dementsprechend wird das Opfer, das für Sünde erforderlich ist, nicht bloß auf irgendeiner immateriellen Ebene dargebracht. Es wird in Fleisch und Blut dargebracht. Und dennoch war es ein geistliches Opfer. Das erkennen wir an einem anderen Kelch, von dem Jesus noch in derselben Nacht spricht.

Nimm den Kelch von mir

In *Eine Geschichte aus zwei Städten* geht Sydney Carton ruhig in den Tod. Von Jesus erwarten wir vielleicht dasselbe, da er seine Hinrichtung ja von Anfang an vorausgesagt hat. Doch die Evangelien erzählen etwas ganz Anderes. Nach dem Abendessen, nachdem er die Füße der Jünger gewaschen hatte, nachdem er das Brot geteilt und den Kelch herumgereicht hatte, nahm Jesus seine Jünger mit in einen Garten namens Gethsemane. Er bat sie alle, sich zu setzen und zu beten, nahm aber Petrus, Jakobus und Johannes beiseite. Dann, erzählt uns Matthäus, »wurde er von schrecklicher Angst und von Grauen gepackt« (26,37). Er sagte zu ihnen: »Die Qualen meiner Seele bringen mich fast um. Bleibt hier und wacht mit mir« (26,38). Dann ging er ein Stück weiter, fiel auf sein Angesicht und betete. Immer wieder waren Menschen vor Jesus auf ihr Angesicht gefallen und hatten ihn um Hilfe angefleht. Aber hier sehen wir Jesus mit seinem Gesicht auf dem Boden. »Mein Vater«, flehte er, »wenn es möglich ist, dann gehe dieser Kelch an mir vorbei! Aber nicht wie ich will, sondern wie du willst« (26,39). Lukas fügt hinzu: »Jesus betete mit solcher Anspannung, dass sein Schweiß wie Blut auf den Erdboden tropfte« (Lukas 22,44). Was war dieser Kelch, vor dem es Jesus so graute? War es der grausame Kreuzigungstod, der die Qual und die Demütigung seiner Opfer maximieren sollte? Nein.

Die alttestamentlichen Propheten sprechen von einem Kelch des Zorns, den Gott in seinem Gericht über die Nationen für ihre Sünden ausgießt. Der Herr sagt zu Jeremia: »Nimm diesen Becher aus meiner Hand und gib ihn all den Völkern zu trinken, zu denen ich dich sende. Er ist voll mit dem Wein meines Zorns. Sie sollen ihn austrinken, ins Taumeln geraten und den Verstand verlieren, wenn ich das Schwert unter ihnen wüten lasse« (Jeremia 25,15–16). Erschreckenderweise ist der erste Empfänger dieser Botschaft keine ausländische Nation, sondern Jerusalem selbst. In Jesaja finden wir dieselbe Metapher, wenn auch die Botschaft hier etwas hoffnungsvoller ist:

Raff dich auf, Jerusalem!

Erhebe dich, steh auf!
Jahwe ließ dich trinken den Becher seines Zorns.
Du hast ihn bis zur Neige ausgeschlürft,
den Trank, der jeden taumeln macht …
So spricht Jahwe, dein Herr und dein Gott,
der den Rechtsstreit seines Volkes führt:
»Ich nehme dir den Becher aus der Hand, den Trank des Zornes,
der dich taumeln macht,
du musst ihn nicht mehr trinken.« (Jesaja 51,17, 22)

Habakuk 2,16 und Hesekiel 23,31 gebrauchen dieselbe Metapher, und in einem Psalm wird gewarnt:

Jahwe hält einen Becher in der Hand,
gefüllt mit scharfem, gärendem Wein.
Und von dem schenkt er den Gottlosen ein.
Sie müssen ihn schlürfen und trinken bis zum letzten bitteren Rest.
(Psalm 75,9)

Der Kelch (oder Becher) des Herrn ist der Kelch seines Zorns über die Sünde. Das ist der Kelch, den Jesus trinken soll und vor dem es ihm graut.

In jener Nacht hielt Jesus seine Jünger vom Versuch ab, seine Festnahme zu verhindern. Am nächsten Tag stand er vor den jüdischen und römischen Obrigkeiten und weigerte sich, sich selbst zu verteidigen. Wir sehen nicht den leisesten Hauch von Angst in seinem Reden mit den Menschen, die vorhaben, ihn hinzurichten. Jesus ist kein gewöhnliches Opfer. Er ist freiwillig da. Ihm graute es nicht vor der Kreuzigung als solcher, sondern vor Gottes Zorn. Der Kelch, der sonst über ganze Nationen ausgegossen wurde, sollte nun einzig und allein in seinen menschlichen Händen liegen, damit er die Sünde der Welt wegnehmen könnte.

Warum hast du mich verlassen?

Im Gegensatz zur Guillotine, die einen schnellen Tod brachte, bedeutete eine Kreuzigung einen langsamen und qualvollen Tod. Ihre Opfer hingen stundenlang am Kreuz, von Menschen verspottet und den Vögeln ausgesetzt – und allmählich erstickten sie. Die Nägel in ihren Handgelenken und Knöcheln zerrissen ihr Fleisch, wenn sie versuchten hochzurutschen, um nach Luft zu schnappen. Das Sprechen während der Kreuzigung fiel schwer. Aber Zeit gab es genug. So fürchterlich viel Zeit. Wie wir in Kapitel 3 gesehen haben, machte Jesus dem einen Verbrecher neben ihm ein verblüffendes Versprechen: »Heute noch wirst du mit mir im Paradies sein« (Lukas 23,43). Er redete außerdem mit seiner Mutter und dem Autor des Johannesevangeliums (Johannes 19,26). Doch das bewegendste Gespräch, das Jesus während seiner Kreuzigung hatte, war das mit seinem Vater. Lukas erzählt uns, dass Jesus sogar betete, als die Soldaten ihn ans Kreuz nagelten: »Vater vergib ihnen, denn sie wissen nicht, was sie tun« (Lukas 23,34). Matthäus aber hat diese noch verstörenderen Worte festgehalten: »›Eli, Eli, lema sabachthani?‹ Das heißt: ›Mein Gott, mein Gott, warum hast du mich verlassen?‹« (Matthäus 27,46).

Allein die Wortwahl hier ist ergreifend. Die Evangelien wurden auf Griechisch geschrieben, der Verkehrssprache des Römischen Reichs. Doch manchmal geben sie auch die (transliterierten) aramäischen Worte der Muttersprache Jesu in griechischen Buchstaben wieder. Als Jesus das zwölfjährige Mädchen heilte, sagte er: »›Talita kum!‹ Das heißt übersetzt: ›Mädchen, steh auf‹« (Markus 5,41). Als er einen Taubstummen heilte, blickte er auf zum Himmel und sagte: »›Effata‹ – ›Öffne dich‹« (Markus 7,34). Markus berichtet, wie Jesus zu seinem Vater in Gethsemane betet, wo er das kindlich vertraute aramäische Wort für Vater verwendete: »Abba, Vater, dir ist alles möglich. Nimm diesen Kelch von mir weg! Aber nicht, wie ich will, sondern wie du willst« (Markus 14,36). Die längste aramäische Passage in den Evangelien ist jedoch Jesu Schrei am Kreuz zu seinem Vater: »Mein Gott, mein Gott, warum hast du mich verlassen?«

Bei der Geburt von jedem meiner Kinder habe ich mich für eine Epiduralanästhesie entschieden. Nach einigen Stunden Wehen will ich, dass die Schmerzen endlich aufhören. Aber für eine Epiduralanästhesie muss man komplett ruhig sitzen. Man spürt, wie die Wehen durch den Körper schießen, während die Ärzte ihre Nadeln in den Rücken einführen, und man darf sich dabei nicht bewegen. Jedes Mal habe ich mir dabei meinen Lieblingspsalm zugeflüstert: »Jahwe, du hast mich erforscht und erkannt«, so die ersten Worte. Und weiter: »Ob ich sitze oder stehe, du weißt es« (Psalm 139,1–2). Dies hilft mir, dem Herrn zu vertrauen und die Schmerzen auszuhalten.

Als Jesus »Mein Gott, mein Gott, warum hast du mich verlassen?« schrie, zitierte er damit ebenfalls den ersten Vers eines Psalms. Aber er zitierte ihn nicht bloß als Trost. Vielmehr erfüllte er ihn in jenem Moment. »Warum bist du so weit weg? Du hörst mein Schreien nicht!«, fährt der Psalmist fort (Psalm 22,2). Jesus erträgt in diesem Moment in seinem Menschsein das große Ausgießen von Gottes Zorn über die Sünde. Er trinkt den Kelch des Herrn bis zum bitteren Ende aus. Mit anderen Worten: Er erlebt eine Gottesferne, wie in der Hölle. Die körperlichen Schmerzen der Kreuzigung brachten die geistlichen Qualen zum Ausdruck. Ähnlich wie der »Cruciatus-Fluch« in *Harry Potter* bedeutete das Kreuz reinste Todesschmerzen. Als Mensch nahm Jesus den gerechten Zorn Gottes gegen eine Welt der Sünde auf sich. Doch ist er nicht verwirrt, als er ausruft: »Mein Gott, mein Gott, warum hast du mich verlassen?« Sogar als er in seiner Qual zu seinem Vater schreit, zeigt er damit, dass das immer der Plan gewesen ist.

Matthäus hält die Reaktion der Leute fest, die vorbeiliefen und Jesus verspotteten: Sie »schüttelten den Kopf und riefen höhnisch: ›Du wolltest ja den Tempel abreißen und in drei Tagen wieder aufbauen! Rette dich doch selbst! Wenn du Gottes Sohn bist, steig vom Kreuz herab!‹« (Matthäus 27,39–40). So klagt auch König David in Psalm 22:

Die mich sehen, die spotten über mich,
verziehen die Lippen, schütteln den Kopf.
»Er hat es auf Jahwe gewälzt, der mag ihn jetzt retten,
er hat ja Gefallen an ihm! (Psalm 22,8–9)

Die Hohepriester und Schriftgelehrten und Ältesten machten sich mit Worten über Jesus lustig, die diese Psalmworte anklingen lassen: »Andere hat er gerettet, sich selbst kann er nicht retten! Er ist ja der König von Israel. Soll er doch jetzt vom Kreuz herabsteigen, dann werden wir an ihn glauben! Er hat auf Gott vertraut, soll der ihm jetzt helfen, wenn er wirklich Freude an ihm hat. Er hat ja gesagt: ›Ich bin Gottes Sohn‹« (Matthäus 27,42–43).

Der Schmerz dieses prophetischen Psalms, der von Israels großem König geschrieben wurde, spiegelt sich im Leiden von König Jesus wider (siehe Psalm 22,15–18). Genau wie König David davon schrieb, dass Feinde Lose werfen um sein Gewand (22,19, die damalige Entsprechung des Münzwurfs), werfen auch die römischen Soldaten Lose um Jesu Gewand (Matthäus 27,35). Doch nach all dem Schmerz und der Klage geht König David zu Lob über. Der Psalm schließt:

Die Nachkommen werden ihm dienen und einem neuen Geschlecht erzählen vom Herrn. Sie werden kommen und seine Gerechtigkeit schildern dem Volk, das noch geboren wird, denn er hat es vollbracht. (Psalm 22,31–32)

Lukas berichtet von diesen zarten letzten Worten Jesu: »Vater, in deine Hände gebe ich meinen Geist!« (Lukas 23,46). Johannes hält fest, wie er sagt: »Es ist vollbracht« (Johannes 19,30). Matthäus und Markus überliefern uns Jesu letzte Worte nicht. Sie sagen nur, dass Jesus einen lauten Schrei ausstieß. Doch in diesem Moment, so sagen uns Matthäus und Markus, zerriss der Vorhang im Tempel von oben nach unten – der Vorhang, der jenen Ort abgrenzte, an dem Gott in besonderer Weise gegenwärtig war (Matthäus 27,50–51; Markus 15,37–38). Jesus das Opferlamm hat so einen Weg bereitet, dass wir sündige Menschen mit Gott leben können. Er ist das Lamm, der Tempel und der sich aufopfernde Hirten-König, der den Kelch trank und den Preis der Gottverlassenheit bezahlte, damit wir mit ihm im Paradies leben können.

Und nun?

Wenn heute von Gottes Zorn und von Blut und Opfern gesprochen wird, dann empfinden wir das mit unsere modernen Ohren als anstößig. Uns gefällt die Vorstellung eines liebenden Gottes. Aber ein Gott, der einen Kelch des Zorns über seinem Sohn ausgießt, erscheint wie eine Verirrung aus der Antike zu sein. Dabei leben wir in einer Welt unsagbaren Grauens – des Krieges und der Vergewaltigung und des Mordes und des Missbrauchs. Wenn es einen Gott gibt, fragen wir uns, warum ist er dann nicht herabgekommen, um die Welt zu richten und sie in Ordnung zu bringen? Die Evangelien sagen uns: Er ist doch herabgekommen. Er ist herabgekommen in der Person seines Sohns, der kam, um die Welt zu retten, indem er das Urteil, das wir verdient haben, voll auf sich nahm, und der kam, um eine moralische Revolution zu in Gang zu setzen, die uns auf den Weg zur Gerechtigkeit führt.

Als Sydney Carton kurz davorsteht, durch die Guillotine zu sterben, sagt er: »Es ist etwas weit, weit Besseres, was ich tue, als was ich je getan habe; und die Ruhe, in die ich eingehe, ist eine weit, weit bessere, als mir je zuteil wurde.«[86] Er hatte ein sündiges, egoistisches Leben gelebt, und jetzt stirbt er einen von Liebe durchdrungenen Tod. Doch wo Carton für einen besseren Menschen als er selbst war starb, wurde Jesus für dich und mich in all seiner Unschuld gekreuzigt – und auch für den Verbrecher am Kreuz neben ihm, der mit seinem letzten Atemzug sein Vertrauen auf Jesus setzte. Carton wählte die Guillotine, damit die Frau, die er liebte, glücklich mit jemand anderem zusammenleben konnte. Jesus wählte das Kreuz, damit der Vorhang zerreißen konnte und wir ewig mit ihm leben könnten. Er ist das Opferlamm Gottes, das die Sünde der Welt auf sich nimmt. Und er wird auch unsere Sünde auf sich nehmen, wenn wir doch nur unser Vertrauen auf ihn setzen.

9

Jesus der Herr

In Matt Haigs Bestseller *Die Mitternachtsbibliothek* beschließt eine Britin namens Nora Seed, sich das Leben zu nehmen. Auf ganz unterschiedliche Weise hat sie ihre Eltern, ihren Verlobten, ihren Bruder, ihre beste Freundin und (vor ein paar Stunden) auch noch ihre Katze verloren. Ihre schlecht bezahlte Arbeitsstelle in einer langweiligen englischen Stadt wurde ihr gerade gekündigt. Ihr alter Nachbar, dem sie immer seine Medikamente gebracht hat, hat nun jemand anderes gefunden, der ihm hilft. Ihr Leben erscheint ihr sinnlos, und deswegen entschließt sie sich, es zu beenden. Wie bei einem Luftballon, den man loslässt, bevor man ihn zuknotet, ist aus Noras Leben die Luft raus. Als Kind gewann sie Meisterschaften im Schwimmen, aber sie gab das Schwimmen auf, weil sie den Stress nicht aushalten konnte. Zusammen mit ihrem Bruder hat sie eine Musikband gegründet, doch sie machte einen Rückzieher aus dem Plattenvertrag, der ihren Durchbruch bedeutet hätte. Sie war kurz davor, einen Mann zu heiraten, den sie liebte, doch sie sagte die Hochzeit ab. Sie hatte vor, mit ihrer besten Freundin nach Australien zu ziehen, bekam aber kalte Füße. Sie hatte davon geträumt, eine Gletscherforscherin zu werden, den Traum aber nie konsequent verfolgt.

Als Nora die Überdosis nimmt, findet sie sich in einer riesigen Bibliothek wieder. Ihre Schulbibliothekarin Mrs. Elm ist auch da und erklärt Nora, dass – mit Ausnahme ihres prallvollen »Buch des Bedauerns« – jeder Band in dieser Bibliothek ein Leben darstelle, das ihres hätte sein können. Nora könne nun unterschiedliche Versionen ihrer aktuellen

Lebenssituation ausprobieren, die sich jeweils aus anders getroffenen Entscheidungen in der Vergangenheit ergäben. Sie könne in jedem neuen Leben so lange bleiben, bis sie genug davon habe – und würde dann wieder in die Bibliothek zurückkehren. Sie würde erst dann alle Möglichkeiten erschöpft haben, wenn ihr Körper in ihrem ursprünglichen Leben gestorben sei.[87]

Ich weiß nicht, wie es dir bei meiner Schilderung von Noras Geschichte ging. Vielleicht geht es dir wie Nora: Dein Leben rinnt dir durch die Finger. Vielleicht hattest du mal große Träume, von Liebe oder Ruhm oder großem Erfolg etwa, stellst jetzt aber fest, dass dein Leben doch sehr gewöhnlich verlaufen ist, und so ist auch dein »Buch der Enttäuschungen« voll. Vielleicht freust du dich auf die Jahre, die dir noch bleiben. Oder vielleicht versuchst du auch nur, sie einfach irgendwie zu überstehen. In diesem letzten Kapitel werden wir uns mit dem Anspruch Jesu befassen, dass er Herr ist – sowohl über das ganze Universum als auch über jeden von uns. Unsere Kultur sagt uns, dass die Maximierung von Freiheit der Weg zur Freude ist – solange wir genug Entscheidungsfreiheit haben, werden wir unser persönliches Glück schon finden! Aber Jesus bietet uns einen anderen Weg an: nicht unseren Träumen nachzujagen, sondern ihm zu vertrauen. Und wenn wir das tun, dann verspricht er uns etwas, das wirklicher, wahrer und schöner ist als alles, was unser Herz je begehren könnte.

In ihm war das Leben

Das erste Buch von Dickens *Eine Geschichte aus zwei Städten* trägt den Titel »Ins Leben zurückgerufen«. Ein französischer Arzt, Alexandre Manette, sitzt 18 Jahre lang zu Unrecht im Gefängnis. Seiner Tochter Lucie hat man gesagt, er sei tot. Er hat mittlerweile fast den Verstand verloren. Doch letztlich wird

Dr. Manette gerettet. Zunächst kann er sich nur schwer an die Freiheit gewöhnen. Er hält sie kaum aus. Der einzige Name, den er jetzt noch kennt, ist der seiner Gefängniszelle: 105, Nordturm. Er sehnt sich zurück zum Schustern, das er im Gefängnis gelernt hatte. Er erträgt das Tageslicht nicht. Doch allmählich lässt ihn die Liebe seiner Tochter wieder aufleben. Es ist nicht so, dass er im Gefängnis buchstäblich tot war; sein Körper funktionierte ja dort. Doch sein Geist und sein Herz waren gebrochen. Er musste ins Leben zurückgerufen werden.[88]

Das Johannesevangelium sagt über Jesus: »In ihm war Leben, und dieses Leben war das Licht für die Menschen. Das Licht scheint in der Finsternis, und die Finsternis hat es nicht erfasst« (Johannes 1,4–5). Hier wird nicht nur festgestellt, dass Jesus gelebt hat, so wie du und ich, sondern dass er der Ursprung und die Quelle allen Lebens ist. So wie das Leben eines ungeborenen Kindes von dessen Mutter abhängt, so hängt unser aller Leben von Jesus ab. Dementsprechend verpasst uns die Bibel, wenn wir ohne Jesus leben, ganz kompromisslos das Etikett *tot*. So wie bei Dr. Manette im Gefängnis schlagen unsere Herzen sehr wohl, doch geistlich sind wir gestorben. Beziehungsweise, unser Leben hat noch gar nicht begonnen. Eines Nachts kam ein jüdischer Anführer, Nikodemus, zu Jesus, um ihm Fragen zu stellen. Jesus sagte zu ihm, dass er »von neuem geboren« werden muss (Johannes 3,3), um Gottes Reich zu sehen. »Wie kann ein Mensch denn geboren werden, wenn er schon alt ist?«, hakte Nikodemus nach. »Er kann doch nicht in den Bauch seiner Mutter zurückkehren und ein zweites Mal geboren werden!« (3,4). Nikodemus hatte die Metapher missverstanden. Jesu Botschaft an diesen hoch angesehenen jüdischen Anführer war, dass sein Leben noch nicht einmal begonnen hatte. Denn damit es wirklich beginnt, müsse er zuerst erneut geboren werden. Diese Unterhaltung mündet in den bekanntesten Vers der Bibel: »Denn so hat Gott die Welt geliebt, dass er seinen einzigen Sohn gab, damit jeder, der an ihn glaubt, nicht verloren geht, sondern ewiges Leben hat« (3,16 Elb). Jesus bietet nicht ein besseres Leben für das Hier und Jetzt an – keine Mitternachtsbibliothek, wo wir in eine andere Version unseres Lebens schlüpfen können, in der wir in der Vergangenheit bessere Entscheidungen getroffen haben. Er bietet ewiges, unerschöpfliches Leben mit ihm. Doch wollen wir überhaupt ewiges Leben?

Leben, das nicht endet?

Unser erster Gedanke, wenn wir »ewiges Leben« hören, ist einfach ein Leben, das unendlich dauert. In der griechischen Mythologie hat der Gott Apollo der Sibylle von Cumae alles angeboten, was sie sich wünscht, wenn sie nur mit ihm schläft. Sie nahm daraufhin eine Handvoll Sand und bat um ein Lebensjahr für jeden Sandkorn, den sie in der Hand hatte. Apollo erfüllte der Sibylle ihren Wunsch. Als sie sich dann jedoch immer noch weigerte, mit ihm zu schlafen, rächte er sich an ihr, indem er ihr ein extrem langes Leben gab, allerdings ohne ewige Jugend. Als die Sibylle älter wurde, verwelkte und schrumpfte sie daher immer mehr. Mit der Zeit wurde sie schließlich so klein, dass sie in einer Flasche lebte. Als sie gefragt wurde, was sie sich am sehnlichsten wünschte, bekannte sie, dass sie sich nach dem Tod sehnte. Auch uns würde unendliches Leben schon bald zum Fluch werden. Doch wie Howard Inlet in *Verborgene Schönheit* anmerkt: »Letztendlich sehnen wir uns nach Liebe. Wir wünschten, wir hätten mehr Zeit. Und wir haben Angst vor dem Tod.«[89]

Vielleicht ist es bei dir so wie bei Hamilton, der Figur von Lin-Manuel Miranda, der so oft über den Tod nachdachte, dass dieser ihm wie eine Erinnerung vorkam. Oder es geht dir wie Howard Inlet, der gezwungen wurde, sich durch plötzliche oder langsam verlaufende Verluste mit dem Tod zu beschäftigen.

Für die meisten von uns jedoch ist das Wissen, dass wir einmal sterben werden, so etwas wie der Organspendeausweis, den wir mit uns herumtragen. Wir wissen, dass der Tod da ist, und was er bedeutet, aber wir leben so, als würden wir nicht sterben – wenigstens nicht als Jugendliche oder im mittleren Alter. Eine Freundin von mir, die Ärztin ist, erzählte mir, wie oft sie auch mit älteren Patienten zusammengesessen hat, die zum ersten Mal zu verarbeiten versuchten, dass sie sterben würden. Doch egal, wie sehr wir auch versuchen, den Tod zu verdrängen, wir wissen doch, dass er da ist und auf uns wartet.

Im Ersten Buch Mose erschuf Gott den Menschen aus dem Staub, und als er sündigte, warnte Gott ihn:

Denn Staub bist du,
und zu Staub wirst du werden. (1. Mose 3,19)

In seinem atemberaubenden Gedicht »Das wüste Land« verwendet T. S. Eliot dieses Bild und beschreibt unsere Todesangst folgendermaßen:

Es schattet unter dem roten Stein
(Komm unter den Schatten des roten Steins),
Und ich will dir weisen ein Ding, das weder
Dein Schatten am Morgen ist, der dir nachfolgt,
Noch dein Schatten am Abend, der dir begegnet.
Ich zeige dir die Angst in einer Handvoll Staub.[90]

Doch Eliots Gedicht ist auch von klassischer Mythologie durchdrungen, sodass »eine Handvoll Staub« an den schicksalhaften Wunsch der Sibylle geradezu erinnern muss. Wir fürchten uns vor dem Tod. Wir fürchten uns aber auch vor dem Leben, wenn Leben bloß bedeutet, immer so weiterzumachen: Unser Schatten am Morgen, der uns nachfolgt; unser Schatten am Abend, der uns begegnet; unsere Gesundheit schwindend, unser Körper schrumpfend, unser Geist verfallend, unsere Freuden verblassend. So könnte ewiges Leben wirklich etwas Schreckliches sein.

Was aber, wenn wir es besser getroffen haben als die Sibylle? Was, wenn wir unendliches Leben *und* ewige Jugend *und* alles, was wir wollen, bekämen? Die TV-Serie *The Good Place* hat diese Frage gestellt. In den letzten Folgen schafft es das Pärchen mit der Hauptrolle – Eleanor und Chidi – gemeinsam in ihrem perfekten Heim zu sein. Sie sind durch die Welt gereist und konnten sich jede Fähigkeit, die sich wünschten, perfekt aneignen. Die Antwort auf jeden erdenklichen Wunsch lautete »Ja«! Doch am Ende entschloss sich Chidi, sein perfektes Leben zu beenden. Er hatte das Bedürfnis, nicht mehr zu sein.[91]

Ist das das Angebot Jesu? Ein Soviel-wie-du-essen-kannst-Buffet aus Hoffnungen und Träumen? Nein. Jesus verspricht uns kein Leben der perfekten Selbstbestimmung. Er verspricht uns ein Leben mit der perfekten Verbindung zu ihm: dem Herrn, der Quelle grenzenlosen, freudenerfüllten, ewigen Lebens. Chidi treibt die Angst um, er wäre nicht interessant genug, um Eleanor in alle Ewigkeit glücklich zu machen. Da hat er recht. Doch wenn Jesus die Quelle des Lebens, der Schöpfer des Universums ist, der Eine, durch den alle Dinge ins Dasein kamen, dann ist er auch der Einzige, der uns nicht einfach ewiges Leben geben kann, sondern Leben in seiner ganzen Fülle. Und genau diesen Anspruch erhebt Jesus auch. »Der Dieb kommt nur, um zu stehlen und zu schlachten und zu verderben«, sagte Jesus. »Ich bin gekommen, damit sie Leben haben und es in Überfluss haben.« (Johannes 10,10 Elb). Zu meinen, dass wir das ewige Leben mit Jesus auf Basis unserer jetzigen Erfahrung erfassen können, ist wie ein Glas Wasser in der Hand zu halten und zu meinen, dass man damit das Meer verstanden hat.

Ich bin die Auferstehung und das Leben

In einer meiner Lieblingserzählungen aus den Evangelien stellt Jesus seine lebensspendende Macht unter Beweis. Seine lieben Freunde Maria und Martha schicken nach Jesus, weil ihr Bruder Lazarus krank ist. Jesus hatte diese drei Geschwister sehr lieb (Johannes 11,5). Doch er wartet bewusst, bis Lazarus tot ist. Erst dann macht er sich auf den Weg. Martha empfängt ihn mit diesen Worten: »Herr, wenn du hier gewesen wärst, dann wäre mein Bruder nicht gestorben. Aber ich weiß, dass Gott dir auch jetzt keine Bitte abschlagen wird« (11,21–22). Martha glaubt an Jesu Kraft, ihren Bruder zu heilen, selbst dann, wenn er schon tot ist. Doch anstatt an Lazarus' Grab zu eilen, antwortet Jesus: »Dein Bruder wird auferstehen!« (11,23). Damals glaubten viele Juden daran, dass es einmal eine Auferstehung der Gerechten geben würde, und so antwortet Martha: »Ich weiß, dass er auferstehen wird bei der Auferstehung am letzten Tag« (11,24). Doch sie hatte sich offensichtlich an die Hoffnung geklammert, dass Jesus – der große Heiler – ihren Bruder hier und jetzt wieder zum Leben erwecken wird. Jesus blickt ihr in die von Trauer erfüllten Augen und sagt: »Ich bin die Auferstehung und das Leben. Wer an mich glaubt, wird leben, auch wenn er stirbt. Und wer im Glauben an mich lebt, wird in Ewigkeit nicht sterben. Glaubst du das?« (11,25–26).

Fast alle anderen »Ich bin«-Aussagen Jesu sind an Gruppen gerichtet, diese aber an eine einzelne Person.[92] Aber obwohl Martha ihm vertraut, zeigt Jesus ihr damit, dass sie noch nicht begriffen hat, wer er ist. Es geht nicht bloß darum, dass er Tote auferweckt. Er *ist* die Auferstehung. Er bietet nicht bloß Leben an. Er *ist* das Leben. Martha erkennt es langsam: »Ja, Herr«, erwidert sie, »ich glaube, dass du der Messias bist, der Sohn Gottes, der in die Welt kommen soll« (11,27).

Diese dem Tod trotzenden Worte Jesu tauchen im letzten Kapitel von *Eine Geschichte aus zwei Städten* auf. Sydney Carton kauft das Mittel, das Charles Darnay bewusstlos machen wird, damit er an seine Stelle treten kann. Dann denkt er zurück an die Beerdigung seines Vaters:

> *Die feierlichen Worte, die bei der Bestattung seines Vaters verlesen wurden, tauchten in seinem Geiste wieder auf, während er, den Mond und die segelnden Wolken hoch über sich, im nächtlichen Schatten die dunkeln Straßen entlang ging. »Ich bin die Auferstehung und das Leben, sagt der Herr. Wer an mich glaubt, wird leben, ob er gleich stürbe. Und wer lebet und an mich glaubt, wird nimmermehr sterben.«*[93]

Im Gegensatz zu Nora Seed stirbt Sydney Carton nicht, weil er meint, sein Leben sei sinnlos. Er ist »ein Mann, der lange irregegangen ist, endlich aber seinen Weg wiedergefunden hat und dessen Ende absieht.«[94] Wie Nora hat er sich verlaufen. Doch im Gegensatz zu ihr hat er seinen Weg wiedergefunden und sieht dessen Ende ab – kein Ende aufgrund von verpassten Gelegenheiten, sondern das Ende aufgrund des Auferstehungslebens.

Als Carton durch das blutgetränkte, brutale revolutionäre Paris geht, hilft er einem kleinen Mädchen über eine gefährliche Straße und sinnt erneut über Jesu Worte nach: »Ich bin die Auferstehung und das Leben, sagt der Herr. Wer an mich glaubt, wird leben, ob er gleich stürbe. Und wer lebet und an mich glaubt, wird nimmermehr sterben.« Dann beobachtet er, wie ein Frachtboot vorbeigleitet. »Nachdem die Kielspur sich auf dem Wasser verwischt hatte, schloss er das Gebet, das aus den Tiefen seiner Seele um barmherzige Nachsicht mit seiner Blindheit und seinen Verirrungen flehte, mit den Worten: ›Ich bin die Auferstehung und das Leben.‹[95]

Schließlich verbringt Carton seine letzten Momente mit der armen, jungen Schneiderin, die ebenfalls zum Tod durch die Guillotine verurteilt worden war. Sie umarmen und segnen einander. Dann lässt er ihre kleine Hand los, während sich die blutrünstigen Schaulustigen für eine weitere Hinrichtung bereitmachen:

Die freie Hand zittert nicht, nachdem er sie losgelassen hat, und in den holden, strahlenden Mut des geduldigen Gesichts mischt sich kein unedler Zug. Sie geht unmittelbar vor ihm hin – es ist vorbei. Die strickenden Weiber zählen Zweiundzwanzig. »Ich bin die Auferstehung und das Leben, sagt der Herr. Wer an mich glaubt, wird leben, ob er gleich stürbe. Und wer da lebt und an mich glaubt, der wird nimmermehr sterben.«
Gemurmel vieler Stimmen. Viele Köpfe richten sich mehr in die Höhe; von dem äußeren Rande der Volksmasse drängen Fußtritte näher heran, so dass es massenhaft sich vorwärts arbeitet wie eine ungeheure, alles mit sich fortreißende Woge. Dreiundzwanzig.[96]

Als Dr. Manette aus dem Gefängnis entlassen wurde, musste er lernen, seine Nummer – 105, Nordturm – durch seinen Namen zu ersetzen. Hier stirbt Carton an jenem Tag als Nummer 23. Doch er glaubt daran, dass er in ein neues Leben hinübergeht, das besser ist als das erste. Wie Martha setzt er sein Vertrauen ganz auf Jesu Aussage.

Im Johannesevangelium spricht Jesus als nächstes mit Maria. Sie fällt ihm weinend zu Füßen und sagt dasselbe wie ihre Schwester: »Herr, wenn du hier gewesen wärst, dann wäre mein Bruder nicht gestorben« (11,32). Als Jesus sie weinen sieht, ist er tief bewegt. Er geht nun zu Lazarus' Grab, und nun weint auch er (11,35). Er weint mit diesen beiden Schwestern, die er so liebhat, weil seine Liebe immer persönlich ist. Sie gilt nicht nur der Menschheit im Allgemeinen. Sie gilt Maria und Martha, dir und mir. Doch Jesus kann auch mehr tun, als mit uns zu weinen. Er lässt die Trauernden den Grabstein wegrollen und ruft: »Lazarus, hierher! Heraus!« Und der Mann, der tot war, tritt heraus, sein Körper noch mit Grabtüchern umwickelt (11,43–44).

Vielleicht denkst du: »Eine nette Geschichte. Aber sie kann unmöglich wahr sein.« Vielleicht haben dir einige der Geschichten aus den Evangelien in diesem Buch gefallen, so wie dir auch die Auszüge aus *Eine Geschichte aus zwei Städten* oder *Die Mitternachtsbibliothek* gefallen haben. Doch in deinem Denken gibt es eine klare Trennung zwischen Fakten und Fiktion, und dass Lazarus zurück ins Leben gerufen wird, fällt eindeutig in die Kategorie Fiktion. Wenn das deine Einschätzung ist, verhärtet sie sich vermutlich noch, wenn es um die Behauptung geht, dass Jesus selbst von den Toten auferweckt wurde – und zwar nicht nur vorübergehend wie bei Lazarus, sondern in Ewigkeit – und dass er eines Tages seine Nachfolger ebenso zu ewigem Leben auferwecken wird. Vielleicht teilst du die Meinung des bekannten britischen Astrophysikers Steven Hawking und denkst, dass die Vorstellung eines Lebens nach dem Tod »ein Märchen für Menschen ist, die sich vor der Dunkelheit fürchten«.[97] Doch im Gegensatz zu einem Märchen behauptet das Christentum, dass es auf einer historischen Begebenheit gründet – darauf, dass Jesus selbst tatsächlich von den Toten auferstanden ist. Aber gibt es überhaupt Gründe dafür, zu glauben, dass all das wirklich passiert ist?

Ist Jesus auferstanden?

In seinem 2019 erschienenen Buch *Atheismus leicht gemacht* gibt Richard Dawkins eine Großstadtlegende wieder, nach der menschengroße mit Helium gefüllte Luftpuppen einmal in die Luft hinaufschwebten, was eine Frau zur Überzeugung brachte, dass Menschen in den Himmel aufgenommen würden. Dawkins führt diese Legende als ein Beispiel dafür an, wie »eine unwahre Geschichte sich verbreitet, weil sie unterhaltsam ist und zu den Erwartungen oder Vorurteilen der Menschen passt«.[98] Er fährt fort:

> *Können Sie nachvollziehen, wie das auch auf die Geschichten von Jesu Wundern oder seiner Auferstehung zutreffen könnte? Menschen, die noch nicht lange zur jungen Religion des Christentums gehörten, waren vielleicht besonders eifrig im Verbreiten von Geschichten und Gerüchten über Jesus, ohne sie auf ihren Wahrheitsgehalt zu überprüfen.*[99]

Doch Dawkins Aussage ist in vielerlei Hinsicht problematisch. Erstens: Ohne die Auferstehung gäbe es keine junge Religion, die Zulauf hätte bekommen können. Christentum ohne Auferstehung macht ungefähr genauso viel Sinn wie die Geschichte von *Romeo und Julia* ohne Julia! Zweitens: Wenn die Leute damals sonderbare Geschichten ausgedacht haben, dann würden wir erwarten, dass die sonderbarste Behauptung – dass Jesus selbst von den Toten auferstanden war – erst in den späteren Schriften über Jesus auftauchen würde. Doch der Auferstehungsanspruch ist zentraler Bestandteil der frühesten christlichen Texte.[100] Drittens: Die Auferstehung entsprach *nicht* den Erwartungen der Menschen. Nicht einmal Jesu eigene Jünger erwarteten sie. Ja, die Evangelien zeugen überall von ihrem Unglauben. Man sollte doch annehmen, wenn die Nachfolger Jesu die Auferstehung erfunden hätten, dass sie sich dann selbst in einem besseren Licht dargestellt hätten! Haben sie aber nicht.

Außerdem: Alle vier Evangelien berichten, dass Frauen die ersten Zeugen der Auferstehung Jesu waren. Wenn man eine Geschichte für Menschen des ersten Jahrhunderts erfinden würde, dann würde man sich selbst überhaupt keinen Gefallen damit tun, Frauen diese entscheidende Rolle zu geben. Frauen galten damals nicht als glaubwürdige Zeugen. Laut Lukas glaubten ihnen selbst Jesu Jünger nicht: »Es waren Maria aus Magdala, Johanna und Maria, die Mutter des Jakobus, und noch einige andere. Sie erzählten den Aposteln, was sie erlebt hatten. Doch die hielten das für leeres Geschwätz und glaubten ihnen nicht« (Lukas 24,10–11). Obwohl Jesus mehrfach angekündigt hatte, dass er sterben and auferstehen würde, nahm ihm keiner seiner Jünger – ob männlich oder weiblich – beim Wort. Doch als eine Gruppe seiner Nachfolgerinnen, die gesehen hatten, wo Jesus begraben worden war, früh am dritten Tag zum Grab kam, um seinen Leichnam zu pflegen, fanden sie ein leeres Grab vor.

Wie ich in der Einleitung bereits gesagt habe, ist es meine Hoffnung, dass du nach dem Lesen dieses Buchs selbst ein Evangelium liest. Ja, ich würde mich freuen, wenn du alle vier liest! Wenn du das aber tust, wirst du Unterschiede zwischen den einzelnen Auferstehungsberichten bemerken. Alle vier stimmen darin überein, dass die Frauen die ersten Zeugen des leeren Grabes waren, dass sie Engel angetroffen haben und dass Maria aus Magdala zur Gruppe gehörte. Doch jedes Evangelium erzählt die Geschichte ein wenig anders.

Da gäbe es zum Beispiel die unterschiedlichen Namen, die genannt werden. Matthäus führt »Maria aus Magdala und die andere Maria« an (Matthäus 28,1). Markus erwähnt »Maria aus Magdala, Salome und Maria, die Mutter von Jakobus« (Markus 16,1). Lukas nennt »Maria aus Magdala, Johanna und Maria, die Mutter des Jakobus«, sagt aber auch, dass noch andere Frauen dabei waren (Lukas 24,10). Johannes nennt nur Maria aus Magdala (Johannes 20,1), doch wenn sie Petrus vom leeren Grab berichtete, spricht sie für eine Gruppe: »Sie haben den Herrn aus der Gruft weggenommen, und wir wissen nicht, wo sie ihn hingebracht haben« (20,2). Machen diese Unterschiede die Berichte unglaubwürdig? Nein.

Wie wir in Kapitel 1 gesehen haben, weisen die Namen in den Evangelien den Leser darauf hin, dass die jeweiligen

Personen Augenzeugen waren. Die unterschiedlichen Namen, die die Evangelisten anführen, deuten nicht darauf hin, dass sie die Geschehnisse durcheinandergebracht haben, sondern darauf, dass ihre Informationen von unterschiedlichen Leuten stammten – Menschen, die die ersten Leser gekannt haben könnten. Maria war damals der beliebteste jüdische Frauenname in Palästina, daher spricht es für die Authentizität der Evangelien, dass sie mehrere Marias erwähnen, sowohl allgemein als auch in den Auferstehungsberichten. Salome, die von Lukas mit erwähnt wird, trug zu jener Zeit den zweitgeläufigsten Vornamen unter den jüdischen Frauen Palästinas. Lukas erwähnt auch Johanna, die er etwas früher in seinem Evangelium benennt als eine der Frauen, die mit Jesus gereist und für seinen Dienst mit aufgekommen sind (Lukas 8,1–3). Die unterschiedlichen Namen in den Auferstehungsberichten deuten also nicht darauf hin, dass diese erfunden sind, sondern dass sie authentisch sind. Doch was ist mit den Engeln?

Matthäus berichtet: »Ein Engel des Herrn war vom Himmel gekommen und zum Grab getreten. Er wälzte den Stein weg und setzte sich darauf.« Das sei geschehen, bevor die Frauen ankamen (Matthäus 28,2). Bei Markus »erschraken« die Frauen sehr, als sie »auf der rechten Seite einen jungen Mann in weißem Gewand sitzen« sahen (Markus 16,5). Lukas spricht von zwei Männern, »in leuchtenden Gewändern« (Lukas 24,4). Johannes beschreibt, wie »zwei weiß gekleidete Engel an der Stelle sitzen, wo Jesus gelegen hatte, einer am Kopfende und der andere am Fußende« (Johannes 20,12). Waren es also Engel, oder waren es Männer in weißen Kleidern? Und waren es zwei oder nur einer?

Nun, zunächst einmal wissen wir, dass die Evangelisten selektiv vorgehen. Der Eine erwähnt vielleicht nur den Engel, der spricht, während ein Anderer vielleicht beide anführt – so wie eine Freundin mich fragen könnte, »Wer ist der Redner auf der Konferenz, zu der du fährst?«, und ich vielleicht den Redner nenne, auf den ich mich am meisten freue, auch wenn ich weiß, dass es noch andere Redner gibt. Und: Obwohl man meinen würde, dass man einen Engel und einen weiß gekleideten Mann wohl voneinander unterscheiden können müsste, sehen wir im Johannesevangelium, dass Maria aus Magdala mit zwei Engeln redet, anscheinend ohne zu merken, dass sie keine Menschen sind. »Frau, warum weinst du?«, fragen sie. Sie entgegnet: »Sie haben meinen Herrn weggeschafft, und ich weiß nicht, wo sie ihn hingelegt haben« (Johannes 20,13). Dann dreht sich Maria um und erblickt Jesus selbst. Doch auch ihn erkennt sie nicht (20,14).

Die Szene zwischen Maria aus Magdala und Jesus kommt nur bei Johannes vor. Vielleicht wollte Johannes Maria besonders herausstellen, um zu erklären, warum in seinem gesamten Evangelium Maria so stark im Fokus ist. Jesus sagt: »Frau, warum weinst du? Wen suchst du?« Johannes erzählt uns fast schon komödienhaft, dass Maria ihn für den Gärtner hält. »Herr, wenn du ihn weggetragen hast, sag mir bitte, wo er jetzt liegt«, sagt sie, »dann werde ich ihn holen« (20,15). Jesus antwortete ihr mit einem einzigen Wort. »Maria!« Ihren Namen mit seiner Stimme zu hören, genügt. Sie dreht sich zu ihm und ruft: »Rabbuni!«, was auf Aramäisch »Lehrer« bedeutet (20,16). Jesus gibt ihr umgehend einen Auftrag: »Fass mich nicht länger an!«, sagt er, »Ich bin noch nicht zum Vater im Himmel zurückgekehrt. Geh zu meinen Brüdern und sag ihnen von mir: Ich kehre zurück zu meinem Vater und eurem Vater, zu meinem Gott und eurem Gott.« (20,17).

In allen vier Evangelien wird den Frauen aufgetragen, den Aposteln von Jesu Auferstehung zu berichten. In Matthäus, Lukas und Johannes sehen wir, dass sie das auch tun. Doch im möglicherweise ursprünglichen Ende des Markusevangeliums hören wir, dass die Frauen »zitternd vor Furcht und Entsetzen ... aus der Gruft (stürzten) und (davon) liefen ... Sie hatten solche Angst, dass sie mit niemand darüber redeten« (Markus 16,8).

Das scheint den anderen Evangelien zu widersprechen. Doch Richard Bauckham argumentiert, dass das nicht der Fall ist. Er meint, dass diese Schilderung nicht aussagt, dass die Frauen die Botschaft an die Apostel nicht weitergaben, sondern dass sie sonst niemand davon erzählten. Er merkt außerdem an, dass Angst die angemessene Reaktion auf das war, was sie gesehen und gehört hatten.[101] Zeuge der Auferstehung zu sein, ist wohl genauso angsteinflößend, wie wenn ein Blitz neben einem einschlägt.

Etwas später am selben Tag schließt sich Jesus zwei seiner Jünger an, als sie zu Fuß in eine andere Stadt unterwegs sind. Zunächst erkennen sie ihren Herrn nicht – wie Maria aus Magdala. Jesus fragt sie, worüber sie reden, und es überrascht sie, dass er noch nicht von Jesus dem Nazarener gehört hat. »Du bist wohl der einzige Mensch in Jerusalem, der nicht weiß, was sich in den letzten Tagen dort abgespielt hat?« (Lukas 24,18). Sie erzählen ihm von der Kreuzigung Jesu und den Worten der Frauen: »Dann haben uns auch noch einige Frauen, die zu uns gehören, aus der Fassung gebracht. Sie sind am frühen Morgen an der Felsengruft gewesen, haben seinen Leichnam aber nicht gefunden. Als sie dann zurückkamen, erzählten sie, Engel wären ihnen erschienen und hätten gesagt, dass er lebe« (24,22–23). Jesus antwortet: »Was seid ihr doch schwer von Begriff! Warum fällt es euch nur so schwer, an alles zu glauben, was die Propheten gesagt haben?« (24,25). Dann erklärt er ihnen, wie die alttestamentlichen Schriften auf ihn hinweisen. Doch sie sind nicht die Einzigen, die etwas begriffsstutzig sind. Wie wir in Kapitel 2 gesehen haben, glaubte Thomas dem Zeugnis all der anderen Jünger erst dann, als er Jesus mit seinen eigenen Augen sah. Dann betete er ihn an: »Mein Herr und mein Gott!« (Johannes 20,28). »Du glaubst, weil du mich gesehen hast«, erwidert Jesus. »Glücklich die, die mich nicht sehen und trotzdem glauben« (20,29).

Ich wünschte, ich könnte eine Gruppe noch lebender

Augenzeugen der Auferstehung Jesu zusammenrufen, damit sie dir selbst sagen, dass sie wirklich passiert ist. Aber die Evangelien wurden niedergeschrieben, bevor diese Augenzeugen gestorben sind, gerade damit wir ihr Zeugnis hören könnten. Und Thomas' Geschichte erinnert uns auch noch mal daran, dass vielen von uns selbst Augenzeugenberichte nicht genug wären, um dieser erstaunlichen Behauptung Glauben zu schenken. Wir können die Möglichkeit der Auferstehung allerdings nicht einfach so von der Hand weisen. Die Logik ist dieselbe wie mit der Jungfrauengeburt: Wenn es einen Gott gibt, der das Universum erschaffen hat, dann ist es keineswegs unlogisch, zu glauben, dass er Jesus aus den Toten auferwecken könnte. Ja, es wäre sogar ziemlich unlogisch, das nicht zu glauben. Und genauso wie bei der Jungfrauengeburt spricht der Glaube an die Auferstehung nicht gegen die Wissenschaft. In der Naturwissenschaft beobachtet man die natürlichen Regelmäßigkeiten, und ein Wunder wie die Auferstehung erhebt nicht den Anspruch, eine Regelmäßigkeit zu sein. Einige der weltweit führenden Naturwissenschaftler glauben an die Auferstehung.

Der ehemalige Direktor der *National Institutes for Health* (»Nationale Gesundheitsinstitute«), Francis Collins, wurde in seinen Zwanzigern Christ. Er war in einem nicht-religiösen Umfeld aufgewachsen, und noch bevor er an der Yale Universität studierte, war er Atheist geworden. Doch dann sah er, wie eine ältere Patientin, die schwere und nicht behandelbare Schmerzen hatte, in ihrer Not zu Jesus betete, und das brachte ihn zum Nachdenken. Letztendlich wurde er nach einer Zeit des ausgiebigen Forschens Christ. Als er in einem Interview mit dem Sender PBS gefragt wurde, »Was machen Sie mit Wundern oder einem Ereignis wie der Auferstehung?«, antwortete Collins:

Ich bin Naturwissenschaftler. Wenn jemand sagt, ein be-

stimmtes Ereignis wäre ein Wunder, dann bin ich naturgemäß erstmal skeptisch, denn solange man die natürlichen Erklärungen nicht ausgeschöpft hat, ist es wahrscheinlich keine gute Idee, zu behaupten, ein bestimmtes Ereignis wäre ein Wunder. Das Blühen einer Blume ist für mich kein Wunder. Wir können es heute auf der Grundlage der Molekularbiologie verstehen. Doch ich akzeptiere sehr wohl, dass Gott, der übernatürlich ist, in besonderen Momenten beschließt, in die natürliche Welt einzugreifen, und für uns ist das dann ein wundersames Ereignis, und das schließt vor allem das wichtigste Wunder für meinen Glauben mit ein, nämlich die tatsächliche Auferstehung Jesu Christi von den Toten.[102]

Jesu erste Nachfolger besaßen nicht das moderne naturwissenschaftliche Wissen, das Collins hat. Doch sie verstanden genug von Biologie, um zu wissen, dass Tote normalerweise tot bleiben. Der Tod ihres Anführers hatte sie zutiefst erschüttert. Doch als sie schließlich glaubten, dass er tatsächlich aus dem Tod zurückgekommen war, machte das aus einer kleinen Gruppe verängstigter und traumatisierter Jünger ein Verkündigerteam, durch das aus einer winzigen jüdischen Splittergruppe das am weitesten verbreitete Glaubenssystem der Welt wurde. So wie Naturwissenschaftler in restlicher Hintergrundstrahlung Indizien für den Urknall sehen, so kann man bis heute im Universum die Auswirkungen der Auferstehung spüren. Welchen Unterschied macht es also, dass Jesus auferstanden ist?

Ist es wichtig?

Letzten Monat wurde ich von einer christlichen Freundin in ihre Lesegruppe eingeladen. Sie hatten dort mein erstes Buch *Kreuzverhör* gelesen und sie hatte mich nun mitgenommen, damit die Teilnehmer mit mir darüber reden konnten. Eine Teilnehmerin fragte mich: »Ist es überhaupt wichtig, ob die Auferstehung tatsächlich geschehen ist, solange dir Jesus Trost gibt?« Ich antwortete: »Ja. Es macht den Unterschied zwischen Leben und Tod aus.« Wir müssen verstehen: Wenn Jesus leiblich von den Toten auferweckt wurde, dann zeigt das, dass er Macht über den Tod hat – die Macht, uns nicht bloß ein längeres Leben zu geben, sondern ewiges, Auferstehungsleben mit ihm. Es zeigt, dass alles, was Jesus über die Katastrophe unserer Sünde und Gottes drohendes Gericht über unsere Sünde gesagt hat, wahr ist, und dass alles, was Jesus über Gottes unermüdliche Liebe zu uns sagt, ebenfalls wahr ist.

Die Auferstehung durchkreuzt die Behauptung, dass alle Religionen dieser Welt letztendlich dasselbe sagen. Juden, Buddhisten, Hindus, Atheisten und Agnostiker glauben, dass Jesus gestorben und tot geblieben ist. Muslime glauben, dass Jesus nur scheinbar gestorben ist, dafür aber in den Himmel aufgenommen wurde. Christen glauben, dass Jesus gestorben ist und auferweckt wurde. Darin liegt die Triebkraft des Christentums. Wenn Jesus nicht auferstanden ist, dann stürzt das Flugzeug namens Christentum ab. Doch wenn er auferstanden ist, dann ändert das alles. Es zeigt, dass der Tod nicht das Ende, sondern der Anfang ist. Wie Jesus sagte: »Wer sein Leben unbedingt bewahren will, wird es verlieren. Wer sein Leben aber meinetwegen verliert, der wird es gewinnen« (Matthäus 16,25). Wenn Jesus nicht auferstanden ist, ist er ein egoistischer Betrüger. Wenn er aber auferstanden ist, ist er der ewige, den Tod besiegende, Sünden vergebende Herr über alles.

Jesus der Herr

Im letzten Teil der *Mitternachtsbibliothek* öffnet Nora das Buch eines beinahe perfekten Lebens. Sie ist nun eine Professorin in Cambridge, die ihren Lieblingsphilosophen studiert, ist mit dem idealen Mann verheiratet, hat eine vierjährige Tochter und spielt mit einem Hund namens Platon. Aber so sehr sie in *diesem* Leben bleiben will, merkt sie: es ist nicht *ihr* Leben. Sie ist nicht all die Schritte gegangen, um es zu ihrem Leben zu machen. Also kehrt sie schließlich zurück in ihr ursprüngliches Leben – wo sie versucht hatte, sich umzubringen – und fängt an, es wieder aufzubauen. Es war dasselbe Leben wie vorher, aber gleichzeitig auch anders.

> *Es war nun anders, weil sie nicht mehr das Gefühl hatte, sie sei dafür da, den Träumen anderer Leute zuzuarbeiten. Sie hatte nicht mehr das Gefühl, dass sie ihre Erfüllung allein darin finden müsste, irgendeine imaginäre perfekte Tochter oder Schwester oder Partnerin oder Ehefrau oder Mutter oder Angestellte oder sonst irgendjemand zu sein als einfach nur ein Mensch, der seine eigenen Ziele verfolgt und nur sich selbst gegenüber verantwortlich ist.*[103]

Das gibt unsere derzeitigen modernen Vorstellungen gut wieder: Hänge dich nicht an die Hoffnungen und Träume anderer! Unterdrücke deinen Willen nicht! Gib dir selbst einen Sinn und mache den zum Mittelpunkt deines Lebens. Doch als ich diese Zeilen in Matt Haigs Buch gelesen habe, ist mir eine Diskrepanz aufgefallen. Was Nora in ihrem idealen Cambridge-Leben glücklich gemacht hatte, war *nicht* ihre Unabhängigkeit. Es war Liebe. Sie hatte gemerkt: »Man könnte ganze Applausgewitter aufsaugen, man könnte bis ans Ende der Erde reisen, man könnte Millionen Follower im Internet haben, man könnte olympische Medaillen gewinnen, aber ohne Liebe war das alles sinnlos«.[104] Und Liebe erfordert, dass wir unsere Unabhängigkeit eintauschen gegen Hingabe zum Wohl unserer Liebsten.

Jesus fordert seine Nachfolger auf, ihre Selbstbestimmung aufzugeben. Er sagt, sie müssen sich selbst verleugnen, ihr

Kreuz auf sich nehmen und ihm nachfolgen. Er verspricht, dass das Leben darin zu finden ist, dass wir ihn lieben und nicht, indem wir unseren Träumen hinterherjagen. Nach seiner Auferstehung rief Jesus seine Jünger auf einem Berg zusammen und sagte:

> *Mir ist alle Macht im Himmel und auf der Erde gegeben. Darum geht zu allen Völkern und macht die Menschen zu meinen Jüngern. Dabei sollt ihr sie auf den Namen des Vaters, des Sohnes und des Heiligen Geistes taufen und sie belehren, alles zu befolgen, was ich euch geboten habe. Und seid gewiss: Ich bin jeden Tag bei euch bis zum Ende der Zeit!* (Matthäus 28,18–20)

Jesus beansprucht nicht nur der Herr der Juden zu sein, nicht nur der Herr seiner Jünger, nicht nur der Herr einer Region oder Religion, eines Landes oder eines Kontinents, einer Ethnie oder einer Volksgruppe zu sein, sondern der Herr von allem. Derjenige, der den Dienst eines Sklaven annahm, der die Füße seiner Jünger wusch, der verspottetet und entblößt und gekreuzigt wurde, beansprucht für sich nun das Recht, im Himmel und auf Erden zu regieren. Es gibt keinen Millimeter im Universum, keinen Moment in der Zeit, keinen Mann und keine Frau, niemand, den Jesus nicht zu Recht regiert. Die einzige Frage, die sich hier stellt, ist: Werden wir uns ihm unterstellen?

Wie wir in Kapitel 3 gesehen haben, bedeutete das Wort »Evangelium« eine Botschaft eines siegreichen Feldherrn an die von ihm eroberten Gebiete. Wenn Jesus seinen Jüngern sagt, sie sollen hingehen und Menschen aus allen Völkern zu seinen Jüngern machen, dann sendet er eine solche Botschaft. Er hat sogar den Tod besiegt, daher ist er der rechtmäßige König aller, die leben. Wir haben heute die Gelegenheit, ihn willkommen zu heißen – als unseren Schöpfer und unseren dienenden König, unseren Heiland, Lehrer und Liebenden, als unser Opferlamm und unseren Herrn. Oder wir können seine Herrschaft ablehnen – in diesem Moment wenigstens noch. Doch wie bei Nora in der *Mitternachtsbibliothek* läuft die Zeit bald ab.

Und nun?

Als die Ärztin mich anrief, um mir mitzuteilen, dass ich keinen Krebs habe, war das die Nachricht, nach der ich mich gesehnt hatte. Doch wenn meine Biopsien ergeben hätten, dass ich Krebs habe, wäre es nicht liebevoll von ihr gewesen, zu lügen. Ich hätte dann die Wahrheit vielleicht monatelang oder sogar jahrelang nicht erfahren. Doch auch in diesem Fall hätte ich letzten Endes herausgefunden, dass ich langsam einem Tod entgegenging, den ich nicht hätte sterben müssen, weil sie mir die harte Wahrheit nicht gesagt hätte, die ich nicht hören wollte. Wenn Jesus der auferstandene Herr ist, können wir unser Leben nicht wie gewohnt weiterführen. Diese Wahrheit wird unser Leben komplett auf den Kopf stellen. Wenn wir ihn ablehnen, werden wir in das ewige Gericht eingehen. Doch wenn wir ihn aufnehmen, werden wir durch den Tod hindurch ins ewige Leben mit ihm gehen.

Als Nora Seed aus ihrem perfekten Leben wieder zurück in die Bibliothek musste, brach ein Feuer aus. Das Gebäude drohte zu explodieren, und so musste sie sich unter einem Tisch verstecken. Doch Mrs. Elm ermutigte sie, loszulaufen und das einzige Buch zu finden, das den Flammen nicht zum Opfer fiele: Das Buch ihres Basis-Lebens. Als Nora es aufschlug, waren alle Seiten leer. Sie kritzelte: »*Nora hat entschieden, zu leben*«. Aber es passierte nichts. Sie versuchte es mit: »*Nora war bereit zu leben*«. Wieder nichts. Schließlich schrieb sie: »Ich lebe«, und diese zwei Wörter riefen sie ins Leben zurück.[105] Auch die ersten Christen hatten drei Worte, auf die sie ihr Leben bauten:

»Jesus ist Herr«. Wenn du diese Worte für dich zulässt, wirst du dein Leben finden. Denn wer sein Leben unbedingt bewahren will, wird es verlieren. Wer sein Leben aber um Jesu Willen verliert, wird es gewinnen.

Dank

Ich habe dieses Buch zum Teil um meinetwillen geschrieben. Obwohl ich so lange Christin bin, wie meine Erinnerung zurückreicht, und auch drei Jahre Theologie studiert habe, habe ich das Gefühl, ich bin noch am Anfang. Dieses Buch zu schreiben, war eine wunderbare Gelegenheit, mich nochmal ganz neu mit Jesus auseinanderzusetzen. Wenn es für dich auch nur halb so hilfreich war wie für mich, bin ich dankbar!

Ich bin meinen christlichen und nicht-christlichen Freunden sehr dankbar, die verschiedene Versionen dieses Manuskripts gelesen und mir Feedback gegeben haben. Dazu zählen Christine Beale, Christine Caine, Julia Rosenbloom, Paige Brooks, Rachel Chaing, Ryan McElroy, Adriana Flores, Colleen Funk, Kristin Josti, and Deborah Choffi. Ich bin auch meiner Assistentin Joanna Beasly zu Dank verpflichtet, die mir mit dem Studienheft geholfen hat, das dieses Buch begleitet, und die mich immer wieder aus meiner mangelhaften Organisation herausrettet.

Chris Cowan vom Crossway-Verlag war ein hervorragender Lektor und hat mir dabei geholfen, Fehler auszumerzen. Nathan Ridlehoover und Jonathan Pennington waren so nett, einen fachmännischen Blick auf einen Entwurf des Manuskripts zu werfen und mir Feedback zu geben. Jegliche noch verbliebenen Fehler sind meine eigenen.

Ich bin dankbar für Collin Hanson von der Gospel Coalition und Samuel James bei Crossway, die meine Arbeit kontinuierlich unterstützt haben. Dankbar bin ich auch Lauren Susanto und dem Marketing-Team von Crossway für all ihre Hilfe, damit du dieses Buch nun in deinen Händen hältst.

Rachel Gilson ist nach wie vor meine erste Leserin und

größte Hilfe beim Schreiben. Sie sorgt auch dafür, dass ich demütig bleibe. Eine beste Freundin zu haben, die nur halb so lange Christin ist wie man selbst, die Bibel aber doppelt so gut kennt, ist ein äußerst wirksames Mittel gegen den eigenen Stolz.

Mein Mann Bryan und meine Kinder Miranda, Eliza und Luke haben dafür gesorgt, dass ich beim Schreiben auf dem Boden geblieben bin, und haben mich stets gut mit Zuneigung und auch mit Ablenkung versorgt. Ich bin zutiefst dankbar, dass sie jeden Tag Teil meines Lebens sind. Als ich vor vielen Jahren meine Überlegung ausgesprochen habe, Theologie zu studieren, fragte mich mein damaliger Pastor (den ich sehr schätzte), ob mir bewusst wäre, dass das bedeutet, dass ich nicht heiraten würde. »Du schüchterst christliche Männer ja jetzt schon ein«, sagte er zu mir. »Das wird es nur noch schlimmer machen.« Ich entgegnete: »Das ist für mich okay. Ich will einfach dem Herrn so gut ich kann dienen«. Wir beide hatten die Rechnung ohne Bryan gemacht.

Endnoten

1 Dass Markus als Petrus' Dolmetscher und Schreiber fungierte, ist in sehr frühen Schriften festgehalten – zum Beispiel in denen von Papias, dem Bischof von Hierapolis, der im frühen zweiten Jahrhundert geschrieben hat.

2 Siehe z. B. D. A. Carson, *The Gospel according to John* (Grand Rapids, MI: Eerdmans, 1991),68–81; Richard Bauckham, *Jesus and the Eyewitnesses: The Gospels as Eyewitness Testimony* (Grand Rapids, MI: Eerdmans, 2006), 6; Craig L. Blomberg, *The Historical Reliability of the New Testament: Countering the Challenges to Evangelical Christian Belief* (Nashville: B&H Academic, 2016), 153–159.

3 *Die Frau des Zoodirektors* (Original: *The Zookeper's Wife*), Regie von Niki Caro (London: Scion Films, 2017).

4 Lin-Manuel Miranda, »My Shot«, in *Hamilton: Original Broadway Cast Recording*, Atlantic Records, 2015 [eigene Übersetzung].

5 Jonathan Groff, Sänger, »You'll Be Back«, von Lin-Manuel Miranda, in *Hamilton: Original Broadway Cast Recording.*

6 Zion war der Name eines befestigten Hügels Jerusalems, den König David eroberte, zur »Stadt Davids« umbenannte und sich als Residenz nahm (siehe 2. Samuel 5,6–9). Spätere alttestamentliche Schreiber bezeichneten mit *Zion* oft Jerusalem – die Hauptstadt, die auch den Tempel des Herrn und den Königsthron beherbergte.

7 Sowohl Matthäus als auch Lukas schreiben, dass Jesus während der Regierungszeit von König Herodes geboren wurde, der im Jahr 4 v. Chr. gestorben ist. Daher liegt unsere Datierung der Geburt Jesu im Jahr 1 n. Chr. wahrscheinlich um ein paar Jahre daneben.

8 Das berichtet der jüdische Geschichtsschreiber Josephus in *Jüdische Altertümer*, 17.10.

9 Miranda, »My Shot« [eigene Übersetzung].

10 Bart D. Ehrman, *Did Jesus Exist? The Historical Argument for Jesus of Nazareth* (New York: HarperOne, 2012), 4.

11 Ehrman, *Did Jesus Exist?*, 4.

12 Siehe »Dr. John M. Perkins Bible Study with Bryan Stevenson«, YouTube-Video, 9. Juni 2020, https://www.youtube.com. Bei der zitierten Hymne handelt es sich um »I'm pressing on the upward way« von Johnson Oatman Jr. (1856–1922), als »Zum Himmel schaue ich empor« übersetzt von Jonathan Paul (1853–1931).

13 Siehe Richard Bauckham, *Jesus and the Eyewitnesses: The Gospels as Eyewitness Testimony* (Eerdmans, 2006), 39–66.
14 Siehe Richard Bauckham, *Jesus and the Eyewitnesses*, 7, 308–309.
15 Dan Brown, *Sakrileg* (Bergisch Gladbach: Gustav Lübbe Verlag, 2003)
16 Dan Brown, *Das Verlorene Symbol* (Bergisch Gladbach: Gustav Lübbe Verlag, 2009).
17 Dazu zählten zum Beispiel Jakobus, 2. Petrus und Judas.
18 Außerdem gab es in der frühen Kirche zwar Diskussionen darüber, welche Dokumente zum Neuen Testament dazugehören sollten, doch gibt es (entgegen der gängigen Meinung) keine historischen Belege dafür, dass dieses Thema auf dem Konzil von Nizäa überhaupt diskutiert wurde.
19 Bart D. Ehrman, *Truth and Fiction in The Da Vinci Code* (Oxford: Oxford University Press, 2004), 102.
20 William D. Mounce, *Why I Trust the Bible* (Grand Rapids, MI: Zondervan, 2021), 134.
21 Revidierte Elberfelder Bibel, Fußnote 3 zu Markus 16,9.
22 Eine Übersicht der Bibeln in der Nazi-Zeit finden Sie in Susannah Heschel, *The Aryan Jesus: Christian Theologians and the Bible in Nazi Germany* (Princeton: Princeton University Press, 2010), 106–110.
23 Bryan Stevenson, *Just Mercy: A Story of Justice and Redemption* (New York: One World, 2014), 12 [eigene Übersetzung]. *Dt.: Ohne Gnade – Polizeigewalt und Justizwillkür in den USA* (München: Piper, 2015).
24 *Doctor Who*, Staffel 6, Episode 7, »A Good Man Goes to War,« von Stephen Moffat, ausgestrahlt am 04.06.2011 auf BBC One [eigene Übersetzung].
25 Lin-Manuel Miranda, »Alexander Hamilton«, in *Hamilton: Original Broadway Cast Recording*, Atlantic Records, 2015.
26 *The Princess Bride*, Regie von Rob Reiner (Los Angeles: 20th Century Fox, 1987) [eigene Übersetzung].
27 *Shang-Chi and the Legend of the 10 Rings*, Regie von Destin Daniel Cretton (Burbank, CA: Walt Disney Studios, 2021) [eigene Übersetzung].
28 *Shadowlands*, Regie von Richard Attenborough (Los Angeles: Paramount Pictures, 1993) [eigene Übersetzung].
29 *Gladiator*, Regie von Ridley Scott (Universal City: CA: DreamWorks Pictures, 2000).

30 Aus *Rede vor dem Unterhaus am 11. November 1947 Sitzungsprotokoll*. Siehe *Irrepressible Churchill: A Treasury of Winston Churchill's Wit*, ausgewählt und zusammengestellt von Kay Halle (Cleveland, OH: World, 1966), 279.
31 »Freiheit und Gerechtigkeit für alle« ist ein Zitat aus der amerikanischen Unabhängigkeitserklärung (*Anm. d. Übers.*)
32 Aus James H. Washington (Hg.), *A Testament of Hope: The Essential Writings and Speeches of Martin Luther King Jr* (New York: HarperOne, 2003), 9 [eigene Übersetzung].
33 Yuval Noah Harari, *Sapiens: A Brief History of Humankind* (New York: Harper, 2015), 28 [eigene Übersetzung].
34 Harari, *Sapiens*, 108, 32.
35 Richard Dawkins, *Outgrowing God: A Beginners Guide* (New York: Random House, 2019), 159 [eigene Übersetzung].
36 J. K. Rowling, *Harry Potter und die Heiligtümer des Todes* (Carlsen, 2007), 621.
37 Simone Biles (@simonebiles) and Taylor Swift (@taylorswift), Instagram, https:// www.instagram.com, 19.10.2021.
38 Oscar Wilde, *Das Bildnis des Dorian Gray*, (München: Anaconda Verlag, 2021), 37.
39 Wilde, *Das Bildnis des Dorian Gray*, 274.
40 Auch bekannt als »Gebet des demütigen Hinzutretens« (Original: »Prayer of Humble Access«), wurde es in das Gebetsbuch (*Book of Common Prayer*) der *Church of England* nach redaktioneller Bearbeitung von Thomas Cranmer im 16. Jahrhundert mit aufgenommen. Dieser Wortlaut entstammt der 1662er Ausgabe. Siehe *The 1662 Book of Common Prayer: International Edition*, Herausgeber: Samuel L. Bray und Drew Nathaniel Keene (Downers Grove, IL.: IVP Academic, 2021), 261 [eigene Übersetzung].
41 Mehr hierüber finden Sie in Rebecca McLaughlin, *Kreuzverhör – 12 harte Fragen an den christlichen Glauben* (cvmd und CV, 2022), 307–327.
42 J. R. R. Tolkien, *Die Rückkehr des Königs* (New York: Ballantine, 2012), 142 [eigene Übersetzung].
43 Siehe auch Markus 1,34 und Lukas 4,41.
44 Lillian Bouknight, »The Lord Is My Light« (Jackson, MS: Savgos Music, 1980) [eigene Übersetzung].
45 *My Big Fat Greek Wedding*, Regie von Joel Zwick (Beverly Hills, CA: Gold Circle films, 2002).

46 Der Originaltitel ist *Dominion: How the Christian Revolution Remade the World* (New York: Basic, 2019).
47 Holland, *Dominion*, 494 [eigene Übersetzung].
48 Engl: »The Good Place«, daher der Titel der Serie (*Anm. d. Übers.*)
49 *The Good Place*, Staffel 1, Folge 1, »Everything Is Fine,« von Michael Schur, Premiere am 19. September 2016 auf NBC.
50 Aus Holland, *Dominion*, 139 [eigene Übersetzung].
51 Aus Holland, *Dominion*, 139 [eigene Übersetzung].
52 Aus Holland, *Dominion*, 139 [eigene Übersetzung].
53 Yaa Gyasi, *Homegoing* (New York: Vingate, 2016), 87.
54 J. K. Rowling, *Harry Potter und die Heiligtümer des Todes* (Carlsen: 2007), 228.
55 William Shakespeare, *Romeo und Julia* (Sigbert Mohn-Verlag, Gütersloh), 2.2.2–3.
56 Shakespeare, *Romeo und Julia*, 1.5.52–53.
57 Suetonius, *The Lives of the Caesars*, Bd. 2, Loeb Classical Library (Cambridge, MA: Harvard University Press, 1914), 65 [eigene Übersetzung].
58 Chimamanda Ngozi Adichie, *Zikora: A Short Story* (Seattle, WA: Amazon, 2020), Kindle.
59 Adichie, *Zikora*.
60 Adichie, *Zikora*.
61 Mehr hierzu finden Sie in Rebecca McLaughlin, *Das neue Credo: fünf säkulare Glaubenssätze im Test* (Dillenburg/München: CV und cvmd, 2023), S. 129–135.
62 Adichie, *Zikora*.
63 Rowling, *Harry Potter und die Heiligtümer des Todes*, 660.
64 *Gladiator*, Regie von Ridley Scott (Universal City: CA: DreamWorks Pictures, 2000) [eigene Übersetzung].
65 J. K. Rowling, *Harry Potter und die Heiligtümer des Todes* (Carlsen, 2007), 310.
66 J. K. Rowling, *Harry Potter und die Heiligtümer des Todes* (Carlsen, 2007), 427.
67 Der alte Mann, der Jesus als Säugling im Tempel in den Armen hält, bezeichnet sich selbst mit demselben Wort wie Maria (nur in der maskulinen Form: *doulos*): »Nun, Herr, entlässt du deinen Knecht nach deinem Wort in Frieden; denn meine Augen haben dein Heil gesehen,« (Lukas 2,29–30 Elb).

68 Gregory of Nyssa, *Homilies on Ecclesiastes* 4.1. Zitiert von Kyle Harper, »Christianity and the Roots of Human Dignity in Late Antiquity,« in *Christianity and Freedom*, vol. 1, *Historical Perspectives*, Herausgeber: Timothy Samuel Shah and Allen D. Hertzke, Cambridge Studies in Law and Christianity (Cambridge: Cambridge University Press, 2016), 133 [eigene Übersetzung].
69 A. d. V.: Bewegung zur Abschaffung der Sklaverei.
70 Mehr zur Geschichte der Sklaverei, auch im Verhältnis zum Christentum, findet man in »Rechtfertigt die Bibel nicht Sklaverei?«, in Rebecca McLaughlin, *Kreuzverhör: 12 harte Fragen an den christlichen Glauben* (München/Dillenburg: cvmd/CV-Dillenburg, 2022), 257–284.
71 Siehe Michael J. Kruger, *Christianity at the Crossroads: How the Second Century Shaped the Future of the Church* (Downers Grove, IL: IVP Academic, 2018), 34–35 (Zitat von Origen, *Against Celsus* 3.44) [eigene Übersetzung].
72 Der Ziegenbock heißt im Englischen »goat«, was gleichzeitig auch das Akronym für »Greatest of All Time« (»Größte(r) aller Zeiten«) ist [Anm. d. Übers.].
73 Suzanne Collins, *The Hunger Games* (New York: Scholastic, 2008), 22 [eigene Übersetzung].
74 Collins, *Hunger Games*, 24 [eigene Übersetzung].
75 *Ted Lasso*, Staffel 1, Folge 1, »Pilot«, von Jason Sudeikis and Bill Lawrence, ausgestrahlt am 14.08.2020, Apple TV+.
76 Tom Holland, *Dominion: How the Christian Revolution Remade the World* (New York: Basic, 2019), 2 (Der zitierte Text stammt von dem römischen Philosophen Seneca aus dem ersten Jahrhundert.) [eigene Übersetzung].
77 Holland, *Dominion*, 2 [eigene Übersetzung].
78 Der jüdische Geschichtsschreiber Josephus berichtet hiervon in *Jüdische Altertümer* 17.10.
79 Holland, *Dominion*, 6 [eigene Übersetzung].
80 *Gladiator*, Regie von Ridley Scott.
81 Charles Dickens, *Eine Geschichte aus zwei Städten* (AtheneMedia-Verlag, Dinslaken: 2023), E-Book.
82 Siehe auch 3. Mose 20,2–5; Psalm 106,37–38; Jeremia 7,31; Hesekiel 16,20–21.
83 Chimamanda Ngozi Adichie, *Zikora: A Short Story* (Seattle, WA: Amazon, 2020), Kindle [eigene Übersetzung].

84 *Collateral Beauty*, Regie von David Frankel (Burbank, CA: New Line Cinema, 2016) [eigene Übersetzung].
85 Charles Dickens, *Eine Geschichte aus zwei Städten* (AtheneMedia-Verlag, Dinslaken: 2023), E-Book.
86 Charles Dickens, *Eine Geschichte aus zwei Städten* (AtheneMedia-Verlag, Dinslaken: 2023), E-Book.
87 Matt Haig, *The Midnight Library* (New York: Viking, 2020).
88 Charles Dickens, *A Tale of Two Cities* (New York: Signet, 2007).
89 *Collateral Beauty*, Regie von David Frankel (Burbank, CA: New Line Cinema, 2016) [eigene Übersetzung].
90 T. S. Eliot, »Das wüste Land«, *Neue Schweizer Rundschau*, Heft 4, 1927: 362–377.
91 *The Good Place*, Staffel 4, Folgen 13–14, »Whenever You're Ready,« von Michael Schur, ausgestrahlt am 30. Januar 2020, auf NBC.
92 Die andere »Ich bin«-Aussage, die an eine einzelne Person gerichtet ist, ist die gegenüber der Samariterin am Brunnen (Johannes 4,26).
93 Charles Dickens, *Eine Geschichte aus zwei Städten* (Gutenberg-Verlag, Hamburg), zitiert aus der Online-Ausgabe: https://www.projekt-gutenberg.org/dickens/2staedte/chap042.html (25.09.2023).
94 Dickens, *Eine Geschichte aus zwei Städten*.
95 Dickens, *Eine Geschichte aus zwei Städten*.
96 Charles Dickens, *Eine Geschichte aus zwei Städten* (Gutenberg-Verlag, Hamburg), zitiert aus der Online-Ausgabe: https://www.projekt-gutenberg.org/dickens/2staedte/chap042.html (25.09.2023).
97 Lydia Warren, »Stephen Hawking: ›Heaven is a fairy story for people afraid of the dark‹« *Daily Mail*, 17. Mai 2011, https://www.dailymail.co.uk.
98 Richard Dawkins, *Outgrowing God: A Beginner's Guide* (New York: Random House, 2019), 23–24 [eigene Übersetzung].
99 Dawkins, *Outgrowing God*, 25.
100 Beispielsweise beschreibt Paulus im ersten Kapitel des Ersten Thessalonicherbriefs, der für sein frühester Brief gehalten wird: »wie ihr euch zu Gott bekehrt habt – weg von den Götzen –, um nun dem wahren und lebendigen Gott zu dienen und auf seinen Sohn zu warten, der aus dem Himmel zurückkommen wird, das ist der, den er aus den Toten auferweckt hat, Jesus, der uns vor dem kommenden Gotteszorn rettet« (1. Thessalonicher 1,9–10).

101 Siehe Richard Bauckham, *Gospel Women: Studies of the Named Women in the Gospels* (Grand Rapids, MI: Eerdmans, 2002), 289–290.
102 Bob Abernathy, Dr. Francis S. Collins Interview, PBS, 21 Juli 2006, https://www.pbs.org.
103 Haig, *The Midnight Library*, 284 [eigene Übersetzung].
104 Haig, *The Midnight Library*, 248 [eigene Übersetzung].
105 Haig, *The Midnight Library*, 270–271 [eigene Übersetzung].

Von derselben Autorin erhältlich:

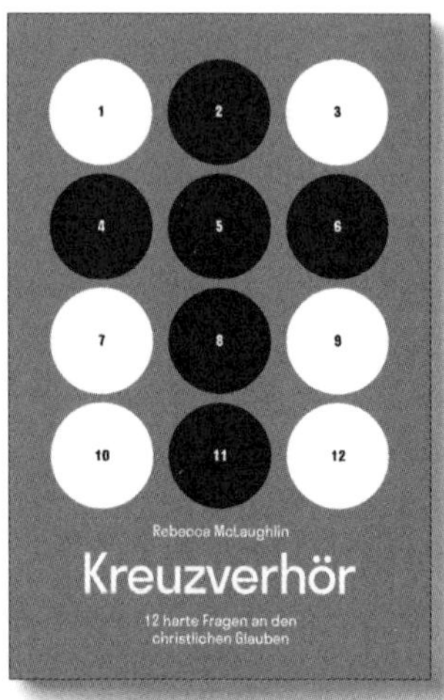

Kreuzverhör
12 harte Fragen an den christlichen Glauben

- Sind wir ohne Religion nicht besser dran?
- Unterdrückt der christliche Glaube Frauen?
- Ist der christliche Glaube nicht homophob?

Das Christentum ist das weltweit am weitesten verbreitete Glaubenssystem und wird es wohl auch in Zukunft bleiben. Doch für viele gebildete westliche Menschen ist das biblische Christentum eine gefährliche Idee, die einige ihrer tiefsten Überzeugungen in Frage stellt.

Auf der Grundlage modernster Forschung, persönlicher Erlebnisse und sorgfältiger Bibelstudien untersucht *Kreuzverhör* zwölf Fragen, die viele von uns davon abhalten, den Glauben an Christus in Betracht zu ziehen. Bei genauerem Hinsehen, so argumentiert McLaughlin, werden die Realität des Leidens, die Komplexität der Sexualität, der Wunsch nach Vielfalt, der Erfolg der Wissenschaft und andere scheinbare Hindernisse für den Glauben zu Wegweisern. Jesus wird nicht zu einem Relikt aus der antiken Welt, sondern zur besten Hoffnung unserer modernen Welt.

Rebecca McLaughlin
Kreuzverhör
12 harte Fragen an den christlichen Glauben

Pp., 336 S., 13 × 20 cm
ISBN 978-3-9817729-4-4 (cvmd)
ISBN 978-3-8635381-6-3 (CV Dillenburg)
€ 14,90 (D)

Wie Frauen Jesus sahen
Wie die ersten Jüngerinnen uns helfen, den Herrn kennen und lieben zu lernen

Wenn die ersten Jüngerinnen Jesu Ihnen erzählen könnten, wie er war, was würden sie sagen?

Wie Jesus Frauen behandelt hat, war revolutionär. Deshalb strömten sie in Scharen zu ihm. Wo immer er hinging, suchten sie ihn auf. Frauen saßen zu seinen Füßen und zerrten an seinen Gewändern. Sie kamen zu ihm, um Heilung, Vergebung und Antworten zu erhalten. Was sahen die Frauen in diesem jüdischen Rabbi aus dem ersten Jahrhundert, und was können wir lernen, wenn wir heute durch ihre Augen blicken?

In *Wie Frauen Jesus sahen* erforscht Rebecca McLaughlin die lebensverändernden Berichte von Frauen, die dem Herrn begegnet sind – und führt Leser ins Staunen darüber, wie sehr Jesus sie liebte.

Rebecca McLaughlin
Wie Frauen Jesus sahen
Wie die ersten Jüngerinnen uns helfen, den Herrn kennen und lieben zu lernen

Pp., 160 S., 13,5 × 20,5 cm
ISBN 978-3-9825009-2-8 (cvmd)
ISBN 978-3-8635386-0-6 (CV Dillenburg)
€ 15,90 (D)

10 Fragen über Gott, die sich jeder junge Mensch stellen sollte

- Wie kann man glauben, dass die Bibel wahr ist?
- Warum können wir uns nicht einfach darauf einigen, dass Liebe Liebe ist?
- Wen interessiert es, ob du ein Junge oder ein Mädchen bist?

In der Schule, mit Freunden oder beim Scrollen durch Social-Media-Feeds – überall werden Teenager mit Herausforderungen an den Glauben konfrontiert. Unabhängig davon, ob du dich selbst als Nachfolger von Jesus Christus verstehst oder nicht, können diese Fragen manchmal echte Hindernisse darstellen.

Untermauert von modernsten Forschungsergebnissen, persönlichen Geschichten, Harry-Potter-Illustrationen (Achtung: Spoiler!) und sorgfältigem Bibelstudium, weicht dieses Buch schwierigen Themen nicht aus. Stattdessen lädt es Teenager dazu ein, ihre schwierigsten Fragen zum christlichen Glauben zu stellen und überraschende, lebendige Antworten zu finden.

Rebecca McLaughlin
10 Fragen über Gott, die sich jeder junge Mensch stellen sollte

Pp., 290 S., 13,3 × 20,3 cm
ISBN 978-3-98177-295-1 (cvmd)
ISBN 978-3-8635382-1-7 (CV Dillenburg)
€ 13,90 (D)

Das neue Credo
Fünf säkulare Glaubenssätze im Test

- »Black Lives Matter«
- »Liebe ist Liebe«
- »Die Schwulenbewegung ist die neue Bürgerrechtsbewegung«
- »Frauenrechte sind Menschenrechte«
- »Transfrauen sind Frauen«

Botschaften wie diese bieten uns ein Alles-oder-Nichts-Paket an – oder anders gesagt, ein säkulares Glaubensbekenntnis. In diesem provokanten Buch hilft uns Rebecca McLaughlin zu unterscheiden: Es gibt Überzeugungen, die Christen gerne bejahen, und es gibt solche, die sie nicht akzeptieren können.

Und sie lädt uns ein, mit unseren Nachbarn über die Dinge zu sprechen, die am wichtigsten sind. McLaughlin argumentiert, dass das Christentum weit davon entfernt ist, sich um der Liebe willen über Unterschiede hinweg zu setzen, und dass es selbst die ursprüngliche Quelle und das solideste Fundament für wahre Vielfalt, Gleichheit und lebensverändernde Liebe ist.

Die Autorin hilft Christen zu unterscheiden, welche Überzeugungen zu bejahen und welche problematisch sind und lädt damit zum Gespräch mit unseren Nachbarn ein, um auf Gottes Liebe hinzuweisen, die das wahre Fundament für Vielfalt und Gerechtigkeit ist.

Rebecca McLaughlin
Das neue Credo
Fünf säkulare Glaubenssätze im Test

Pp., 192 S., 13,5 × 20,5 cm
ISBN 978-3-863538224 (CV Dillenburg)
ISBN 978-3-98177-295-1 (cvmd)
€ 17,90 (D)

Weihnachten - unglaublich?

- Gab es Jesus überhaupt wirklich?
- Können wir die Evangelien ernst nehmen?
- Wie kann man an eine Jungfrauengeburt glauben?
- Warum ist das von Bedeutung?

Ist die Geschichte von dem Baby in der Krippe von Bethlehem tatsächlich nur ein Märchen für Kinder? In diesem kurzen Buch legt die bekannte Apologetin Rebecca McLaughlin Beweise vor: Beweise dafür, dass Jesus eine reale Person war; dass die biblischen Berichte über sein Leben historisch zuverlässig sind; Gründe dafür, warum der Glaube an eine Jungfrauengeburt nicht so lächerlich ist, wie er manchmal dargestellt wird.

Dieses Buch zeigt: Es gibt gute Gründe für den Glauben. Die berühmteste Geschichte der Welt ist eine Tatsache, kein Märchen. Doch es geht um viel mehr als nur Geschichte. Dieses historische Ereignis kann unserem Leben heute Sinn und Freude geben.

Rebecca McLaughlin
Weihnachten - unglaublich?
Vier Fragen, die jeder an die unglaublichste Geschichte der Welt stellen sollte

Pp., 80 S., 11 × 18 cm
ISBN 978-3-8635355-6-8 (CV Dillenburg)
ISBN 978-3-9817729-7-5 (cvmd)
€ 4,90 (D) – Staffelpreise möglich

Ostern - unglaublich?

- Ist das Leben Jesu historisch belegbar?
- Ist der Tod Jesu ethisch begründbar?
- Ist die Auferstehung Jesu historisch glaubwürdig?
- Ist Jesu Angebot attraktiv?

Die Auferstehung Jesu Christi von den Toten ist eine außergewöhnliche Sache – eine Sache des Glaubens. Viele denken, ein solch übernatürliches Ereignis sei nur eine Illusion. Doch Millionen von Christen auf der ganzen Welt glauben, dass die Auferstehung Jesu ein reales, historisches Ereignis war. »Wenn aber Christus nicht auferweckt wurde, ist euer Glaube sinnlos«, und die Christen wären »die bedauernswertesten von allen Menschen« (1. Korinther 15).

In diesem prägnanten Buch zeigt die angesehene Apologetin Rebecca McLaughlin auf, welche Beweise dafür sprechen, dass Jesus wirklich von den Toten auferstanden ist, und warum das die beste Nachricht überhaupt ist.

Rebecca McLaughlin
Ostern - unglaublich?
Vier Fragen, die jeder an die Auferstehungsgeschichte stellen sollte

Pp., 80 S., 11 × 18 cm
ISBN 978-3-98177-298-2 (cvmd)
ISBN 978-3-8635386-7-5 (CV Dillenburg)
€ 4,90 (D) – Staffelpreise möglich